全国高等教育自学考试指定教材
学前教育专业(独立本科段)

学前教育科学研究与论文写作

Xueqian Jiaoyu Kexue Yanjiu yu Lunwen Xiezuo

(附:学前教育科学研究与论文写作自学考试大纲)

全国高等教育自学考试指导委员会 组编

主　编　杨丽珠
副主编　于松梅

高等教育出版社

扫描微信二维码
关注自考教材服务

图书在版编目（CIP）数据

学前教育科学研究与论文写作／杨丽珠主编；全国高等教育自学考试指导委员会组编．--北京：高等教育出版社，2016.5（2023.2重印）
　ISBN 978-7-04-045591-5

Ⅰ.学… Ⅱ.①杨…②全… Ⅲ.①学前教育-教育科学-科学研究-高等教育-自学教育-教材②学前教育-教育科学-论文-写作-高等教育-自学考试-教材 Ⅳ.①G612

中国版本图书馆CIP数据核字（2016）第119384号

策划编辑　雷旭波　责任编辑　雷旭波　责任印制　田　甜

出　　版	高等教育出版社	免费咨询	800-810-0598
社　　址	北京市西城区德外大街4号	网　　址	http://www.hep.edu.cn
邮政编码	100120		http://www.hep.com.cn
印　　刷	北京市鑫霸印务有限公司		
开　　本	880mm×1230mm　1/32	版　　次	2016年5月第1版
印　　张	13.625	印　　次	2023年2月第12次印刷
字　　数	330千字	定　　价	17.50元

本书如有质量问题，请与教材供应部门联系调换。
版权所有　侵权必究
物 料 号　45591-00

组编前言

当您开始阅读本书时，人类已经迈入了21世纪。

这是一个变幻莫测的世纪，这是一个催人奋进的时代。科学技术飞速发展，知识更替日新月异。希望、困惑、机遇、挑战，随时随地都可能出现在每一个社会成员的生活之中。抓住机遇，寻求发展，迎接挑战，适应变化的制胜法宝就是学习——依靠自己学习、终生学习。

作为我国高等教育组成部分的自学考试，其职责就是在高等教育这个水平上倡导自学、鼓励自学、帮助自学、推动自学，为每一个自学者铺就成才之路。组织编写供读者学习的教材就是履行这个职责的重要环节。毫无疑问，这种教材应当适合自学，应当有利于学习者掌握、了解新知识、新信息，有利于学习者增强创新意识、培养实践能力、形成自学能力，也有利于学习者学以致用，解决实际工作中所遇到的问题。具有如此特点的书，我们虽然沿用了"教材"这个概念，但它与那种仅供教师讲、学生听，教师不讲、学生不懂，以"教"为中心的教科书相比，已经在内容安排、形式体例、行文风格等方面都大不相同。希望读者对此有所了解，以便从一开始就树立起依靠自己学习的坚定信念，不断探索适合自己的学习方法，充分利用已有的知识基础和实际工作经验，最大限度地发挥自己的潜能以达到学习的目标。

欢迎读者提出意见和建议。

祝每一位读者自学成功。

全国高等教育自学考试指导委员会
2002年3月

目　录

学前教育科学研究与论文写作

第一章　总论 ………………………………………………… 1
　第一节　学前教育科学研究概述 ………………………… 2
　　一、学前教育科学研究的意义 ………………………… 2
　　二、学前教育科学研究的基本概念 …………………… 4
　第二节　学前教育科学研究的发展趋势 ………………… 8
　　一、学前教育科学研究的生态化、现场化与跨文化 … 8
　　二、学前教育科学研究的综合化、现代化与数学化 … 11
　第三节　学前教育科学研究的方法论 …………………… 15
　　一、学前教育科学研究的方法论的涵义 ……………… 15
　　二、学前教育科学研究的哲学方法论 ………………… 17
　　三、学前教育科学研究的一般科学方法论 …………… 19
　　四、学前教育科学研究的基本原则 …………………… 21
第二章　设计研究方案 ……………………………………… 25
　第一节　确定研究课题 …………………………………… 26
　　一、课题选择的原则 …………………………………… 26
　　二、课题选择的程序 …………………………………… 30
　　三、课题的来源 ………………………………………… 32

第二节　提出研究假设·················34
一、学前教育科学假设的概念··········34
二、学前教育科学假设的特点··········34
三、学前教育科学假设的作用··········35

第三节　查阅文献资料·················36
一、查阅文献资料的目的··············36
二、文献资料的来源··················38
三、查阅文献资料的方法··············38

第四节　设计技术路线·················39
一、选择研究的类型··················39
二、科学的抽取样本··················43
三、确定具体的研究方法··············48
四、研究材料的标准化················48
五、变量的控制······················57
六、统计处理························60
七、研究方案的模式··················61

第三章　执行研究方案·················63
第一节　执行研究方案的任务与要求·····63
一、执行研究方案的任务··············63
二、执行研究方案的要求··············65

第二节　执行研究方案可能碰到的困难与解决的方法···76
一、不合作··························76
二、社会系统误差····················77
三、被试流失························79
四、环境干扰························79

第四章　撰写论文·····················80
第一节　整理资料·····················81
一、整理资料的目的··················81

目 录

　　二、整理资料的步骤 …………………………… 86
　第二节　分析结果 ………………………………… 92
　　一、定量统计分析 ……………………………… 92
　　二、定性分析 …………………………………… 94
　第三节　撰写论文 ………………………………… 95
　　一、撰写论文的意义 …………………………… 96
　　二、撰写论文的程序 …………………………… 97
　　三、撰写论文的格式 …………………………… 99
　　四、撰写论文应注意的问题 …………………… 127

第五章　学前教育观察研究 ………………………… 129
　第一节　学前教育观察研究概述 ………………… 130
　　一、学前教育观察研究的概念 ………………… 130
　　二、学前教育观察研究的作用 ………………… 131
　　三、观察应注意的问题 ………………………… 133
　第二节　学前教育观察研究的种类 ……………… 135
　　一、描述记叙法 ………………………………… 135
　　二、取样观察法 ………………………………… 138
　　三、等级评定法 ………………………………… 148
　　四、间接观察法 ………………………………… 150

第六章　学前教育访谈研究 ………………………… 159
　第一节　学前教育访谈研究概述 ………………… 160
　　一、学前教育访谈研究的概念和特点 ………… 160
　　二、访谈与日常一般谈话的区别 ……………… 162
　第二节　学前教育访谈研究的种类 ……………… 164
　　一、按访谈结构划分的种类 …………………… 164
　　二、按其他标准划分的种类 …………………… 166
　第三节　访谈研究的设计程序与实施技巧 ……… 168
　　一、访谈研究的设计程序 ……………………… 169

二、访谈研究的实施过程与技巧…………………… 176
　第四节　学前教育访谈研究的评价………………………… 182
　　一、访谈研究的优点………………………………… 182
　　二、访谈研究的局限………………………………… 184
第七章　学前教育实验研究………………………………… 188
　第一节　学前教育实验研究概述…………………………… 189
　　一、学前教育实验研究的概念……………………… 189
　　二、学前教育实验研究的特点……………………… 191
　　三、学前教育实验研究的原则……………………… 194
　第二节　学前教育实验研究设计模式……………………… 198
　　一、单因素实验设计………………………………… 198
　　二、多因素实验设计………………………………… 203
　第三节　学前教育实验研究的种类………………………… 207
　　一、实验室实验与现场实验………………………… 207
　　二、前实验、准实验与真实验……………………… 209
第八章　学前教师、家长评定问卷研究…………………… 212
　第一节　学前教师、家长评定问卷研究概述……………… 213
　　一、学前教师、家长评定问卷研究的概念与特点… 213
　　二、学前教师、家长评定问卷的形式……………… 214
　　三、使用评定问卷研究应注意的问题……………… 218
　第二节　学前教师、家长评定问卷的编制………………… 220
　　一、问卷的一般结构………………………………… 220
　　二、问题的编制……………………………………… 226
　　三、回答方式的编制………………………………… 228
第九章　学前教育文献研究………………………………… 232
　第一节　学前教育文献研究概述…………………………… 233
　　一、学前教育文献研究的概念……………………… 233
　　二、学前教育文献研究的意义……………………… 233

三、学前教育文献研究的优缺点 ·················· 234
　第二节　学前教育文献研究的原则与方法·············· 235
　　一、学前教育文献研究的原则 ···················· 235
　　二、搜集学前教育文献的方法 ···················· 236
　　三、鉴别学前教育文献的方法 ···················· 241
　　四、学前教育文献的分析、综合与运用············ 243

第十章　学前教育经验总结研究···················· 245
　第一节　学前教育经验总结研究概述················ 246
　　一、学前教育经验总结研究的概念 ················ 246
　　二、学前教育经验总结研究的意义与作用 ·········· 248
　第二节　学前教育经验总结研究的步骤与基本要求······ 249
　　一、学前教育经验总结研究的步骤 ················ 249
　　二、学前教育经验总结研究的基本要求 ············ 256

第十一章　学前教育行动研究······················ 258
　第一节　学前教育行动研究概述···················· 259
　　一、学前教育行动研究的涵义与特征 ·············· 259
　　二、学前教育行动研究的类型与适用范围 ·········· 263
　　三、学前教育行动研究的优点与局限性 ············ 267
　　四、学前教育行动研究的意义与启示 ·············· 268
　第二节　学前教育行动研究的实施·················· 274
　　一、学前教育行动研究的基本步骤 ················ 274
　　二、学前教育行动研究的方法与技术 ·············· 279
　　三、学前教育行动研究实施的原则与注意事项 ······ 284
　　四、学前教育行动研究的应用案例 ················ 286

第十二章　学前教育统计分析研究·················· 291
　第一节　学前教育统计分析研究概述················ 292
　　一、学前教育统计分析研究的概念 ················ 292
　　二、统计分析的基本内容 ························ 293

三、统计分析的作用 …………………………………… 294
四、统计分析的局限 …………………………………… 296
第二节 学前教育描述统计研究 …………………………… 297
一、集中量数 …………………………………………… 298
二、差异量数 …………………………………………… 307
三、地位量数 …………………………………………… 312
四、相关量数 …………………………………………… 316
第三节 学前教育推论统计研究 …………………………… 321
一、总体参数的估计 …………………………………… 322
二、假设检验 …………………………………………… 324
三、单侧检验和双侧检验 ……………………………… 326
四、常用的检验方法 …………………………………… 326
第四节 学前教育多元统计分析 …………………………… 343
一、多元方差分析 ……………………………………… 343
二、因素分析 …………………………………………… 345

附表 …………………………………………………………… 349
参考文献 ……………………………………………………… 361
后记 …………………………………………………………… 371

学前教育科学研究与论文写作自学考试大纲

《自学考试大纲》出版前言 ………………………………… 375
  Ⅰ课程的性质与设置目的 ………………………………… 377

目 录

Ⅱ课程的内容与考核目标…………………………… 379
Ⅲ有关说明与实施要求…………………………… 417
附录 题型举例…………………………………… 421
《自学考试大纲》后记……………………………… 423

第一章 总 论

本章讨论的主要问题

一、学前教育科学研究概述
　　学前教育科学研究的意义
　　学前教育科学研究的基本概念
二、学前教育科学研究的发展趋势
　　生态化、现场化与跨文化
　　综合化、现代化与数学化
三、学前教育科学研究的方法论
　　学前教育科学研究的方法论的涵义
　　学前教育科学研究的哲学方法论
　　学前教育科学研究的一般科学方法论
　　学前教育科学研究的基本原则

任何一门学科的发展与本学科研究方法的更新、突变密切相关。分析法的产生促进了化学科学的进步；实验法的运用宣告了科学心理学的诞生；条件反射法的问世，揭开了人类大脑活动的奥秘，人类高级神经活动学说由此建立……学前教育科学研究水平的不断提高，促进了学前教育科学不断的发展。诸如，系统论方法的引进，促进学前教育科学研究出现生态化倾向；现代观察手段的应用，使学前教育科学研究资料收集真实、准确；多因素分析与计算机的使用，使学前教育科学多因素研究成为可能，这些研究方法的采用不仅发展了学前教育理论,而且也促进了学前教育理论在实践中的应用。因此,研究和掌握学前教育科学研究是十分必要的。

本章旨在介绍学前教育科学研究的意义与学前教育科学研究的几个基本概念,简明扼要地阐述学前教育科学研究发展的新趋势,出现的新特点以及学前教育科学研究的方法论。

第一节 学前教育科学研究概述

一、学前教育科学研究的意义

(一)开展学前教育科研,为深化学前教育改革提供科学依据

教育与人的全面发展、生产的提高、社会的进步有着密切的关系,深化教育改革,全方位发展教育,已成为现代社会进步的重要举措。学前教育科学研究就是要研究人类知识与价值观念传递过程中的学前教育现象,探讨学前教育的本质,揭示学前教育的客观规律和特点,这就为深化学前教育改革提供了科学依据。

例如,学前教育改革必须要依据幼儿心理发展特点与幼儿教育规律,史慧中进行的幼儿素质现状调查研究、陈帼眉进行的幼儿心理研究、屠美如进行的儿童美术欣赏教育研究以及刘焱进行的游戏活动研究等所获得的科学结论,为幼儿园教学改革的进一步深化,提供了可靠的科学理论依据。

(二)探索学前教育规律,为学前教育实践提供理论指导

学前教育科学研究,是人们揭示学前教育科学客观规律的有效途径。如,要研究文化对儿童心理发展的影响,就要进行跨文化的研究;要探索新的教育模式,就要进行教学实验……总之,人们对于任何学前教育规律和特点的认识,都离不开对学前教育科学的研究。通过对学前教育科学的研究,人们将感性认识上升为理性认识,然后再指导实践,为学前教育实践提供理论指导。

第一章 总 论

例如,美国社会学习理论家班杜拉(Bandura, A.)通过大量的实验研究,提出了观察学习的社会学习理论观。他认为儿童的个性是在观察过程中形成的,在这个过程中,儿童首先观察榜样的活动,观察的结果在儿童的头脑中形成一种意象,正是这种意象指导着儿童在处于与榜样的活动相似的情景时,作出与榜样相似的活动。在进行观察学习时,儿童可以不进行与榜样相同的外部反应,也可以不直接受到外部强化,只是通过观察学习过程,就可以形成多种多样的行为,从而也就形成个性。同时,他还强调认知、自我调节、自我效能在学习中的作用,个人、行为和环境交互作用决定个性的形成。由此,从理论上指导学前教育实践不仅仅要重视显型教育,还要重视隐型教育,在隐型教育中特别强调教师人格特征对儿童发展的重要作用。同时也为家庭教育提出了理论指导,家庭的环境、家庭的情绪氛围、家长的言谈举止、价值取向等对儿童有重要影响。

(三)丰富学前教育研究成果,促进学前教育科学发展

任何一门科学的发展,都要靠本门学科科学研究成果的积累与创新,学前教育科学的发展也要靠大量的、科学的、逻辑的、实证的学前教育科学研究。我国目前有相当一部分理论工作者和实际教育工作者在教学第一线,进行长期的、艰苦的实验,取得了丰硕成果,为学前教育科学的发展增添异彩,例如李文馥的绘画创新教育研究。她认为儿童的实质是儿童的自我表现,其基本功能在于启迪儿童的心智和情感,在于创新,创新是儿童画的"画魂"。研究者历经15年,相继进行三轮实验,对儿童的心理发展过程、绘画认知发展和创新教育进行了系统的研究。自主性绘画强调发展儿童自身的主动性;主张按个人的意愿,以儿童特有的绘画方式,表现自我的经验、思想、愿望和感情,突出儿童画的创新功能。它可以防止和克服自发涂画而产生惰性的自由画的弊病,也可以解决靠成人控制并压抑创造性的模仿画的难题。实验结果表明,自主

性绘画是幼儿心理发展和教育研究的良好结合点,自主性绘画是幼儿创新教育的最佳手段之一,自主性绘画教育是幼儿美术教育改革的有效途径,自主性绘画教育对幼儿认知发展具有明显的促进作用。其研究丰富和发展了幼儿素质教育理论。但目前理论的研究还落后于学前教育改革的实际需要,我们应高度重视学前教育科学研究。

(四)转变教师观念,提高教师科研能力

我国广大人民教师与儿童朝夕相处,他们最了解儿童,最容易发现教育实践中的问题,这是一支潜在的科研大军。当今学前教育科学研究与幼儿园教育、教学活动紧密结合,已成为学前教育科学研究发展的重要方向。广大教师在学前教育科学研究中,学习学前教育科学理论,提高理论水平,在理论指导下,设计教改方案,通过教改实践,又不断提高理论认识水平和教学水平,在此基础上又进一步总结经验,在更大范围内将学前教育理论与学前教育实践有机结合。探讨具有普遍指导意义的学前教育规律,推动了学前教育质量的提高。一批有一定学前教育理论修养、丰富教学经验、热心教育改革的学者型教师队伍正在形成,这必将对我国的教育发展产生深远的影响。我国广大教师科研蔚然成风之日,必将是我国学前教育发展腾飞之时。

二、学前教育科学研究的基本概念

(一)科学研究的概念与特点

1. 科学研究的概念

科学研究是一种认识过程,是人们有目的、有计划、有系统地采用科学的方法去认识自然和社会现象,探索客观真理,并能动地改造客观世界的过程。它是探求知识,解决问题的创造性活动。

科学研究的目的不在一成不变地记录或收集事实资料,而是要经由概括、演绎与实证的方法,建构出一套科学的理论,用一组精要的理论性架构来描述、解释及预测复杂的事实。因此,真正的

第一章 总 论

科学知识并不是记录准确的零星事实,而是研究者所建构的科学理论。所以,科学研究既要重视设计程序、可验证性,又要重视逻辑关系,合乎逻辑。我们的科学研究就是在收集事实的基础上,提出假设,编制研究方案,按照研究方案收集资料,然后整理资料,进行定性定量分析结果,探求规律,进而将规律系统化,形成科学理论。

2. 科学研究的特点

（1）客观性　科学研究是探求真理的过程,它必须要客观地反映客观事物的本质,不能带有任何主观臆想。客观性主要表现在三个方面:①资料来源于客观。我们研究问题不能闭门造车,主观构建一个理论假设,编制设计方案,而是要到生活中收集资料,这就是卡特尔(Cattell, R. B.)所讲的生活资料(L 资料)。例如,我们研究幼儿需要问题,不是一拍脑袋有了灵感,于是就主观地编制出一套问卷,而是首先到幼儿园收集、了解幼儿实际需要,进而编制而成,所以资料来源于客观。②研究过程客观。在研究过程中,一定要严格按照研究方案实施,客观地进行。如记录要如实、全面,不能任意更改。③研究结果客观。分析资料、整理结果要客观,不能轻易丢掉自认为不理想的结果,往往从来没有出现的结果可能正是你的发现,科学研究一定要尊重事实。

（2）创造性　科学研究是探讨未知过程,其重要特点是创新,如果研究结果没有新的发现将毫无价值。

（3）继承性　科学研究探求新的问题,必须要在他人研究的基础上进行,即使是那些填补空白的项目,也要借鉴他人的理论、方法、资料,在此基础上进行综合加工,没有他人的科研成果,不可能产生新的科学研究。例如,韩进之、杨丽珠等人于 1983 年开始研究儿童自我意识的发展,从自我评价、自我体验和自我控制三方面研究,这在当时的我国尚属空白,那么如何设计研究方案呢？首先查阅有关自我意识的研究资料,通过以往的资料分析出自我意识的理论建构,在编制具体问题时,又借鉴了前苏联的一些研究资料,将某方面的资料,如自我评价资料、自我控制资料综合起来,编制而成。没有前人的成果,不可能有今天的研究。

(4)系统性　科学是某领域反映客观事物规律的系统化知识体系,科学研究就要将研究的各个具体特点、规律综合为一定的知识体系,科学研究具有系统性。系统性表现在研究的内容是系统的,研究的方法是系统的,研究的程序是系统的。

(5)控制性　科学研究必须有严格的设计方案,明确研究对象的操作定义,排除无关因素的影响,严格地实施方案,科学地定性定量分析,以使研究结果可信、有效。不对研究的各个环节进行严格的控制,就无法判断研究结果的真伪。

(二)学前教育科学研究的概念与特点

1. 教育科学研究的概念

学前教育科学研究是一种认识过程,是人们有目的、有计划、有系统地采用科学的方法,研究学前教育科学的知识体系,认识学前教育现象,探索与发现教育与人的全面发展、教育与社会进步的客观规律,深化学前教育改革,提高学前教育质量的创造性活动。

例如,刘云艳进行的"幼儿园美育实现德育同时目标的研究"。研究者有计划、有目的地设计了研究方案。在重庆市 8 所幼儿园设立实验班和对比班,以探讨通过美育内容的实施,达到德育教育的目标。结果表明:在幼儿园实施美育综合教育,对幼儿德育发展有较大促进作用,对幼儿道德认识发展阶段影响尤其显著;能够促进幼儿在社会行为发展方面的进步,突出表现在实验班幼儿参与活动的情绪性、独立性、合作性、坚持性的发展上。探讨了美育与德育的内在联系,促进了幼儿教育质量。有的人到了期末,因领导让大家写论文,拿起笔,想想以往的工作,总结几条写出一篇文章,既没有研究方案,控制研究的条件,也没有有计划地进行日常的观察记录,这不能算是学前教育科学研究。

第一章 总 论

2. 学前教育科学研究的特点

学前教育科学研究属于科学研究的范围,具有科学研究的一般特点:客观性、创造性、继承性、系统性和控制性;同时作为独立事物又具有自己的特殊性,其特点如下:

(1)多因素 系统科学论认为教育是由多因素组成的系统工程,它的内部结构包括教育者、受教育者、教育内容、教育手段等诸多因素;它的外部结构包括社会、家庭、学校等诸多因素,这些因素相互作用、相互影响。因此,进行学前教育科学研究就应当考虑多因素的设计和对结果的多因素分析。

(2)实践性 学前教育科学研究很难在实验室进行研究,一般地都是在学前教育实践过程中,进行现场实验,这样既保证了较高的学前教育外部效度,也能将研究结果进行应用和推广,学前教育科学研究具有实践性。

(3)持久性 学前教育科学研究很难在短时间内见成效,研究的周期较长。一般地说,学前教育科学研究,从立题、提出假设,到验证假设,得出结果,形成理论,进而推广,都需要较长的时间,9年甚至更长的时间。

(4)有条件的控制 学前教育科学研究难以对研究对象进行精确控制和操作,难以对无关变量进行严密控制,往往容易出现社会误差、被试误差和主试误差。例如,研究不同的家庭教养方式对儿童的影响,就不能专门设计一组家长进行放任型教育;研究母爱剥夺,专门把一些婴儿进行隔离,那是惨无人道的。这就给学前教育科学研究带来一定的局限性,就要开辟新的研究方法和途径。另外,学前教育科学研究大都是现场实验,然而现场实验无法设计真实验,只能在准实验的范围内进行,一些无关变量难以严格控制。例如,实验班与对比班的被试的同质性问题,实验班教师与对比班教师的教学能力是否一致,教师与学生相互作用的影响等等,这就要求进行教育科学研究尽可能采用标准化的研究程序,对结果的分析要谨慎。

第二节 学前教育科学研究的发展趋势

20世纪80年代以来随着学前教育科学研究的不断深入,科学技术的不断发展,学前教育科学研究出现了新的发展趋势,这些新的特点主要有以下几个方面:

一、学前教育科学研究的生态化、现场化与跨文化

(一)生态化

20世纪80年代以来,学前教育科学研究出现了生态化倾向。所谓生态化倾向,就是强调在真实的自然与社会的生态环境中研究教育规律,提高教育的外部效度,提高学前教育科学研究的实际应用价值。

学前教育科学研究的生态化倾向直接导源于实验室实验的局限性。实验室实验能够按照严格的设计程序,操纵自变量,控制无关变量,观察因变量的反应,以探求自变量与因变量的因果关系,揭示学前教育规律和特点,对学前教育科学研究起到了积极作用。然而实验室实验是人为创造条件,被试在这种特定条件下的心理反映与在自然的情境中是不一样的,也就是说实验室条件与现实的教育环境相脱离,不能真实反映事物的本来面目,研究结果的有效性和普遍性受到影响。社会生态学家布朗芬布伦纳(Urie Bronfenbrenner)认为真实自然的环境是影响儿童发展的主要源泉。儿童发展的生态环境由若干相互镶嵌在一起的系统组成,它包括微系统:这是个人在环境中直接体验着的环境,如家庭、幼儿园、邻居;中间系统:指儿童直接参与的微系统之间的联系与相互影响的环境;外层系统:指那些儿童并未直接参与,但却对个人有着影响的环境,如儿童父母工作环境会影响他们在家中的行为,进而影响儿童;宏系统:指儿童所处的社会或亚文化中的社会机构组织的意

识形态。这些系统相互影响,制约着儿童的发展。这就使人们认识到只有通过观察成长中的人与人的相互作用及他们在真实环境中的变化,才能真正了解人发展的本质。学前教育必须在真实的教育环境中进行,它不是孤立的,是受多种因素影响的,而这些因素之间又是相互作用、相互影响的。学前教育本身是一个由多因素组成的复杂的完整的系统,仅仅用实验室实验,操纵有限的变量,必将把一些很有意义的变量给控制掉了,外部效度明显降低,所以,学前教育科学研究必须走出实验室,到现实的生活中进行研究。正如麦考尔(McCall,1979)说的那样:"如果我们不是在对真实家庭、真实学校和真实环境中对真实被试成长的研究,那么我们的知识还有什么价值呢?"

现代科学技术的发展和先进的研究设计为学前教育科学研究生态化倾向提供了有利条件,促进了生态化倾向的深入发展。例如,现代化观察仪器,诸如录音机、摄像机等能将现实生活中研究对象的行为以及与周围的相互作用,真实准确地记录下来,提高了研究的严密性和科学性。多变量的实验设计以及电子计算机的广泛使用,解决了多因素分析问题。准实验设计的发展,解决了如何在现实中进行实验,探明变量间的因果关系,虽然它还有很大的局限性,但毕竟提高了生态效度。学前教育科学研究的生态化倾向虽然发展历程并不长,但却展现了它的勃勃英姿,取得了很大的成果。朱智贤教授主持的中国儿童青少年心理发展与教育研究、朱慕菊主持的幼儿园与小学衔接的研究等就是典型例证。

(二)现场化

学前教育科学研究的现场化是指在学前教育的现实环境中研究教育与人的发展的规律。随着生态化的发展,人们认识到必须冲出实验室围墙,到现实的活生生的学前教育现场进行研究,方能使学前教育研究内外部效度达到统一,于是在具体研究中就愈加重视现场研究。

现场研究一般分为现场观察和现场实验两种。现场观察就是自然观察法,由于现代化技术手段的应用,能够准确地收集所需要的资料,并对行为资料进行分子分析,即将大单位的行为视为由许多小单位(分子行为)组成,又能将分子行为整合为一个较大的有意义的单位,这样就使自然观察法的研究出现了生机。现场实验是在自然的真实的环境中尽可能地控制无关变量,操纵自变量来观察因变量的变化,以揭示变量间的因果关系的方法。由于现场实验的广泛应用,使得学前教育科学研究的应用性得以很大发展,解决了学前教育实践中提出的诸多问题,满足了现实的迫切需要,使得学前教育科学研究的大量课题从纯理论性研究向综合性的应用性项目发展。当然现场实验由于条件很难完全控制,应用上有一定的局限,我们在操作中要谨慎。

(三)跨文化

当代文化的发展趋势仍然保持多元化的基本态势,但各种文化是在相互交流、相互交融中不断发展的。文化的这种本体运动必然使各种文化特质不断丰富和变化,导致学前教育的结构、形式和内容的变迁与发展。我们应当吸收外国的先进经验,进行国内外学前教育的比较研究。跨文化研究的主要目的,在于考察文化因素对学前教育的影响,探讨不同文化背景下学前教育现象的共同性和差异性。

所谓跨文化研究,是将同一课题应用在不同文化背景下,以此作为研究的对象,探讨教育与人的发展的共同规律,或从不同文化背景的学前教育差异中,研究不同的社会生活条件对教育与人的发展的影响的一种方法。

由此可见,跨文化研究是指两种或两种以上不同文化背景中个体或群体的比较研究。那么如何区别不同文化背景呢?区别一种文化最重要的是文化之间交往的机会和交往的可能性,它包括:语言,人们使用的语言是否能理解;时间,这些人是否生活于同一历史时期;地域,这些人是否生活于世界的同一地区;习俗,这些人衣、食、住、行,婚丧嫁娶行为方式,文化的价值取向,态度体系是否有差异。这四个方面,如果其中有一个方面不同,我们就可以认为可能有两种以上文化。

两种或两种以上跨文化比较,必须要具有文化的等值性,马尔帕斯(Malpass)和布汀格(Poortinga)曾区分出三种文化等值性:(1)机能等值,指不同文化背景的人对同一问题作出基本相同的心理机能行为表现;(2)概念等值,指不同文化背景的人对特定的刺激物的意义有共同的理解;(3)测量等值,是从不同的文化背景中获得的数据资料的心理测量的特征呈现出一种可比较的模式。齐茨(Keats,D. M.)和方富熹认为评价跨文化研究方法的标准应是研究对象的对等性、比较对象使用的分类系统机能的对等性、样本的可比性、测量和任务的可比性、程序的可比性、动机的可比性和言语的可比性等。我们在进行跨文化研究时,一定要克服文化偏向问题,采取客观、公正的态度,否则将会影响跨文化研究的质量。

二、学前教育科学研究的综合化、现代化与数学化

(一)综合化

学前教育科学研究的综合化趋势主要是指强调采用多种方法和从多学科角度去探讨学前教育现象及其规律。

学前教育科学研究的具体方法很多,各有其利弊,单纯使用某一种方法,容易失去重要的有价值的信息,其研究结果难以全面可信。例如,研究某一种教育方法与培养幼儿能力发展的研究,如果只使用实验法,只能知道结果,学生的具体表现如何,需要运用观察法;为什么这种教育方法就能使幼儿能力得以发展,还需要与幼儿交谈;为了获得更细致的资料最好运用个案法,追踪记录数个幼儿的表现,进行定性定量分析。只有运用多种方法进行研究相互比较验证,才能使研究结果更为可靠有效。学前教育科学综合化表现在两个方面：

1. 学前教育科学跨学科的研究

学前教育科学研究的对象是学前教育，教育的对象是人，人从属于物理、生物、社会等系统；教育自身还有教育者、教育内容、教育手段等要素；教育还受其外部社会的政治、经济、科技文化等多因素的影响，所以学前教育必然具有多系统、多层次、多序列等多测度性，必然涉及到物理、生物和社会的政治、经济等多方面，所以研究学前教育科学必然要开展跨学科的合作研究，才能真正有效地揭示学前教育规律。这种跨学科的合作，一方面是学前教育科学内部各分支学科的合作。例如，研究幼儿园课程模式，就要有学前教育学、幼儿心理学、教育社会学、教育经济学等多学科的合作；另一方面是学前教育科学与相关学科的协作。例如，研究早期弱智儿童的矫正，就要有特殊教育学、学前教育学、发展心理学、儿科医学等各学科专家共同合作研究。

2. 定性研究与定量研究相结合

学前儿童心理与教育研究很早是以个案，即定性研究为主，如陈鹤琴、皮亚杰的研究。但随着定量研究的深入，人们发现定性研究有许多的不足，如主观、不易量化等而被长期忽视。随着生态化思想在学前教育研究的深入发展，特别是20世纪90年代以来，人们对定性研究重新定位，认为定性研究有其三方面特点：(1)定性研究的出发点是站在被研究者的角度，从被研究者出发，来描述和分析研究被试的认识、体验、行为习惯等。观其行，听其言，收集所要研究的资料。而定量研究是从假设的理论出发再到实际中验证假设，从样本向总体推论，探索出规律。其所以能进行定量研究，是因为首先从被研究者出发，了解收集到了第一手资料，有了理论假设所致，所以学前教育研究必须从定性研究开始。幼儿个体差异很大，要强调对幼儿进行个别化教育，因此学前教育研究方法更要重视质化的研究。(2)定性研究十分重视社会背景，强调对所

第一章 总 论

研究问题的社会背景作出全面、整体的理解。(3)定性研究采用重复策略。正因为如此，现在人们十分重视定性研究。但定性研究也有很大的局限性，它需要定量研究，以大样本推论全体，探讨事物的客观规律及其因果关系。例如，我们制定幼儿个性教师评定量表，首先采用定性研究方法，从幼儿教师角度出发，让幼儿教师自由回答，描述幼儿个性特征及其典型行为表现，然后对其编码，归纳出幼儿个性理论建构，进而编制出幼儿个性教师评定初始问卷，进行定量分析研究，经探索性因素分析，最后制定出幼儿个性教师评定量表(城市版)，定性研究与定量研究各有其优缺点。我们要根据研究目的，用其所长，将二者结合起来，达到最佳研究效果。

(二)现代化

学前教育科学研究的现代化主要是指研究技术设备和手段的现代化。

目前学前教育科学研究已大量采用录音、录像、照相等手段，准确记录收集的资料，并且可以反复看、听，所得资料客观，分析资料准确。还有一些现代化仪器，诸如眼动仪等，在学前教育科学研究中起到了巨大作用，将理论的研究更加实践化，如运用眼动仪将认知与个性研究相结合，促进了幼儿个性品质的发展。单向玻璃的儿童观察室和多台固定的摄像机的综合运用，准确而迅速记录儿童的复杂行为，使研究更为客观真实。特别是使用现代化工具电子计算机，使学前教育科学研究的多因素分析得以实现，在短时间内迅速处理庞大的数据，使研究向更高层次发展。

(三)数学化

学前教育科学研究越来越注重于以数学、数学方法作为研究教育现象及其规律的工具，对研究结果的数量化分析，使学前教育科学研究日臻科学化。

多元分析方法使教育科学多因素研究得以实现。随着学前教育科学研究出现生态化倾向,人们对学前教育的研究更注重于现场研究,进行多因素设计,探求学前教育现象中的多因素多变量之间的关系,这就为多因素分析、多元分析方法的使用提供了可能。庞丽娟运用验证性因素分析、获得了幼儿责任心结构,为幼儿责任心培养提供了理论依据。特别是计算机在学前教育科学研究中的广泛应用,使学前教育科学研究大样本、多变量、多层次的研究成为可能。计算机可以在短时间内处理庞大的数据,使研究结果的分析更为简便,计算机专用统计软件包如 SPSS(社会科学统计软件包)、LISREL 等开发使用,使学前教育科学研究的多因素分析更为常用。

随着数学的发展,学前教育科学研究逐步应用先进的数学方法与手段,如模糊数学等先进的数学方法在学前教育科学研究中已被人们所重视;马谋超等人关于心理量模糊理论、方法及其应用,已在儿童心理与行为研究中做出重要贡献。元分析方法,对已有的因素课题研究结果进行综合评价,以探讨带有普遍性、概括性的结论;在定性分析中运用定量分析等,推动了学前教育科学的发展。

第一章 总 论

第三节 学前教育科学研究的方法论

一、学前教育科学研究的方法论的涵义

生物学有生物学的研究方法,心理学有心理学的研究方法,学前教育科学有学前教育科学的研究方法,但不管哪门学科,都受方法论的制约。方法论是关于科学一般研究方法的理论,以研究的指导思想、方法为研究对象,它与世界观密切相联,有什么样的世界观就有什么样的方法论,因此,学前教育科学研究必然受哲学方法论的制约。

20世纪70~80年代以来,作为一般科学方法论之一的系统方法论迅猛发展,系统论、控制论、信息论、耗散结构论、突变论和协同论,直接影响学前教育科学研究,人们认识到学前教育是多系统、多层次、多水平、多序列组成的一个整体结构。学前教育发展过程是一个能够调控信息的自组织系统。人们用"三论"概括出的反馈原理、有序原理和整体原理,在学前教育研究中起到了重要作用。

科学的方法论制约着具体的研究方法,指导科学研究,学习、掌握和研究科学研究的方法论,将会使科学研究在正确的轨迹中运行,这对于研究者来说是十分有意义的。

1. 学前教育科学研究的方法论的涵义

学前教育科学研究论是指关于学前教育科学一般研究方法的理论,是人们认识学前教育现象、研究学前教育规律的指导思想和基本原则,唯物辩证法和系统论都是学前教育科学的方法论。唯物辩证法是学前教育科学研究的哲学方法论,系统论是学前教育科学研究的一般科学方法论。

学前教育科学方法论制约着学前教育研究的具体的研究方法和技术水平,它是具体研究方法的指导原则,如不以正确的方法论

作指导,科学研究就会迷失方向。弗洛伊德(Freud,S.)系统地阐述了个性的结构、动力、个性的形成发展,第一个建立了系统的个性理论,矫正早期儿童个性变异行为,为此做出了重要的贡献。但由于他坚持唯心主义,最终使他的研究陷入困境,就连他最得意的门生,乃至他的女儿都与他分道扬镳,可见科学研究必须坚持科学的方法论,学前教育科学研究也是如此。

2. 学前教育科学研究的方法论体系

学前教育科学研究的方法论体系包括三个方面:哲学方法论、一般科学方法论和具体的研究方法,具体内容如下:

哲学方法论是学前教育科学研究中最高级最抽象最普遍的方法论层次,唯物辩证法的教育观保证了学前教育的科学研究的正确方向。系统方法论将唯物辩证法的教育观具体化,以整体原则、有序原则、反馈原则、动态原则指导着具体研究方法。在唯物辩证法的教育观和系统方法论的指导下,选择适当的具体研究方法,是取得学前教育科学研究成功的重要保证。

学前教育科学研究论体系
- 哲学方法论——唯物辩证法
- 一般科学方法论——系统方法论
- 具体研究方法
  - 观察法
  - 访谈法
  - 实验法
  - 临床法
  - 问卷法
  - 社会测量法
  - 经验总结法
  - 历史法
  - 文献法
  - 行动研究法
  - 统计分析方法

第一章 总 论

二、学前教育科学研究的哲学方法论

(一)哲学方法论的涵义

哲学方法论取决于世界观。一般说来,有什么样的世界观就有什么样的方法论。世界观是人们对世界的基本观点和总的看法,用这种观点和方法作指导,去认识和解决世界上的各种各样的问题,就是哲学方法论。哲学方法论涵盖实证主义、实用主义、现象学、建构主义、唯物辩证法等。

运用唯物辩证法去研究、认识和解决教育的本质、教育的社会价值、教育与人的发展以及教育与社会进步等各方面的问题,是正确的学前教育科学研究的哲学方法论。辩证唯物主义和历史唯物主义是唯一正确的世界观,在马克思主义哲学指导下的方法论,要求从实际出发,客观地、历史地、全面地根据主客观条件,辩证地看问题,揭示物质和运动的辩证关系,揭示事物和现象之间的因果关系,揭示事物发展的客观规律,为学前教育科学研究提供正确的教育观、心理观和研究方法的指导,因此,唯物辩证法的哲学方法论是指导学前教育科学研究的最普遍的方法论。

(二)学前教育科学研究的唯物辩证法哲学方法论的基本观点

1.实践反映论

唯物辩证法认为实践活动是人的认识产生和发展的基础、源泉和动力,人的实践活动是人的主体对客体的能动反映,只有通过人的实践活动,人们才能够掌握事物的规律,从而改造主客观世界,运用实践反映论研究学前教育科学,具体表现在七个方面:

(1)理论产生于实践,物质第一性,意识第二性,强调教育实践反映的辩证决定性。

(2)学前教育研究的对象是人,人是社会关系的总和,学前教育受政治、经济、文化价值观念的影响,强调学前教育实践反映的社会性。

(3)研究教育现象不仅要强调学前教育的社会性,而且还要看到学前教育对象自然属性的一面,任何学前教育改革都要依据幼儿身心发展特点(这里有自然属性方面),要重视学前教育实践反映的物质性。

(4)强调幼儿在学前教育实践活动中的主体性。在主客体相互作用中,幼儿是主体,学前教育实践的发展,在很大程度上,有赖于幼儿主体性的最大限度的发挥,当然幼儿的主体性的发挥也要受客体的制约。

(5)物质在不断运动发展,人类实践活动在不断运动发展,人类的教育实践活动也在不断运动发展之中,强调学前教育的发展性。

(6)幼儿对外界事物的反映,不是被动的、机械的反映,而是自觉的、能动的反映,强调幼儿在学前教育活动中的主观能动性。

(7)强调学前教育实践活动的系统性。学前教育是由多因素组成的有系统的整体结构,这个整体结构具有不同的子系统。研究学前教育必须要考虑学前教育的多因素,例如,研究如何开发幼儿的智力,既要考虑教育内容、方法等问题,也要考虑教师、家长的因素,还要考虑幼儿自身的因素,包括非智力因素。

以上七个方面是相互联系的,在进行学前教育科学研究中,只有全面考虑这些问题,才能正确理解唯物辩证法的实践反映论。

2. 普遍联系论

唯物辩证法认为学前教育现象中的各种事物与现象是普遍联系的,相互作用的,具有系统性。例如,学前教育作为社会的子系统,与其他子系统有着密切的联系,学前教育自身的教育者、受教育者与学前教育的过程又有着复杂的联系。20世纪80年代以来强调的现场研究就是哲学方法论中的普遍联系论的具体体现。研究学前教育必须要全面看问题,既要看到学前教育的内部,也要看到学前教育的外部,既要看到主观条件,又要看到客观条件,做到内部与外部、主观与客观的统一。

第一章 总 论

3. 运动发展论

唯物辩证法认为物质运动是永恒的,学前教育是不断发展变化的,研究学前教育不仅要看到现在,还要考虑到过去和未来,要历史地、发展地看问题。

4. 对立统一论

唯物辩证法认为任何事物都有矛盾,矛盾的对立统一促进了事物的发展。因此,在进行学前教育科学研究时,必须要一分为二,全面地辩证地看问题,既要看到矛盾的普遍性,又要看到矛盾的特殊性,正确解决学前教育的各种矛盾。

5. 质量互变论

唯物辩证法认为任何事物都有质与量的规定性。一定的量变会产生一定的质变,没有量的质和没有质的量都是不存在的。这就告诉我们,进行学前教育科学研究,不仅要重视定量统计分析,也要重视定性分析。既要通过具体数据来描述学前教育发展的水平,也要通过质的分析揭示学前教育发展的本质变化,解释变化的原因。就是选择被试,既要考虑量的代表性,又要考虑质的代表性等等。

三、学前教育科学研究的一般科学方法论

(一)系统方法论的涵义

随着科学技术的发展,学科的不断分化,现代科学需要横跨自然科学和社会科学的统一的一般科学方法论。20世纪40年代以来,贝塔朗菲(Bertalanffy, L. V.)提出系统论,申农(Shannon, C. E.)提出信息论,维纳(Wiener, W.)提出控制论,普利高津(Prigogine,L.)提出耗散结构论,哈肯(Haken, H.)提出协同学论,托姆(Thom,K.)提出突变论,共同创立了系统方法论,形成了科学研究的一般方法论。

所谓系统方法论就是指系统论、信息论、控制论(三论)和耗散结构论、协同学论、突变论(新三论)的基本思想和方法。是探讨系统的结构和功能及其变化发展的理论。其核心思想认为,系统是由若干相互联系、相互作用的部分组成的具有一定结构与机能的整体,这个整体包含着若干部分的子系统,以及不同层次、不同水平和不同序列的亚系统,高层的系统整合着子系统,却有不同于子系统的特点。系统科学方法是按事物本身的系统性把研究对象作为一个具有一定组成、结构和机能的整体来加以考察的方法。它具有整体性、结构性、动态性的基本特征。

(二)系统方法论对学前教育科学研究的指导作用

系统方法论认为学前教育现象是由若干个子系统组成,每个子系统又包含若干个亚系统,每个亚子系统又包含若干个次亚子系统……这些系统、层次各因素相互联系、相互作用,组成了一个整体结构。这个整体结构具有动态性、整体性、组织性等特点。系统方法论指导着学前教育科学研究的思路、方式和方法。

1. 把学前教育现象作为整体的系统来进行研究

教育是社会大系统的子系统,同时又包含若干子系统,和不同层次、水平、序列的亚系统,它们之间相互作用、相互制约,组成了一个复杂的整体结构。如学前教育包括内部系统和外部系统。内部系统又包含教育者、受教育者、教学内容、教学手段等基本因素,教育者与受教育者本身又有人的社会性、心理性、生物性的复杂关系,教育者与受教育者之间又相互作用、相互影响。学前教育的外部系统与社会大系统下的子系统,诸如政治、经济、文化、科学技术、家庭结构等方面密切联系,这就要求我们研究学前教育必须考虑多因素,必须在学前教育实践中进行。目前在学前教育科学研究中出现的新趋势,如研究的生态化倾向,研究背景的现场化,研究方式的跨文化,研究方法的综合化,研究手段的现代化和研究结果的数学化等都是在系统方法论的影响下发展起来的。

2. 把学前教育现象作为不断发展的信息控制的自组织系统进行研究

第一章 总 论

学前教育作为开放系统在不断运动、发展变化,在主客观相互作用的过程中,在文化传递的过程中,不断地从外界输入信息、存储信息、加工信息,以实现学前教育的定向调节作用,保证学前教育系统有序性结构的发展。由此可见,学前教育是一个信息控制的自主系统。目前信息反馈原理、有序原理在学前教育科学研究中得到了广泛的运用。

四、学前教育科学研究的基本原则

(一)客观性原则

客观性原则是指实事求是地根据客观事实的本来面貌加以考察,根据受教育者的社会生活条件,以及受教育者身心的发展进行研究。客观地研究学前教育现象,应具备以下条件。

1. 必须从客观事实出发,详细占有材料

科学研究是通过对充分事实分析、概括,去揭示现象的本质,发现事物的客观规律,而不能有丝毫的主观臆造,所以,科学研究必须要掌握丰富的生活资料。例如,我们研究幼儿需要发展倾向性问题,首先运用开放式问卷法到幼儿园问小朋友需要什么?喜欢什么?害怕什么?然后我们把获得的众多的需要进行归类,制定出封闭式问卷进行研究。这个封闭式问卷不是我们主观臆造的,而是从分析客观实际资料中获得的。

2. 必须坚持严格的客观态度

对科学研究不能抱任何偏见或成见。在搜集资料时,要如实记录,在分析资料、统计处理、概括结论都要具有严格的客观性,不能想当然,事先做出结论,为了证实自已的结论,去寻找事实,甚至歪曲事实,断章取义,这种反科学作风,是科学研究所反对的。

3. 必须全面地搜集资料,详细认真地研究问题

学前教育是由多因素组成的整体系统结构,研究学前教育的某方面问题,应该从多方面收集资料。例如,研究如何提高幼儿数学能力,不仅要研究幼儿数学知识结构,还要研究幼儿的认知结

构,还要研究幼儿数学能力结构,还要考虑幼儿非智力因素,以及家庭因素等对幼儿数学能力发展的影响。也就是说,不仅要搜集研究问题本身的资料,还要搜集与这方面资料有关的资料,材料越丰富,就越有代表性。

(二)发展性原则

学前教育是不断发展的动态结构,研究学前教育现象必须要有发展的观点。

1. 教育发展是一个由量变到质变的过程

学前教育发展是一个信息控制的,由无序到有序的自组织发展过程,在这个过程中,学前教育的发展是不断由量的积累到质的变化,通过"飞跃"达到新质阶段,这就是说发展包含着渐进的中断。所以,对学前教育发展的研究,不仅要描述学前教育发展量的变化,还要揭示学前教育发展质的变化。例如,探讨早期教育关键期问题,不仅要有量的指标,还要有质的指标。

2. 教育发展是主客体矛盾对立统一的过程

我们必须从学前教育发展的内因和外因相互作用来研究学前教育,必须重视受教育者的主观能动性和受教育者主体的中介作用。

(三)教育性原则

一切学前教育科学的研究,都必须符合学前教育的要求,不允许进行足以损害幼儿身心健康的研究,不允许向幼儿提出与教育目的相矛盾的图片、问题、作业等。这就是说,在选择研究方法程序时,不能仅仅考虑到所要研究的问题是否有利,还要考虑所用方法对幼儿的身心是否会产生不良影响,或是否侵犯了他们的个人权利或人格,就是说所用方法对幼儿应该是道德的,是符合教育原则的。例如,华生关于惧怕的研究,虽然这是第一次将巴甫洛夫的条件反射法运用于人身上,但在研究过程中,每当小孩在摸白鼠时都会听到铜棒尖锐的敲击声音,这个敲击声伤害了儿童的心灵,

第一章 总 论

所以华生的这个实验方法虽然是一个成功的开创,然而研究的具体内容不可取。

(四)系统性原则

学前教育现象是由多系统、多层次、多水平、多序列组成的整体结构,具有明显的系统性。系统中的每一部分都不是孤立的而是相互联系、相互作用、相互制约的,表现为一定的因果联系。因此我们在研究教育现象时,必须要有整体系统观点。一方面要考虑教育本身的整体性,还要考虑教育与社会的相互关系,分析环境,诸如家庭环境、系统环境等的影响。另一方面,还要重视总体的系统研究。

(五)理论与实际相结合的原则

唯物辩证法认为,理论与实践是辩证的统一,理论来源于实践,实践是检验理论的唯一标准,理论指导实践,并在实践中得到发展。故此,学前教育科学研究应当密切结合我国学前教育事业中提出的实际问题来进行,研究的课题应是我国学前教育工作实际所提出的重大问题,通过研究,反复实验,在学前教育实践中验证、推广,逐渐上升为理论,并指导实践。另一方面,还要重视学前教育理论的研究,这种理论研究不能完全脱离实际,既要有逻辑推论,还要有实证性,所获理论能够指导实际。例如,研究教育与国民经济的关系,人们开始通过运用从实际中调查的数据说明问题,由于理论研究与国情密切结合,所获理论具有普遍指导意义。

我们应当重视那些与实践结合的理论研究,既有理论价值,又有实践意义。陈会昌主持的《中国3~9岁儿童的社会性发展》协作研究正是体现了这一原则。儿童社会性发展是探讨儿童如何成为具有社会规范的社会性的人,这是目前我国发展心理学以及幼儿教育急需解决的课题。研究者及时抓住这一重要课题,系统、全面地探索中国3~9岁儿童的社会性发展情况,探索儿童社会化过程的发生、发展和变化的规律性,发现父母、同伴、教师和其他社会因素对儿童社会化过程的影响作用,寻找适当的干预措施和测量手段,为更好地促进儿童社会性的正常发展提供可靠而有实用价值的科学研究。

这为家庭教育、幼儿园教育、小学教育和社区服务提供重要参考价值,而且为发展心理学、幼儿教育理论建设提供了实证资料。理论只有和实践密切结合才有其无限的生命力。

思考练习题

1. 扼要说明学前教育科学研究的意义。
2. 何谓学前教育科学研究,其特点是什么?
3. 略述当代学前教育科学研究发展的新趋势。
4. 学前教育科学研究论的涵义是什么?
5. 哲学方法论的涵义是什么?
6. 扼要说明学前教育科学研究的哲学方法论的基本观点。
7. 系统方法论的涵义是什么?
8. 举例说明系统方法论对学前教育科学研究的指导作用。
9. 简要说明学前教育科学研究的基本原则。

第二章　设计研究方案

本章讨论的主要问题

一、确定研究课题
　　课题选择的原则
　　课题选择的程序
　　课题的来源
二、提出研究假设
　　学前教育科学假设的概念
　　学前教育科学假设的特点
　　学前教育科学假设的作用
三、查阅文献资料
　　查阅文献资料的目的
　　文献资料的来源
　　查阅文献资料的方法
四、设计技术路线
　　选择研究的类型
　　科学的抽取样本
　　确定具体的研究方法
　　研究材料的标准化
　　变量的控制
　　统计处理
　　研究方案的模式

儿童期是人生智力、个性开始形成发展的关键时期，搞好儿童教育对于提高我国民族素质、早出人才快出人才极为重要。学前教育科学研究成果能为学前教育实践提供理论指导，为学前教育改革提供科学依据，这将有助于教师在工作中自觉地遵循学前教育教学规律，将教育理论与教育实践有机结合，有助于推动学前教育改革的成功进行；也可以提高教师素质，增强教育能力，提高学前教育质量，促进学前教育科学发展，我们应当大力提倡学前教育科学研究。那么，怎样进行学前教育科学研究，从何入手呢？学前教育科学研究是一项复杂的系统工程。一项学前教育科学研究首先要设计研究方案，本章旨在探索为了制定一项具有创新性、先进性、科学性、应用性的研究方案，将如何确定研究课题，如何提出研究假设，如何查阅文献资料，如何设计技术路线，以制定研究方案。

第一节　确定研究课题

一、课题选择的原则

1. 进取性原则　开始搞科研，会出现不知如何找课题，或找到课题不知如何下手的问题。科研具有探索性，也有不确定性，有成功或失败两种可能。所以要有勇气，考虑问题的出发点要从事业出发，否则无法搞科研，也不会成功。例如，1983年笔者在北师大心理系进修，正值我国著名儿童心理学家、教育家朱智贤教授承担"六五"国家重点科研项目——《中国儿童青少年心理发展特点与教育》，这是一项十分有意义的工作。朱智贤教授邀集全国这方面知名的心理学家、心理学工作者，其中邀请了韩进之教授参加此项工作，并责成笔者写信给韩进之教授征询课题。韩教授复信说搞儿童自我意识发展，笔者当时虽然服从，但思想上不太愿意搞个性研究，认为个性研究难度大。回校后，韩进之教授讲了搞个性的重要性，自我意识发展研究在我国还是空白。笔者被这位年近

第二章 设计研究方案

古稀的老先生,为事业孜孜以求的精神所感动,笔者立志投身于个性的研究,为发展和促进人类的精神文明而努力。在韩老的热心具体指导下,在大家共同努力下,《我国学前儿童自我意识发展初探》一文,被国际社会行为发展研究学会中国卫星会选中,笔者以作者身份应邀参加此会,此文摘要录在 ISSBD 英文文集中,此文还被录在台湾远流出版公司出版的由杨中芳、高尚仁主编的《中国人·中国心——发展与教学篇》中,它告诉人们科学研究要有正确的出发点,要有勇气,要有进取心。

2. 需要性原则 要根据社会的需要,学前教育实践的需要,理论发展的需要以及现代技术发展的需要来选题。学前教育科学只有为社会实践、学前教育实践服务才有其生命力,也只有从为社会、学前教育实践服务的角度选题,才具有重要的现实意义和应用价值。杨丽珠主持的全国教育科学"九五"规划教育部重点项目"儿童个性发展与培养的实验研究"课题,正是为解决幼儿园、小学为适应 21 世纪对人才高素质的要求,而如何培养幼儿小学生良好个性品质这一重要问题而提出来的。所以,本课题的主要成果:《儿童个性发展与培养的实验研究》专著,对于培养幼儿和小学生个性全面发展有重要的指导意义。在优先选择社会、教育实践迫切需要解决的问题的同时,也要注意从理论的发展和现代科学技术的新进展来选择。例如,皮亚杰(Piaget, J.)认为教育在儿童达到守恒中作用不大,而人们根据教育的功能,又用实验说明教育能促进儿童守恒的实现。再如,现代电子计算机的使用,改变了原来单因素研究的缺点,进行多因素的分析,数据多,因素多,研究结果客观、全面、有效。例如,姜勇、庞丽娟的《幼儿责任心维度构成的探索性与验证性因素分析》就是从多因素角度,探讨出幼儿责任心结构,包括自我责任心、他人责任心、集体责任心等六个维度。

3. 意义性原则 选择的课题要具有理论意义或实践意义。研究课题必须要有价值,通过查阅国内外文献,做历史分析,了解国内外研究的状况,把那些没有解决,或解决不完善的问题,作为研究的课题,而且要具备一定的主客观条件。我们以林嘉绥的"6岁独生与非独生儿童友好关系的认识与行为的实验研究"为例来说明。计划生育是我国的国策,独生子女个性特点已成为并正在成为我国大部分城市中一代人的总体特征,所以研究独生子女个性特点以及如何对独生子女进行教育迫在眉睫。19世纪~20世纪初,就有人研究独生子女问题,霍尔认为独生子女本身是问题儿童,后来有人认为独生子女和非独生子女没有什么差异,或许更好一点。我国有人研究认为独生子女智力发展好,个性品质差,那么独生子女的个性品质究竟如何,林嘉绥选择了幼儿阶段个性品质突出的一个问题——友好关系来研究,取得了成果,得到了国际儿童基金会的资助。

4. 创造性原则　选择的课题要具创新性,即新颖性、独特性和先进性。单纯重复别人的研究就失去了科学研究的真正含义。创新性主要表现在内容新,思路新。所谓内容新就是要选择那些别人没有研究过的,或者是学前教育实践中出现的新问题。例如,楼必生、屠美如所著《学前儿童艺术综合教育研究》一书就是这一创新性的产物。鲁洁先生在为该书作序中指出:"当代,随着工业文明的高度发展,出现了物欲、功能的膨胀,人文精神的失落。正是在这样一种时代背景下,该书从对物欲和功能之超越的意义上对幼儿艺术教育作出了新的定位。提出,审美艺术教育的重要意义在于使当代普遍存在的'适应型'人格特征转变为'审美创造型'人格。"另外,该书将幼儿园音乐、艺术形式按同形同构和异质同构的原理加以组合,以期达成相互协调的整体性美感,并得到幼儿园现场实验的验证,开拓了幼儿园音乐、美术、文学教育的新的教学理念和新的途径。思路新就是从全新的角度出发,另辟思路,研究他人的研究以赋有新意。例如,李伯黍验证皮亚杰道德判断的实验,就是从文化的角度进行的跨文化比较,以探讨不同文化背景下的儿童道德判断的共性与差异性。但是我们不能一味追求新而赶时髦,投机取巧,要坚持实事求是的原则。

5. 前沿性原则　选择的课题是国内外前沿课题。如史慧中的幼儿素质教育实验研究;冯晓霞的幼儿园教育目标研究;徐书芳的适应社会主义市场经济发展,改革幼儿园管理体制,促进学前教育事业发展的研究;卢乐珍、刘晶波的幼儿园教学、游戏活动中师幼互动研究等课题。这些课题都是人们十分关注的热点课题,其成果对当前学前教育有重大的指导性意义。再如,杨丽珠、杨春卿所探讨的《幼儿气质与母亲教养方式的选择》的课题。过去人们一直认为家庭在儿童发展中起决定作用,家庭的双向互动理论使人们越来越认识到,母亲的教养方式也受其儿童气质的影响,是在幼儿与母亲的互动过程中形成的。探讨幼儿气质对母亲教养方式的影响,使母亲在与幼儿的互动过程中变得更为积极、主动和理性,此课题具有前沿性。

6. 可行性原则　课题选择要具备主客观条件,以保证课题顺利地进行,高质量的完成任务。那些难度大且很有意义的课题,如果主客观条件不具备,也不应选择,即使选择了,也会因力不从心而不能胜任。1983年笔者设计了一项在当时看来是很新的课题——大脑一侧优势,但因没有测定反应时的现代化仪器(原有一台坏了)而搁浅。主观条件是指研究者具有的科学知识、专业水平、兴趣爱好、科研能力、实际经验和进行科研的时间。只有掌握科学理论,在理论指导下,又具实际经验验证的课题,方具有科学性和高水平完成课题的可能性。所以,从事理论工作者,在不断深化自己的专业科学知识水平,提高科研能力的前提下,应注重深入实际,丰富教育工作的经验;从事实际的教育工作者,在做好实际工作的基础上,应注重努力学习科学知识,增强科研能力。客观条件是指完成课题所具有的实验场地、被试、资料、设备、仪器、资金等。这是完成课题的必要条件。我们应当从实际出发,扬长避短,选择那些社会、教育实践需要、有意义、有价值、有创新的又能胜任的课题进行研究。

二、课题选择的程序

1. 初选　初步选出课题,这是选择课题的第一步。初选的途径不一,有的可能是从他人的理论中推出新的理论假设,有的可能是上级机关下达的科研任务,有的可能是从自己教学过程中发现的新问题。例如,有的教师在语文教学中发现版画教学可以提高语文学习成绩,提高学生言语直观的能力,进而研究版画教学对小学儿童想象力发展的影响。

2. 初探　初选课题之后就要对课题进行初步探索,通过查阅文献,了解此领域以往研究的历史、现状,写出此领域研究的综述报告;分析课题的价值、必要性;研究课题的主客观条件是否具备;了解问题的内涵、理论建构,以便将课题具体化。例如,初选了《版画教学对小学儿童想象力发展的影响》之后,首先写出此领域研究的综述报告;从实际教学中分析版画教学对儿童想象力发展的作用,从理论上推论为什么版画教学能促进儿童想象力的发展,论证此课题研究的必要性;再审视研究者是否具有承担研究课题的水平,客观条件是否具备,以论证课题研究的可能性;进而构建研究问题的理论建构,分析想象力包括哪些成分成分,以便具体着手研究。

3. 具体化　就是将研究课题分解为有待研究的较小的具体问题,将抽象的问题具体化。例如,在对《版画教学对小学儿童想象力发展的影响》课题的初步探讨之后,我们就将想象力分解成具体问题,在此课题中我们主要研究的是有意想象,想象主要包括再造想象和创造想象。再造想象具有直接再生性:根据他人对事物的描述在头脑中形成新事物的形象。创造想象具有首创性、独立性和新颖性的特点,创造想象与创造思维都是人的一种创造活动,创造思维的主要成分是发散思维,发散思维可以用流畅性、变

第二章 设计研究方案

通性和独创性来测量。流畅性是指单位时间内发散项目的数量,项目越多,反应越迅速,说明流畅性越大。变通性是指发散项目的范围,范围越局限,变通性就越小。创造性是指发散的项目不为一般人所具有,它表现出某些独特的见解。总括起来,我们可以把想象分解成直接再生性、首创性、新颖性、流畅性、变通性五个方面来研究。再设计成具体问题,在版画教学中进行观察分析,以确定此课题的有效性和可靠性。有些课题很大,例如,武昌实验小学的整体改革,他们认为教育是一个整体系统工程,是由多因素组成的,这些因素相互作用、相互影响,以最优化形式组合就会达到最佳效果。故此,他们从德、智、体、美、劳、科技教育、职业教育、学校科学管理八大系统入手,对学制、课程、教材、教学教法、考试制度、管理体制等方面进行全方位的整体改革。进而他们又将这些问题具体化,分为六项,改革课程设置和教学计划;改革课堂教学;改革思想品德教育;改革考试内容、方法、制度;改革学制、改革管理体制,将一个大的研究课题分解为呈现网状系统的具体问题,以便具体研究。

4. 撰写选题报告　将研究课题分解为具体的小问题,并在实践中进行初步研究,认为此课题有效、可靠、可行之后,就要开始撰写选题报告。选题报告一般包括以下几个方面:首先提出课题,立题根据,理论根据,理论假设,国内外研究概况、水平和发展趋势,掌握的资料。本课题的性质、意义、新颖性、科学性、先进性及应用前景。接着提出本课题要解决的几个问题。在此基础上提出研究的方案,总体时间安排与进度,可能遇到的问题与解决的方法。

5. 修改确定　选题报告撰完后,或以开题报告的形式,或以书面修改的形式,广泛征求专家、同行的意见,反复修改研究方案使其日臻完善,最后确定出一项新的、正式的学前教育科学研究课题。

三、课题的来源

学前教育科学研究首先要解决研究什么的问题。研究什么包括方向问题和具体课题,方向规定了研究的内容,制约了研究的具体课题。研究课题有长远的、有短期的、有全面的、有局部的;有的人搞一辈子,有的人搞一段时间。有经验的研究者,研究课题一个接一个,形成一个系统,深入研究。无经验的就东一个题目,西一个题目,无计划性,没有科学研究的理想,还是门外汉。优秀的学前教育科学研究者,应有开创性精神,既重视学前教育科学发展的趋势,又重视当前的教育实践的需要,既有长远规划,又要千里之行,始于足下。

学前教育科学研究的课题来源很多,大致可概括为三种。

1. 来源于理论　古今中外的教育文献记载了大量的教育理论,我们通过对这些研究的分析、评价、验证,从中发现问题,提出新的课题。(1)承袭已有的研究成果来选题,使其教育理论不断完善。例如,皮亚杰在《教育科学与儿童心理学》一书中指出:"儿童的理智结构和道德结构与我们成人并不一样,因而新的教育方法要按照儿童的心理结构及其发展的各个阶段,用可以为不同年龄的儿童所能吸收的形式,尽一切努力把教材教给儿童"。那么中国不同年龄阶段儿童的认知结构如何发展,怎样根据儿童的认知结构匹配相应的知识结构,刘范自1978年组织了全国儿童认知发展研究协作组,旨在探讨儿童认知结构的发展等问题。他们认为,儿童认知发展是认知结构的运动变化,包括各个认知成分的变化及它们之间关系的变化,教育在儿童认知发展中起主导作用。刘静和领导的现代小学数学教学实验,旨在探讨小学不同年龄阶段儿童数学认知结构,重新构建现行教学大纲范围内的小学数学知识结构,以塑造儿童良好的认知结构,进而在教育实践中编写《现代小学数学》教材,开展教学实验,验证应用所得出的理论,提高教学质量。(2)批判已有的研究成果来选题,矫正教育理论的

第二章 设计研究方案

缺陷和错误,使教育理论不断得到发展。已有的教育理论由于受时代的局限和研究者方法论的影响,可能会出现一些缺陷和不妥的地方,我们在继承前人理论的基础上,以批判的态度分析已有理论的不足之处,提出研究的新课题。(3)重复已有的研究,探讨不同文化背景下教育的共同规律和差异。(4)从学术观点的争论中提出新的课题。由于研究者所处的角度不同,自身素质、指导思想的差异,往往对具体的教育问题有不同观点,我们可以从他们争论的焦点、理论依据和收集的资料去分析、发现研究的突破口。(5)从学科分化、交叉学科中发现新的课题。现代科学迅速发展,学科内部分支越来越多,学科与学科之间产生了许多边缘学科、交叉学科,这里有许多课题需要我们去探讨。例如,从生物科学分支出生态学,生态学的发展直接影响着学前教育科学的研究,以使学前教育科学研究克服了实验室研究的局限,在自然的情境中真实地、多因素地研究学前教育科学的规律,增强了学前教育科学研究的信度与效度。20世纪80年代以来,人们运用社会生态学理论和现代化手段提出研究儿童的亲子关系、同伴交往、青少年犯罪团伙结构等课题,在真实的环境中研究取得了丰硕的成果,丰富了学前教育理论。

2. 来源于实践　从实际出发,解决实际问题,从学前教育实践中选出课题。教育活动异常复杂,面临的问题甚多,如何开发幼儿大脑的潜力,如何将游戏活动真正成为幼儿的基本活动,如何培养幼儿个性全面发展,如何让幼儿成为渴望学习的人……只要我们留心,细心观察,就不难提出值得探索的问题。特别是广大教师,他们活跃在教育的第一线,与儿童朝夕相处,最了解儿童,了解儿童的实际问题,有丰富的实践经验,掌握了大量的第一手资料,蕴含着巨大的科研力量,广大教师只要积极参与研究,就可以提出更多的实际课题。

3. 来源于规划　课题来源还取决于科研机构、学术团体、国家教育行政部门所制定的科研规划。我们国家十分重视教育,国家、省、市地区教育行政领导根据国家四化建设、改革开放的需要,根据教育自身发展的需要,定期制定教育科学研究规划,提出教育科研的目标与任务,课题的选择与落实。各种研究学会、各种教育杂志、定期提出该领域选题范围,需要继续研究的问题和该领域前沿问题,我们可以根据自己的主客观条件,选择那些能够胜任的课题。例如,史慧中教授承担了中华哲学社会科学基金会"八五"项目:《适应我国国情,提高幼儿素质的实验研究》,下面省、市研究者承担她的子课题,共同完成此项目。

第二节 提出研究假设

一、学前教育科学假设的概念

在学前教育科学研究过程中,提出课题之后,人们依据已知的事实和教育科学理论与知识,对所要研究的学前教育现象和规律提出初步的假定,这些初步的假定就是学前教育科学假设。例如,研究者要探讨儿童完成视觉空间作业的成绩与实验刺激物大小的关系,根据日常观察的事实,提出儿童在实验中对呈现给他的较大的刺激物比较小的刺激物成绩更好的假设。再如,《趣味游戏对4~5岁幼儿自控能力影响的实验研究》,学前教育理论告诉我们游戏是幼儿的主导活动,幼儿阶段活动具有情绪性,趣味游戏就是儿童所特别喜爱的活动;游戏本身又具有一定的规则性,这样儿童就会逐渐养成遵守一定规则的行为习惯;4~5岁又是幼儿自控能力发展的关键期,对此,就可以提出趣味游戏能够促进4~5岁幼儿自控能力发展的设想。由此可见,科学假设是对研究结果的预测,对假定的解释。

二、学前教育科学假设的特点

1. 推测性 任何研究假设都不是可靠实验的直接结果,不是确切可靠的认知,实际上是思维中的想象,是通过创造思维设想出来的,有待于进一步科学实验检验其正确性,因此学前教育科学假设具有推测性。

2. 根据性　学前教育科学假设虽然具有推测性,但它决不是毫无边际的瞎猜,而必须要依据科学的理论、知识或已知的事实、研究者的经验等,因此学前教育科学假设必须要有一定的根据。

3. 不矛盾性　学前教育科学假设是在事实和理论的基础上进行预测的,不是主观臆造的,它不能与确切的事实和经实践验证的理论相矛盾。

4. 解释性　学前教育科学假设虽然是对某种教育或教学内容、方法可能获得的效果的估计,而这种估计是否能够被验证还是个未知数,然而至少应能解释所要解释的现象和事实。

5. 接轨性　学前教育科学假设是人们接近客观真理的方式。虽然科学假设是假想的推测,然而这种推测是有根据的。在学前教育科学研究过程中,假设会得到不断地修正、补充和更新,人们会更多更正确地反映客观现实的某些方面,从而人们的认识会越来越接近客观真理。

三、学前教育科学假设的作用

1. 提出新的实验,形成新理论的桥梁　绝大多数实验研究和观察活动的目的都是为了检验一个假设是否正确,通过实验来检验和修改假设,进而形成新的理论。例如,研究儿童自控力的培养,可以从多方面提出假设,如假设趣味游戏可以促进儿童自控力的影响,就可以设计一个实验,进行研究,验证假设是否正确,研究结果发现趣味游戏对儿童自控力的形成确实有作用,同时发现不同年龄儿童自控力的形成与趣味游戏类型有关,不同趣味游戏类型与自控力的不同特质的形成有关,于是又可以提出适合于不同年龄阶段幼儿自控力发展的游戏类型有差异,探索适合于小班、中班、大班不同年龄阶段自控发展的游戏类型,以此作为实验因子,训练不同年龄阶段幼儿的自控能力,最后形成学前教育与幼儿自控力发展的理论,所以,学前教育科学假设的价值在于探索新事物,形成新理论。

2. 确定具体研究目标,形成具体设计方案　课题确定以后,提出假设是设计研究方案的关键。一项研究可以从多方面提出假设,假设提出的越具体,研究目标就越清楚,研究范围就越限定,我们就可以根据假设内容的性质,设计具体的研究程序。例如,上面提到的儿童自控力的培养,可以提出趣味游戏对自控力影响的假设,也可以提出正确的自我评价有助于儿童自控力的培养,也可以提出形体训练有益于自控力提高的假设,我们可以根据具体的假设,来设计研究方案,选择研究方法,不同的假设所采取的方法是不同的。

第三节　查阅文献资料

查阅文献资料是学前教育科学研究的重要环节,它伴随着学前教育科学研究的全过程。只有通过查阅国内外文献,方能了解某领域的研究状况,通过对历史文献与现状研究进行分析,才能选出那些没有研究或研究有缺陷的课题,避免与前人研究重复,使研究成果有较高水平。选出课题后,更要深入查阅资料,才能进行研究方案的设计。收集资料后,如何对资料进行整理,如何解释研究结果,还要查阅文献,使研究达到一定的理论水平。本节主要探讨在确定研究课题之后,如何通过查阅文献资料进行研究方案的设计。

一、查阅文献资料的目的

(一)了解该课题研究领域的全貌

任何一项研究都不是平地而起,都是在前人研究的基础上的再创造。选题之后要查阅与该课题有关的文献,了解整个研究的

第二章 设计研究方案

脉络,该领域研究了哪些问题?最新成就是什么?还有什么问题研究的不够?运用了哪些方法?结论如何?如何深入?

(二)明确研究课题的依据

通过查阅文献和实际调查提出研究课题的依据是什么,主题是否得当,理论依据是否正确。

(三)明确研究课题的核心概念

了解研究课题的核心概念。例如,潜隐式教学实验研究这个课题,就要明确什么是潜隐式教学,以此来设计教学的程序。研究者在进行潜隐式教学实验研究中,通过查阅文献和在学前教育实践中进行调查研究,在总结我国幼教传统显性教育中的以教师为中心,教师教的多、管的多、幼儿做的少、被动学习、"小学式教育"趋向的弊端,和西方有的只强调幼儿自由自在的玩,严重淡化显性教育中积极进步方面的缺陷的基础上,借鉴了古今中外关于隐性教育的理论与实践,依据幼儿心理的具体形象性和不随意性为主的特点,明确了潜隐式教学的概念,进而构建了在幼儿园进行潜隐式教学的思想。经过七年实践,观察,积累了丰富的经验,在此基础上又进行了潜隐式教学实验研究。在常识、美术、语言、音乐课的教学中,充分利用情景、音乐、游戏、情感、教学方式等无意识手段进行教学活动,通过显性与潜隐式教学对比,效果显著。

(四)明确研究课题的理论建构

明确研究的基本思路,了解研究课题的基本内容,即所包含的成分,以及这些成分的关系。例如,韩进之、杨丽珠等人进行学前儿童自我意识发展研究,在明确自我意识是人对自己以及自己与客观世界关系的一种意识之后,就要明确自我意识的理论建构,自我意识是由哪些成分组成的,这些成分的关系如何。通过查阅文献,了解到自我意识是由自我认识、自我情感体验、自我调控系统组成。自我认识包括自我感觉、自我形象、自我观念、自我分析、自我评价等。自我情感体验包括自我感觉、自尊感、自卑感、自信感、羞耻感、自爱感等。自我调控包括自我监督、自我掌握、自我控制、自我改造、自我教育，自我完善。三种成分相互依赖，自我认识是基础，有了正确的自我认识和情感体验，才会有正确的自我控制。研究者将三种成分各选一个指标代替，即研究自我意识可以从自我评价、自我情感体验和自我控制来研究。

二、文献资料的来源

文献资料可以分为三种，生活资料、成文资料和电子资料。生活资料主要从教育实践中搜集，成文资料主要从各类书刊中搜集，电子资料主要从计算机检索中获得。

1. 生活资料　从教育实践中搜集。卡特尔认为生活(life)资料是最大量、最基本、最可靠的资料。例如，我们研究学前儿童需要倾向性发展问题，首先向幼儿了解他们需要什么，然后向教师了解幼儿需要什么，然后分析这些资料，制定研究方案。

2. 成文资料　从出版的或未出版的成文的书刊、文稿中收集，主要有专著、教材、丛书、文集、论文、研究报告、经验总结、年鉴、文摘、索引、杂志刊物等。

3. 电子资料　从计算机检索、计算机联网中获得。例如，我们研究幼儿自我延迟满足课题，从网上查找了很多宝贵的资料。

三、查阅文献资料的方法

(一)查找文献资料

查阅文献资料的方法要遵循六字方针，即侦察、浏览、细读。所谓侦察就是从诸多的资料中查出与你研究课题有关的资料；接着将寻找出来的资料，从头开始泛读，这就是浏览的过程；最后将泛读中发现与本课题密切有关的资料细细的精读，这就是细读的过程。

(二)写文献综述

1. 文献综述的概念　文献综述是文献的综合评述的简称。它是在全面搜集国内外有关资料的基础上，通过归纳整理、分析鉴别,对一定时期内某一学科或专题的研究成果、进展进行比较系统、全面的综合叙述和评论。

2. 文献综述的意义　没有文献综述就不能做论文。这是因为了解整个研究的脉络,是课题理论的由来,是已有相关研究的全面概述,全面分析、全面评论,这既能为研究假设提供科学依据,又能找到研究的切入点。

3. 文献综述的范围　文献综述是对现实研究有关的观点、使用的方法、研究结论等进行全面综述。选读文献,在研究内容、研究方法、研究侧重点、研究具体应用等方面了解整个研究的脉络,研究有关的最新成就、最新成果。综述要严格按照原作者原意写,要客观;同时,又要以自己主观想法统领资料,这就要对资料进行评价。该领域研究了哪些问题？还有什么问题没有研究？还有什么问题研究的不够？研究的程度如何？运用了哪些方法？结论如何？如何深入？意义何在？进而寻找可操作点,找出解决的问题。文献综述篇幅长短取决于课题需要,研究需要,与课题相匹配。

第四节　设计技术路线

一、选择研究的类型

(一)纵向研究与横向研究

这是对研究的方式而言。

1. 纵向研究　纵向研究是在比较长的时间内,对一个儿童或一些儿童的心理发展,或教育规律进行有系统的定期研究。其优点是能较细致地反映出被试在发展过程中对不同条件的具体变化和规律。其缺点是时间长,环境和被试个体复杂,多样的变化将会影响儿童心理的发展。纵向研究往往以个案研究为多,取得了丰硕的研究成果。我国著名的儿童教育家陈鹤琴,就是根据他对他的儿子陈一鸣的追踪观察资料,写出了《儿童心理之研究》的名著,类似陈鹤琴的研究,世界上有不少著作,如达尔文、普莱尔、柳布林斯卡娅、梅钦斯卡娅、皮亚杰都有这方面的研究及专著。现代美国双生子研究,是对92个双生子进行追踪观察,研究者就有三代人,以探讨遗传、环境和教育在儿童心理发展中的作用。在我国也有纵向研究取得很大成绩的范例。林崇德从1968年开始对品德不良儿童进行追踪观察,到1978年前后追踪观察有100个个案,有的追踪10年,有的追踪7年,在此基础上撰写了《品德不良儿童心理特点及其矫正的方法》的论文。在天津会议上宣读,受到了大会高度评价,这些研究资料对于当时团中央制定工作方针提供了宝贵的资料。

2. 横向研究 横向研究是在同一时间内对某个年龄或某几个年龄儿童的心理发展水平或教育规律进行测查并加以比较。例如,韩进之、杨丽珠等人研究幼儿自我意识发展问题,分别随机抽取3、4、5、6岁幼儿760名,分四个年龄组,在一年内研究出了3~6岁幼儿自我意识发展特点与规律。再如,陈会昌等人对中国和澳大利亚父母报告的儿童社会性发展研究,分别选取中国和澳大利亚3~9岁儿童1595人,探查中国和澳大利亚父母对儿童社会性发展看法的差异,揭示不同文化对父母教育信念的影响。横向研究其优点是简便,短时间就能见成效,样本大,便于统计处理,代表性强,比较切实可行。其缺点是难以控制被试的具体变化,较难把握儿童心理发展的一些细节特征,显得粗糙。

(二) 个案研究与成组研究

这是对被试而言。

1. 个案研究 个案研究是把个人或一个团体作为一个研究单位,在学前教育科学研究中,个案研究主要是搜集一定个人的家庭情况、教育影响、心理发展等历史资料,从而加以分析,探究其心理发展或教育特点与规律。例如,张仁俊、朱曼殊用录音的手段,将一个婴儿从出生到1岁期间的语音全部录下来,探讨婴儿语音

第二章 设计研究方案

发展的规律,写出《婴儿的语音发展——一例个案的分析》的研究报告。个案研究范围很广,诸如对超常儿童、弱智儿童、离异家庭的儿童、问题儿童等都可进行个案分析,以探讨他们行为发展的成因。个案研究一般采用纵向研究,搜集资料较为细致、真实,但因个案取样太小,很难将局部材料归纳为普遍规律,所以要把个案研究与成组研究结合起来。

2. 成组研究　成组研究为对一群体进行研究。例如,李伯黍主持的《国内18个地区5~11岁儿童道德判断发展调查》研究,就是在国内18个地区分别抽取5岁组690名,7岁组708名,9岁组718名,11岁组672名,共2788名儿童作为被试,试图验证皮亚杰和爱尔金(Elkind,D.)等人的研究结果,查明我国5~11岁儿童道德观念发展的特点和一般趋势,为我国儿童道德教育课程的编订提供资料。成组研究由于取样较多,具有代表性,又可进行量化的统计分析,这样概括出的结论具有科学性,有说服力。

对一些复杂的问题,如幼儿个性的成因,或一种教学模式的探究,只用大面积的调查分析实为不足,应将成组研究与个案研究结合起来,既要采用对大群体实验、测验、问卷方法收集一般性资料,又要采用对少数学生进行个案记录、搜集较详细资料,既有量化的统计分析,又有质的定性分析,二者相得益彰。例如,研究趣味游戏对幼儿自控能力的影响,研究者选取了实验班、对比班,经过前测,实验班、对比班幼儿自控能力无差异,然后经过一年的时间,让实验班幼儿进行十种趣味游戏,培养幼儿的自控能力,后测结果表明实验班与对比班幼儿自控能力有显著差异。同时,研究者又对实验班的幼儿逐个进行个案记录,记录他们自控能力的典型行为,这样既有量的统计又有典型资料的说明,就能较好地论证趣味游戏有助于幼儿自控能力的发展。

(三)常规研究与采取现代化手段研究

这是对研究的手段而言。

1. 常规研究　　常规研究指的是采取一般研究技术,如观察、谈话、问卷、调查访问、测验、作业式实验等进行研究。例如,李惠桐、李世棣就是采用观察、测量方法,探讨3岁前集体儿童动作发展,认为(1)3岁前儿童动作发展的基础是他的机体生长发育。(2)3岁前儿童动作的发展是按一定规律、一定顺序进行的,不能超级飞越。(3)3岁前儿童动作发展的个体差异是很大的,这种差异的距离可以通过改善环境、加强教育而缩短,但不能消除。(4)3岁前儿童动作发展是有阶段性的,出生后第一年和第三年动作发展较快,而出生后第二年则发展较慢。(5)教育体操锻炼对3岁前儿童动作的发展可以起促进作用,但是教育必须适合儿童的内在因素。(6)为了早出人才、多出人才,必须改善托儿所,保育院的各种生活条件,加强对3岁前儿童的早期教育。常规研究在学前教育科学研究中是十分重要的,取得了丰硕的成果。我们决不可轻视常规研究,要从实际出发,以科学的态度,发扬其长处,运用常规研究去探索未知的世界。

2. 现代化手段研究　　现代化手段研究指的是采用现代化的技术装备,如录音、录像、电子计算机、现代化的有单向玻璃的儿童观察室、实验室等进行研究。录音、录像可以向被试展示研究的指导语和研究的材料,也是我们在执行研究方案搜集资料时的手段,由此可以获得客观的、较详尽的资料,日后进行分析。例如,我们和迈阿密大学伯根(Bergen, D.)进行中美学前儿童在游戏中的社交、认知类型发展研究,就是用录像收集资料,对中美150名学前儿童在游戏中的社交类型和认知类型发展进行比较研究,探讨在不同文化背景下学前儿童在游戏活动中的社交类型和认知类型发展的共同规律和差异性。用录像搜集资料比用眼看用手记的自然观察要更为客观、全面、详尽。我们分析资料时,看不准的可以反复观看,研究结果更为可信。我们将中方的录像资料送给美方,美方将美方录像资料送给我们,我们在本国就可以研究异国他乡儿

第二章 设计研究方案

童行为发展,录像手段缩短了人们生活的空间。教育是由多因素组成的系统工程,很多问题的研究都需要多因素分析,例如,影响幼儿社会性发展的因素,优秀幼儿教师的心理模式,在众多的因素中哪些因素是最主要的?多因素的分析只有借助电子计算机才能成为可能。电子计算机的使用使我们的研究更贴近现实、更客观、更科学。现代化的有单向玻璃的儿童观察室、实验室,配有闭路电视,摄像装置,研究者透过单向玻璃可以观察教师和儿童的活动,而在活动室活动的老师和学生都看不见外面的情景,这样学生就在很自然的状态下进行活动,研究者在外面观察,还可以通过闭路电视,将教育活动记录下来,进行分析,此种收集资料、分析资料的方法是十分真实的、客观的。随着现代科学技术的发展,我们应当尽可能地采用现代化手段,从而使教育科学研究更加科学化,更加客观、准确。

二、科学的抽取样本

(一)抽取样本的概念

所谓抽取样本就是从一个总体中选出一部分被试作为研究对象,抽取出来的这部分被试叫做样本。例如,史慧中主持国家教育委员会"七五"课题《适应我国国情,提高幼儿素质的调查》从十个省(直辖市、自治区)随机选取 26000 名 4~6 岁幼儿,访问其生活和所受教育的环境,测查不同处境儿童发展水平,探索影响幼儿素质基础奠定的诸多因素。研究者从我国幼儿这个总体随机抽取 26000 个个体组成样本作为研究的对象,这就是抽取样本。抽取样本能够使被试具有代表性,从样本估计总体,所得结论具有普遍意义。学前教育科学研究都是针对特定总体进行,例如李文馥的幼儿自主性活动与认知发展研究,研究者不可能对总体的所有成员逐一研究,所以就必须从总体中抽取一部分个体作为研究的对象,以此来推论总体。

(二)抽取样本的原则

1. 总体限定明确　抽取样本的目的是从样本估计总体,只有总体内涵明确,方可从中抽取有代表性的样本。我们应从研究目的出发,确定总体的涵盖。例如,研究城市幼儿个性结构,那么总体就要首先确定为城市的幼儿。我们还要用研究结论推广的范围来限定总体,如果是要说明全国的城市幼儿,就要把总体限定为全国城市幼儿园,如果要说明辽宁省的城市幼儿,就要把总体限定为辽宁省城市幼儿园。再如,刘阳美的"大连市幼儿教师素质现状分析及其教育对策",所确定的总体应是大连市幼儿教师。

2. 样本具有代表性　选取的样本必须要具有总体的性质和特点,样本才能够有代表性。为了使样本具有代表性,我们在抽样时应考虑以下五个方面的问题。(1)年龄:选样时年龄应具有代表性,应选择具有质变年龄的人。婴幼儿变化快,年龄组选择的周期要短一点,如 0～1 岁儿童最好以 1 个月或 3 个月为一个年龄组,幼儿期以半年或 1 年为 1 个年龄组,中小学生以 1 年为 1 个年龄组。如果人力、物力有限,小学可选一、三、五年级或二、四、六年级,中学可选初二、高一、高三年级。青年选 22～35 岁,中年选 40～45 岁,老年选 57～65 岁。还要根据研究任务考虑年龄的代表性。张增慧在"儿童、中青年和老年人敲击动作速度的比较实验"研究中,选小学一年级儿童,平均 7 岁,22～44 岁中青年,平均 31.3 岁,57～79 岁老年,平均 63.9 岁。(2)性别:男女在有些心理能力方面存在差异,取样时男女要有一定比例。例如用韦克斯勒智力量表测量,男孩的空间想象力高于女孩,记忆力女孩高于男孩,一般取样时都是男女各半,严格要求,最好是根据总体男女的比例来选取样本的男女的比例。(3)职业:在我国,人们从事的职业不同,有国家干部、教师、医生、律师、工人、农民、企业家等等,我们应根据研究目的,选样时考虑职业的比例。(4)文化背景:不同国家、不同民族文化背景不同(例如,美国提倡个人主义价值观,

第二章 设计研究方案

而我国提倡集体主义意识,汉族与少数民族民俗有很多差异),同一国家不同地区文化教育条件也不完全一样(城市与农村、大都市与地方都市、沿海地带与内地),同一地区不同幼儿园、学校、教育机构的教学水平也有差别。幼儿园有示范幼儿园、一类、二类幼儿园,就是同一幼儿园还有不同家庭条件的差异,取样时都要顾及到,使样本具有地区环境的代表性。(5)被试自身的素质:被试的文化水平、个性特点、智力水平、学习能力都有差异,选样时应考虑。例如研究儿童社交能力培养问题,首先要考虑被试的素质特点,方能设计出切实可行的教育计划,否则将会事倍功半。总之,抽取样本是学前教育科学研究的重要环节,抽取样本有误,不能代表总体,即使耗费大量的人力、物力,即使统计处理再现代化,也只能是劳民伤财,所得结果无效益。《社会》杂志第5期发表的《对一次大型社会调查的质疑》就是有说服力的例证。

对一次大型社会调查的质疑。

1986年8月6日某报刊登了《关于经济体制改革的问题调查》,1987年1月2日刊登了关于这次调查的研究报告。

风笑天著文说,虽然这些调查收回了来自全国各地的近5万份答卷,但由于采取的是非随机抽样——自然抽样的方式,所以,其调查结果能够准确反映客观现实的可能性就大大降低。首先,调查的总体是在半个月内能看到并有权撕下这半张报纸的人们,其人数、职业、年龄、文化程度等方面的构成情况都是不明确的,研究报告中所论及的总体便成了定义不清、范围不明的"群众"和"人们"。其次,根据研究报告给出的资料计算,企业干部、技术人员和工人在整个样本中占了92.1%,故不能代表"当今中国广大民众"。职业构成上干部和技术人员占50.8%,工人占41.3%,不符合当今企业的情况亦不能代表"企业人员"。此外,样本在文化水平的构成上高于总体的水平,政治面貌的构成、性别的构成与现实总体的差距都较大。这种不科学的抽样方式,不明确的调查总体和缺乏代表性的样本,有可能使研究报告中用来得出各种结论的众多数据失去意义。

3. 样本容量要适当　样本容量指样本中个体的数量,样本容量越大越具有代表性。为了节省人力,最理想的是选取能具一定代表性的样本数量。一般讲研究被试的某一局部方面的心理特点、行为表现,或研究某一教学方法的改革,一个研究组有30人即可。但如果研究儿童普遍性问题,如年龄特征或教育的规律性问题,被试应多一些,否则会影响结果的准确性。

(三)抽取样本的方法

1. 简单随机取样　首先将群体中的所有个体作统一编号,每一个个体均编一个号码。其次将每一个号码写在大小、颜色、形状、厚薄都完全相同的卡片上,再将这些卡片放在箱内,彻底混淆后,随机抽取若干张卡片,这些取出的卡片就是用简单随机方式所抽取的样本。例如,群体共有1000人,我们要从中抽取40人做被试,我们就把这1000人自第1号编至第1000号,将每一号码写在大小、颜色、形状、厚薄都完全相同的卡片上,再将这1000张卡片放在箱内,彻底混淆后,随机抽取40张卡片,这40张卡片代表的人就是用简单随机方式抽取的样本。也可用随机数字表随机抽取。它需要随机确定一个"起点",在包含总体数目的随机数字区内,抽取所需要的样本数量。这种方法群体太大,不易使用,而且容易出现集中现象。

2. 等距随机取样　即在群体抽取样本时,每隔相等若干个体,抽取一个样本。间隔距离的计算方法为:

$$R = \frac{N}{n}$$

R——间隔距离

N——群体总个数

n——样本数

第二章 设计研究方案

例如,我们在一所幼儿园要抽取 90 名幼儿,小、中、大班各抽取 30 名幼儿,这所幼儿园小、中、大班各 2 个班,我们在每个班抽取 15 名幼儿,每个班有 30 名幼儿,间隔距离 $R = \frac{30}{15} = 2$,每隔 2 个个体抽一个样本,我们拿花名册,从头开始,每隔二人抽取一个被试,这就是等距随机取样。等距随机取样也有用奇、偶数法,即在一个群体花名册上,从头开始选出奇数号或偶数号个体为被试,一直选到要抽取的样本数为止。

3. **分层随机取样** 研究者根据已有的某种标准(与研究目的有关的),将研究的总体分为若干类,每类称为一层,然后根据每层群体数与总体数之比率,确定从各层中抽取样本数。这样,各层中抽取样本数所占全部样本数的比率,与每一层群体数所占总体数的比率相同,所抽取的样本的结构与群体结构完全一致。每一层样本数的计算方法为:

$$n_i = n \frac{Ni}{N}$$

n_i——第 i 层被抽取的样本数

n——样本总数量

Ni——第 i 层群体数

N——总体数

当各层应取的样本数决定后,便可利用简单随机取样或等距随机取样方法,在各层中随机抽出若干个体作为样本。例如,某幼儿园要了解幼儿对教师的评价,该幼儿园有 400 名幼儿,3 岁组 80 人,4 岁组 80 人,5 岁组 120 人,6 岁组 120 人,若决定在 400 名幼儿中抽出 100 名,那么我们首先按四个年龄组抽取,3 岁组抽 20 人,4 岁组抽 20 人,5 岁组抽 30 人,6 岁组抽 30 人,然后在每年龄组再按上述随机取样方法抽取,就可取出有代表性的样本。

三、确定具体的研究方法

（一）确定具体研究方法的原则

选出课题，通过查阅文献，到实际中去收集资料，提出研究假设，选出研究类型，又科学地抽取样本之后就要确定具体的研究方法。确定具体研究方法的原则是从学前教育科学研究的任务与对象出发，确定最合适的研究方法，这就要求研究者必须要了解学前教育科学研究的具体方法，以及它们的优缺点。例如，如果研究儿童攻击性行为，可采取时间取样观察法。但如果研究儿童动机，采取时间取样观察法就行不通，因为时间取样观察法，只能研究外显行为。我们研究幼儿自我意识，就是针对幼儿的特点，对自我评价和自我情感体验主要采用临床法，即直接谈话，摆弄实物与观察相结合的方法。对自我控制主要采用创设一定情境，控制一定条件的行为观察法，其中包括看图谈话，看图画画，故事问答，诱物观察等。

（二）具体研究方法的类型

学前教育科学研究的具体方法很多，主要有三大类，收集资料类，定性分析类，定量分析类。

1. 收集资料类　收集资料类包括观察法、实验法、临床法、行动研究法、调查访谈法、问卷法、Q 分类技术、语义分析法、内容分析法、口头报告法、投射测验法、测验法、社会测量法等。

2. 定性分析类　定性分析类包括经验总结法，历史法、文献法、比较法、逻辑分析法等。

3. 定量分析法　统计分析法。

四、研究材料的标准化

儿童心理可以通过儿童外部行为表现来研究，教育规律可以通过教学活动来研究，这些都必须通过一定材料进行考察，让被试对材料的刺激做出反应，根据反应来判断。无论哪方面研究都涉及对测验材料的选择、确定、测验、记分、解释等一系列的问题。按

第二章 设计研究方案

照一定原则,编制、运用、记分、解释这一系列程序组成的测验叫标准化测验。学前教育科学研究材料应当标准化。

(一)研究材料标准化的原则

1. **熟悉** 材料标准化必须按照一定的原则,设计时要考虑到研究者与被试熟悉,特别是幼儿园儿童和小学低年级学生,他们的情绪性很强,如果他们害怕研究者,就容易影响研究的结果,设计时要考虑到与儿童熟悉的题目。我们在进行学前儿童自我意识发展的研究中,设计6道一般情况试题:(1)你的姓名是什么?(2)你今年几岁?(3)你是男孩还是女孩?(4)你的家住在哪里?(5)你的妈妈是做什么工作的?(6)你的爸爸是做什么工作的?以便和幼儿熟悉。

2. **同质性** 设计材料时要考虑到被试之间应具有同质性。即被试水平要一致。例如,我们要研究学前儿童自我评价何时发生,所抽取的被试,必须要具有自我观念,必须能区分主体和客体,否则,取消被试资格。为此,我们拟定了4道测题:(1)这是你的手,你说这是谁的手?(2)这是我的衣服,你说这是谁的衣服?(3)这是小红的书,你说这是谁的书?(4)××老师(指本班老师的名字)是你们班的老师,你说她是谁的老师?答对三题者表示通过,可做被试,以保证被试的同质性。(再如,研究兴趣游戏对智力发展的影响,实验前首先要对实验班和对比班儿童进行智力测验,如果实验班和对比班儿童显著性检验无差异,说明两班儿童智力相当,具有同质性。在此基础上,实验班开展兴趣游戏活动,实验后再对两班进行智力测验,如果两班智商具有显著性差异,实验班儿童智商高于对比班儿童,而实验前水平又相当,这就告诉我们,实验后智商的差异不是被试样本原有的差异,而是教育因子——兴趣游戏所致。)

3. **依据理论建构** 选取材料必须依据研究课题的理论建构。很多幼儿园教师拿到课题后,不知道怎样编制研究材料。选好课题以后,首先就应查阅文献资料,建立该课题的理论建构,也就是要弄清楚本课题包括哪些内容,这些内容的关系如何?根据理论建构来编题。例如,我们研究中美学前儿童在游戏中的社交类型和认知类型发展研究。通过查阅文献,我们将反映幼儿社交类型的游戏分为5种,反映幼儿认知类型的游戏分为3种,一共为15种类型,见表2-1。我们就是根据这15种游戏类型进行研究。

表2-1　　　　　　　　游戏分类表

	实 践 Practice	象 征 Symbolic	规 则 Games	记录
旁观 Onlooking	1	2	3	
个体 Solitary	4	5	6	
平行 Parallel	7	8	9	
联系 Associative	10	11	12	
合作 Cooperative	13	14	15	

(二)如何编制标准化的研究材料

1. 依据　编制材料要依据研究课题的概念和理论建构,例如,我们研究学前儿童自我意识的发展,我们首先从教育学、心理学角度给自我意识下定义,认为自我意识是人对自己以及自己与客观世界关系的一种意识,是对个体心理和行为的调节、控制系统,使人的活动具有目的性、自觉性、计划性和能动性。进而对自我意识进行理论建构,认为自我意识是由自我认识、自我情感体验、自我调控三个子系统组成。我们就选取了自我评价,自我情感体验、自我控制三个因素来研究自我意识,编制了自我评价,自我情感体验和自我控制的题目。而这些题目又是怎样编出来的?自

第二章 设计研究方案

我评价是从六个方面考虑的,儿童对身体状况的自我评价、儿童对很熟悉的问题的整体自我评价、儿童自我评价的情绪性、儿童对道德概念的自我评价、儿童对行为原则的自我评价、儿童从社会意义角度的自我评价。自我情感体验,我们选取了愉快感、愤怒感、自尊感、委屈感、羞愧感,文献材料表明暗示对儿童情感体验有作用,我们又选了一个有暗示性的羞愧感,也是从六个方面去考虑。自我控制我们从坚持性、自制力两个方面去考虑。在此基础上我们对每一个问题编一个题目,见学前儿童自我意识发展研究的测试题:

自我评价(SA)

①你和××小朋友谁长得高?谁长得好?为什么?

②你是一个好孩子吗?为什么?

③爸爸、妈妈和你共分一包糖,你应该分给谁的最多?为什么?

④哥哥在马路上拦汽车,他说他很勇敢,他真是勇敢吗?你说拦汽车对吗?你敢拦汽车吗?你勇敢吗?为什么?(测验过后,应告诉小朋友拦汽车不对,不勇敢)

⑤看图谈话:老师给小朋友每人一盒积木,小英的积木掉在地上两个,明明拿去自己玩,明明做得对吗?为什么?如果你是明明,你做得对吗?为什么?

⑥看图谈话:唐阿姨背着平平,走到王奶奶家的青石街,"王奶奶开门!""你是哪一个?""我是唐阿姨。""你来干什么?""我来给你扫地、提水",你愿意当哪一个角色,为什么?

自我体验(SE)

①老师表扬过你吗?为什么表扬你?你觉得怎样?

②你自己做错了事,觉得难为情吗?为什么?

③老师叫小朋友跳舞,表扬了别的小朋友,没有表扬你,你会觉得怎样?为什么?

④假如小花猫把碗打碎了,妈妈不知道,说是你打的,就批评了你,甚至打了你,你会觉得怎样?为什么?

⑤看图谈话:张力在玩小汽车,强强跑过来抢走了汽车,张力找强强要汽车,急得眼泪挂在脸上。强强拿着张力的汽车向草地上跑了,张力跑去拦住强强,强强把汽车摔到一边,跑了,汽车被摔坏了。假如你是张力,你会觉得怎样?为什么?

⑥看图谈话:假如老师让你做游戏,先用毛巾蒙上你的眼睛,让你把红图钉按在玩具小人的鼻子上,可是你偷偷地把毛巾拉下一点儿,先看到小人的鼻子,你再把红图钉按到小人的鼻子上,结果被老师发现了,你会觉得怎样?为什么?

自我控制(SC)

①看图画画,告诉小朋友每人画一张画,只能按老师给的画来画,不许画别的,画八分钟,看谁画得好。

②诱物观察:告诉小朋友,老师给小朋友买了一件非常好玩的玩具(能活动,会出声),但到午睡的时间了,老师要求等小朋友们起床再看,现在就请小朋友闭上眼睛,不看玩具,看谁能坚持时间长(时间八分钟,主试把玩具从书包里拿出来放在桌上,使玩具活动出声)。

2. 预测　研究材料编制以后,必须要预测,去掉不理想的题目,最后编制成正式测试材料。例如,我们在研究幼儿自制力时,给幼儿带上红鼻子头,让两个幼儿对面相站,谁也不许笑,看谁坚持时间长,结果6岁组幼儿,时间不长两人都笑了,而3岁组儿童反而坚持时间长,经分析,3岁幼儿对动画片等更感兴趣,他们往往把想象与现实分不开,所以并不觉得红鼻子头那么好笑。而6岁儿童已经较为实际了,感到红鼻子头实在是古怪,所以发笑不止。这个题目编的就不好,我们就又设计了一个诱物观察的题目。告诉小朋友说:"老师给小朋友买了一件非常好玩的玩具(能活动,会出声),但到午睡的时间了,老师要求等小朋友们起床再看,

第二章 设计研究方案

现在就请小朋友闭上眼睛,不看玩具,看谁能坚持时间长,谁坚持时间长就让谁玩这个玩具。"待小朋友闭上眼睛后,我们把玩具拿出来,使玩具活动出声,以引诱被试。3岁儿童迫不及待地想睁开眼睛看一看新玩具,平均闭眼时间54秒,自制力差。4岁儿童平均闭眼时间2分30秒,自控力也较差。5岁儿童平均闭眼时间达5分钟,为使自己不睁开眼睛,有的儿童握紧双拳,有的咬着牙,有的捂着耳朵,以克制自己,有初步自制力。

3. 标准化　如何使材料的编制达到标准化,要解决四方面问题。

(1) 解决难度问题　所谓难度是指项目的难易程度,一般用通过率来表示,以被试答对或通过每个项目的人数百分比作为难度的指标:

$$P = \frac{R}{N} \times 100\%$$

P代表难度,R代表答对或通过该项目的人数,N代表全体被试人数。

(2) 解决区分度问题　所谓区分度是指项目对所测量的心理特性的区分程度或鉴别能力。一般以项目分数与效标分数(或测验总分)的相关作为项目区分度的指标。中等难度项目的区分度最高,较难题对高水平被试区分度高,较易题对低水平被试区分度高。

(3) 解决信度问题　所谓信度是指研究的一致性程度,也就是测得可不可信。信度越高,说明研究就越稳定可靠。测量信度用相关系数表示,称为信度系数。估计信度的方法常用的有3种。①再测信度。就是用同一组研究材料对同一组被试前后施测两次,再根据被试两次测验分数计算其相关系数,可得再测信度。例如,研究幼儿园青年教师自我意识,为考察研究的再测信度,用以下题目前后间隔2周,向青年老师施测两次,以考察青年老师自我意识的稳定性和本项研究的可靠性。

题目

幼儿园：_____ 姓名：_____

性别：____ 年龄：____ 出生日期：____年____月____日

请老师仔细阅读每道问题的答案,然后选一项与你本人情况相符合(或比较符合)的答案,并在这一答案后面的空格里画一记号 ☑ 。每个问题只选一个答案。

1. 你属于下面哪种性格？
   开朗、乐观   ① □ □
   自信、有主见   ② □ □
   急躁、爱发火   ③ □ □
   遇事拿不定主意   ④ □ □
   沉默、寡言   ⑤ □ □
   忧郁、悲观   ⑥ □ □

2. 你具备下列才能的哪一种？
   有从事体育活动的能力   ① □ □
   有操作技巧的能力   ② □ □
   有绘画或音乐等艺术能力 ③ □ □
   有从事文学创作的能力   ④ □ □
   有做干部的组织能力   ⑤ □ □
   有从事理论研究的能力   ⑥ □ □
   有发明创造的能力   ⑦ □ □

3. 下面诸条,哪条符合你的情况？
   有活不干就觉得难受   ① □ □
   做事都能坚持到底   ② □ □
   遇事,不想好不去做   ③ □ □
   干起来再说,很少考虑后果 ④ □ □
   做事常常半途而废   ⑤ □ □

第二章 设计研究方案

　　爱睡懒觉,不愿干家务活儿　　　　　　　　⑥ □□
4. 下面哪一条符合你的想法?
　　自己的秘密宁愿憋在肚子里难受也不说　　① □□
　　社会上好人不多,应多加提防　　　　　　② □□
　　老实人吃亏,宁可狡猾点免受人欺　　　　③ □□
　　周围的人对我好,可以依赖　　　　　　　④ □□
　　人应该老实、忠诚、有一说一　　　　　　⑤ □□
　　可以把自己的秘密毫无保留地告诉别人　　⑥ □□

②分半信度。就是将研究课题分成对等的两半,根据个人在这两半测验的分数,计算其相关系数,可得分半相关。例如,测题有20个,我们就将测题按奇偶数分开,(见表2-2),然后将 x 系列和 y 系列各题所测得的分数做相关。③评分者信度。就是两个评分者用同一组材料,对同一组被试进行施测,再根据两个评分者评出的两个分数计算其相关系数,可得评分者信度。杨丽珠、刘文研究幼儿气质问题就是用评分者信度,每个幼儿由两位老师用同样的评定材料同时评定,我们将两位教师评定的两个分数做相关。

表2-2　　　　　　　　测题合成

x	1	3	5	7	9	11	13	15	17	19
y	2	4	6	8	10	12	14	16	18	20

　　(4)解决效度问题　　所谓效度是指研究的真实性或正确性,即一项研究能够测出所要研究的东西的程度,也就是测得准不准。例如,皮格马利翁效应就是教师的态度影响了儿童智力的发展,说明研究有效。测量效度用相关系数表示,称为效度系数。估计效度的方法常用的有两种。①内容效度。就是指研究材料对有关内容或行为范围取样的适当性,也就是研究的材料测得的结果是否是所要测的东西,一般用专家评定。吴放、邹红研究《儿童依恋行为分类卡片中文版的修订》所设计的题目、分类让我国教育界、心

理学界 44 名专家评定分类,以建立中国版的儿童依恋安全性指标,保证其研究的内容效度。②效标效度。是考查研究材料对所要测量事物的准确性。计算方法是求测验分数与效标间的相关。我们学前教育科学常用的效标有年龄、教师的评定、学生成绩等。例如,研究学前儿童自我意识的发展,从理论上推导学前儿童自我意识发展水平随年龄的增长而提高,我们就可把学前儿童自我意识发展水平的分数与小、中、大、学前班做相关,相关系数大,说明本项研究有效。研究者在测定材料的标准化时,常用的指标是信度与效度。

(三)如何记分

在设计研究方案时,为使材料成为标准化测试,我们必须拟定评分标准。根据理论分析或现场观察,拟定具体评分标准,再根据具体评分标准来评分,一般记分以 3 等级、5 等级、7 等级为宜。例如,学前儿童自我意识发展研究就分别以三个等级水平记分。自我评价(SA):①完全不能进行自我评价记 1 分;②有一定程度的自我评价记 2 分;③能进行自我评价记 3 分。自我情感体验(SE):①缺乏自我体验记 1 分;②有一定程度的自我体验记 2 分;③有明显的自我体验记 3 分。自我控制:①缺乏自我控制记 1 分;②有初步自我控制记 2 分;③有较明显自我控制记 3 分。每一个等级都有具体的标准,以自我控制为例加以说明。学前儿童自我控制用两个指标:坚持性和自制力来测查,根据预测的结果,制定了幼儿坚持性和自制力的具体评分标准,见表 2-3。对幼儿自我控制评分,要以表 2-3 的具体评分标准来评分。

第二章 设计研究方案

表 2-3　　幼儿自我控制能力具体评分标准

	坚持性	自制力
初级水平	能坚持 1-3 分钟 经常讲话 不按要求画	能坚持闭眼 1-3 分钟
二级水平	能坚持 4-6 分钟 有时说话需提醒才能遵守纪律	能坚持闭眼 4-5 分钟
三级水平	能坚持 7-8 分钟 按主试要求画	能坚持闭眼 6-8 分钟

五、变量的控制

(一)变量的类别

在学前教育科学实验中经常碰到变化的因素,这就是变量。一般来说变量有三种,自变量、因变量和无关变量。

1. 自变量　由实验者主动加以控制的实验条件,并呈现给被试的刺激物,它不依赖被试的心理行为而独立变化,实验就是为了考察由于它的改变所引起的被试反应的变化,又叫刺激变量。例如,皮亚杰研究儿童长度守恒问题,他设计了两根等长的铁丝,并让小朋友亲自操作,知道两根铁丝一样长,然后将一根铁丝向右移动,问小朋友这两根铁丝是否一样长? 见图 2-1 皮亚杰设计两根等长铁丝,并加以变化,这些都是研究者主动设计、主动控制的实验条件,并将这些实验条件呈现给被试,以考察由于它的改变所引起的被试反应的变化,这就是自变量。再如,为了考察形象式和符号式再现表象的转化情况,布鲁纳(Bruner, I. S.)设计了一个矩阵实验,这个实验要求 5~7 岁儿童处理一套双重分类的矩阵。9 个玻璃杯,按三种不同的直径和三种不同的高度排列起来。开始把这些玻璃杯放在 3×3 的方格子的一块纸板上,并放在儿童的面前

（如下图2-2）。为使儿童熟悉矩阵，矩阵实验先从矩阵中拿出1个，再拿出三个杯子，每次都让儿童把它放回原处并说明其排列规律。然后把杯子的排列打乱，并叫儿童按原位将杯子排列好。再次将排列打乱，并将以前在西南角上的最矮最小的杯子放在东南角上，问儿童是否能不动这个杯子并仍然照以前放的那样放好杯子。这一切都是实验者自身控制变化的实验条件，它不依赖被试而独立变化，实验者将这些实验条件呈现给被试，以观察被试由此而引起的变化，这就是自变量。

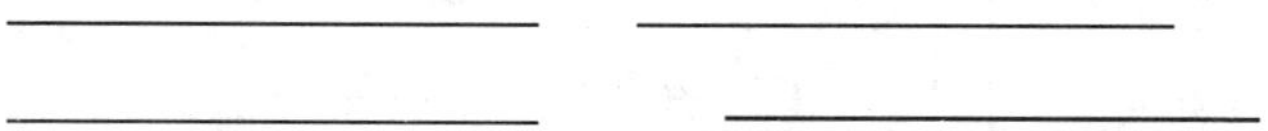

图2-1　皮亚杰的长度守恒实验

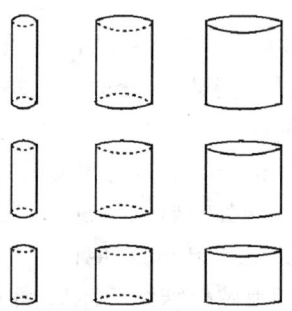

图2-2　矩阵实验的玻璃杯排列
（Bruner 和 kenney）

2. 因变量　它是由刺激变量引起或改变的被试的反应，它是随实验条件的变化而变化，又叫反应变量。例如，皮亚杰在变化铁丝的位置后，问小朋友两根铁丝一不一样长？3岁小朋友说不一样长，6岁小朋友说一样长。被试的反应是随实验条件的变化而变化，这就是因变量。再如在矩阵实验中，实验者向被试提出一系列刺激变量,发现 5 岁、6 岁、7 岁三个年龄的儿童在完成前两个作业的能力没有区别,所有的儿童都成功了,只是年龄大的孩子做得快些。但是在移动一个杯子的位置的情况下构造新的矩阵,大多数 7 岁儿童能转换操作,而年龄小的儿童没有成功,他们似乎受原来的矩阵表象所支配,试图把移位的杯子放回原先的位置。这些被试行为反应是刺激变量引起或改变的。被试的反应就是因变量,所以因变量就是在实验中所要测量的被试的各种反应。

3. 无关变量 它是在实验中除自变量以外,其他一切可能对因变量发生影响、对实验有干扰的变量。之所以称为无关变量是因为这些变量与所要研究的主要问题无关,但它却能影响实验的结果。例如,研究者在利用临床法向儿童询问问题时,态度粗暴,儿童惧怕,影响了结果。虽然主试态度与研究问题没有直接关系,但却干扰了儿童的反应,主试态度粗暴就是无关变量。在学前教育科学研究中,这种无关变量多种多样,为了提高研究的科学性,就要使用一定的方法,限制、消除这些无关变量。无关变量有来自被试方面的,如被试的年龄、性别、身体状况(如生病、疲劳、失眠)、文化水平、参与动机、兴趣态度、焦虑情绪、习惯强度等;有来自主试方面的,如主试的态度、言谈举止、外表打扮、操作水平等;有来自客观环境的,如光线、温度、实验场地的嘈杂声、环境布置的新异刺激等;有来自设计材料的不准确、方法的不完善、操作器材的不恰当、统计评分的系统误差等,我们在设计研究方案时,要尽可能周密考虑,避免无关变量对研究的影响。

(二)变量的控制

我们在进行学前教育科学研究中必定会碰上自变量、因变量和无关变量,我们如何控制这些变量呢?控制变量有最大、最小控制原则。

1. 控制自变量 自变量是实验者自己操纵控制的,所以实验者在设计自变量时要科学,要严格地按着材料标准化来设计,控制自变量使其有系统的前后变化,由它引起被试反应,显出最大差异,体现最大的控制原则。例如,研究幼儿自信心培养,青岛市实验幼儿园宁征等人依据幼儿各年级特质,设计出一套教育实验干预因子:使幼儿获得成功体验的活动套题(每班 16 个活动)。经过一年的培养,幼儿自信心水平提高了,与原有水平存在显著差异。在选择自变量时,必须要体现研究的目的,使因变量前后变化显著。

2. 控制无关变量　　在实验中,要控制无关变量使其保持最小影响。例如,如果研究儿童的自控能力,环境嘈杂,那就不能正确反映儿童自控水平。如果实验前没有对实验班和对比班进行同质性考验,就无法说清楚。也许是实验前实验班就好于对比班。所以在研究中要尽最大努力控制无关变量。

3. 控制测试工具　　在研究中要控制测试工具,使误差达最小限度。如指导语要标准化,做幼儿自我情感体验研究时,问小朋友,老师表扬过你吗?为什么表扬你,你觉得怎样?如果你稍不留神说,你觉得高兴吗?这实际上就暗示了小朋友高兴的情绪,虽然你也深入实际进行调查研究,但所得结果却是不正确的,这就不能正确反映幼儿自我情感体验的特点。

六、统计处理

一项教育科学研究最终要进行定量定性分析,所谓定量分析就是把研究所得到的数据资料,运用一定的数学方法(主要是数理统计方法)进行处理,探讨研究问题的数量关系,揭示研究事物数量差异的本质,从中获得研究事物的规律以及事物之间相互联系、相互作用的规律的过程。它可为研究方法论提供比较科学、准确的依据,说明该研究结论的接受范围和误差范围。统计分析是学前教育科学研究的重要工具,我们应当掌握。统计分析一般有描述性统计分析和推论性统计分析。不同的研究内容,其统计分析的方法,也不一样。由于统计学自身发展的水平和研究者自身

第二章 设计研究方案

的主客观条件,不是所有搜集上来的资料都能进行统计分析,所以,在进行设计时,就应考虑运用什么统计方法,否则将有可能出现无法统计所搜集的资料,就会前功尽弃。如何统计处理,请参阅本书的第十二章。

七、研究方案的模式

设计研究方案工作做完之后,就要撰写研究方案。研究方案一般包括五部分。第一部分是课题名称,还包括课题研究者和单位。第二部分是研究目的。本部分要交待研究问题的性质、意义、以往研究状况、研究假设以及本研究要解决的问题。第三部分是研究方法。本部分要交待研究的被试取样、研究的具体方法、材料与仪器、研究步骤与进度、评分标准与统计方法等。第四部分是研究结果。体现假设的结果,这部分应和要解决的问题相一致。第五部分是参考文献。

$$研究方案模式\begin{cases} \textbf{课题名称} \\ (作者、单位) \\ 一、研究目的 \\ 二、研究方法 \\ 三、预期研究结果 \\ 四、参考文献 \end{cases}$$

思考练习题

1. 课题选择的原则、程序与来源是什么？
2. 学前教育科学假设的概念与特点是什么？
3. 查阅文献资料的目的与方法是什么？
4. 简要说明研究包括哪几种类型？
5. 研究材料标准化的原则是什么？
6. 什么是自变量、因变量和无关变量？
7. 变量控制的原则是什么？
8. 举例说明科学抽取样本的方法。

第三章 执行研究方案

本章讨论的主要问题

一、执行研究方案的任务与要求
　　执行研究方案的任务
　　执行研究方案的要求
二、执行研究方案可能碰到的困难与解决的方法
　　不合作
　　社会系统误差
　　被试流失
　　环境干扰

　　研究方案制定以后,就要按照研究方案到实际中去收集资料,虽然设计方案科学,但在执行阶段收集资料不客观也无济于事,只有严格按照设计方案进行,方可奏效。本章旨在介绍执行阶段的任务,在执行阶段收集资料的要求,以及在执行阶段可能碰到的困难及解决的方法。

第一节 执行研究方案的任务与要求

一、执行研究方案的任务

　　研究方案设计以后,就要到实际中去执行研究方案,这就进入到了学前教育科学研究的第二个阶段——执行阶段。按照已经拟

定好的研究方案,对被试进行观察、施测,运用教育因子进行培养,以收集研究课题所需要的事实材料或数据,这就是执行研究阶段的任务。例如,研究趣味游戏对幼儿自控能力的影响,研究方案设计以后,依据研究方案,选取 4~5 岁幼儿,对比班、实验班各 32 人,男女各半,对实验班和对比班的被试进行同质性考验;备齐研究材料;对比班按教学大纲正常进行,实验班以自然实验法,对幼儿进行 10 种趣味游戏训练,从 1994 年 3 月 10 日起至 1994 年 11 月末结束,每周搞二次,每次时间为 20~30 分钟,每次游戏结束时进行 5 分钟小结,开家长会,避免家庭无关因素的影响,通过趣味游戏,培养儿童遵守规则的习惯,逐渐形成自控能力。如乌龟负重的游戏,将全体幼儿分成 3 组站成竖排,分别站在起跑线上,每组排头的幼儿趴在地毯上,背上放一个枕头,发令后,幼儿迅速向前爬,到终点手摸小椅子后立即返回,将枕头传给下一个小朋友,依次进行,先完成的为胜利组。此项游戏规则是枕头不能掉在地上,如果掉了立即拣起放到背上,到终点手必须摸到小椅子上,手脚必须着地爬。在实验中教师对每个被试进行追踪观察,观察幼儿自觉性、坚持性和自制力,将典型行为记录下来进行个案分析。如张×在实验初,好动、行为无规则、想干什么就干什么。她为了能使自己组取胜,做乌龟负重游戏时,手还没有碰到小椅子就返回,枕头掉地拿着枕头往前跑。经过训练,能够自觉地按着游戏规则要求自己了,能够手脚着地向前爬,枕头掉在地上,还能拾起来放在自己的背上,累得满头是汗,一直坚持到底;实验班、对比班教师根据研究方案中的评分标准,对 64 名幼儿自控水平进行三次测查,并以三等级记分,第一次是实验前,第二次是实验中期,第三次是实验结束。学前教育科学研究一般都较为复杂,研究对象是活生生的且有主观能动性的个体,影响的因素又很多,有些研究时间又较长,这就要求研究工作者要有严谨的科学态度,高尚的科研道德,严格执行研究方案,持之以恒,坚持到底。否则,选题再好,设

第三章 执行研究方案

计方案再精巧严密,执行却很粗糙、不客观,或中途而止,都是无济于事的。所以执行的如何,将直接影响数据的科学性,影响结论的可靠程度。

二、执行研究方案的要求

(一)严格按要求选被试

1. 样本要具有代表性　被试是研究者研究的样本,用样本估计总体,如果样本不具代表性,那么所得结论也就没有多大意义了,例如,要研究中国幼儿问题,选取被试应包括中国六大行政区。

2. 样本年龄要准确　在实际研究中,人们往往容易忽略这一点,例如选3岁儿童,有的人认为4岁多一点也没有多大关系,我们怎么能用3岁、4岁儿童去估计3岁儿童这个总体呢?

3. 选取样本要具有随机性　选被试往往会出现主试的系统误差,教师有意无意容易挑选自己心目中的好学生,这样就使研究带有主观色彩,我们必须要老老实实地严格按设计方案随机抽取被试。

(二)严格执行指导语

1. 指导语要准确　在学前教育科学研究中,有些研究是通过指导语向被试提出要求。指导语说得是否准确,将直接影响研究的结果,为了对所有被试的指导语都一致,往往采取用录音机播送指导语,彭聘龄等人研究《情境线索与面部线索在表情判断中的作用》,就是这样做的。但有的主试对此却不在意,觉得说得差不多就行,结果可能差之千里。例如,研究儿童委屈感的自我情感体验,指导语是,"假如小花猫把碗打碎了,妈妈不知道,说是你打的,就批评了你,甚至打了你,你会觉得怎样?为什么?"主试一不小心,把"你会觉得怎样"说成"你觉得委屈吗?"儿童回答我觉得委屈,这是儿童的自我情感体验呢?还是主试暗示的结果?就说不清了,主试在说指导语时一定要忌讳对被试的暗示。再如,问一个2岁左右的孩子,你是男孩还是女孩,而这个年龄的孩子还不能准确理解此语意思,可能会出现两种情况,记住你的前一个词,也可能记住后一个词进行模仿,这样所得到的结果就不真实。依此,液体守恒实验的指导语应该是"这两瓶水哪个多?哪个少?还是一样多?"

2. 被试严格按照指导语做 在问卷调查等研究中研究者要让被试严格按试题要求去做,如果有错要立即矫正。例如,杨丽珠等人在与日本福冈教育大学共同合作研究《中日少子化时代儿童生活文化环境比较分析研究》中对幼儿父母调查问卷的第33题是:

在过去的一年里,您的孩子,有过下面所述的情况吗?请在适合的位子上画圈,每项都做。

	没有	有一点	常有
(1)叫头痛。	( )	( )	( )
(2)叫肚子痛、还吐。	( )	( )	( )
(3)时常出现拉肚子或便秘。	( )	( )	( )
(4)尿床、还有白天遗尿。	( )	( )	( )
(5)大便弄脏被子和内裤。	( )	( )	( )
(6)一上学就哭,讨厌去学校。	( )	( )	( )
(7)没有理由就不去学校。	( )	( )	( )
(8)口吃、说话不清楚。	( )	( )	( )
(9)说话方法古怪。	( )	( )	( )
(10)偷过东西。	( )	( )	( )
(11)饮食方面有问题如:有挑食、不吃或过食等等情况。	( )	( )	( )
(12)睡眠有问题如:入睡难、半夜里醒来、早晨醒得早等等。	( )	( )	( )
	不是	有点适合	很适合
(13)太好动,几乎没有安静时候。	( )	( )	( )
(14)总是忸忸怩怩、慌慌张张的。	( )	( )	( )

第三章 执行研究方案

(15)常常弄坏自己或别人的东西。　(　)(　)(　)
(16)常常跟别的孩子打架。　　　　(　)(　)(　)
(17)让其他孩子不喜欢。　　　　　(　)(　)(　)
(18)由于忧虑,常常对许多事情烦恼。(　)(　)(　)
(19)有孤僻的倾向。　　　　　　　(　)(　)(　)
(20)急躁、易怒。　　　　　　　　(　)(　)(　)
(21)总像受欺负似的眼泪含眼圈。　(　)(　)(　)
(22)有闹鬼脸作怪态的毛病。　　　(　)(　)(　)
(23)常吮手指。　　　　　　　　　(　)(　)(　)
(24)常咬指甲。　　　　　　　　　(　)(　)(　)
(25)常不听父母的话。　　　　　　(　)(　)(　)
(26)消极、注意力不集中。　　　　(　)(　)(　)
(27)对新事情担心,恐惧。　　　　(　)(　)(　)
(28)爱斤斤计较,把小事搞大。　　(　)(　)(　)
(29)经常撒谎。　　　　　　　　　(　)(　)(　)
(30)欺负别的孩子。　　　　　　　(　)(　)(　)

本题是让被试在每一项三个答案中,选一个适合自己孩子的答案,有的家长三个答案都选了,主试就要立即矫正,否则此问卷只好作废。丢掉一份问卷,就等于丢失一个被试。

(三)严格遵守操作规程

课题提出以后,如何搞?通过查阅文献资料,提出问题假设,研究者根据对课题理论建构的理解,依据科学研究的原理,严密地设计了具体研究的材料,研究的步骤等问题。我们在执行时不能随便更改,要注意以下几个问题。

1.材料制作要规范　学前教育科学研究相当一部分课题是教学改革内容,人们通过教育改革的实验,探讨教育现象间的关系及其内在规律。有的教师在准备材料时,没有严格按照研究方案规定的去做,想当然的认为大点小点都无所谓,结果教具做小了,后面儿童看不清,教学没有达到应有的效果,是理论假设有问题,还是因为材料没有达到一定的阈限所致？所以,无论什么研究,所用的材料,仪器一定要规范。

2. 记时要准确　有些研究有严格的时间界限,例如,用韦克斯勒智力量表测查儿童的智力,拼图测验中让儿童在 150 秒时间内用几个图形拼成一个物体,如果这个孩子 160 秒做成了,也不能算对。再如,研究一种教学方法对幼儿认知的影响,用幼儿的成绩作为考核指标,实验班、对比班都做 15 分钟,有的儿童没有做完,老师就适当延长时间,这会因为时间变量不统一而影响研究的结果。

3. 研究步骤不能颠倒　研究步骤是有利于对变量的控制而科学安排的,不能够随便更改。例如,研究幼儿记忆,用三种材料,实物、图片、抽象的词,呈现的顺序为：先呈现实物,再呈现图片,最后呈现抽象的词。今天到幼儿园做实验,忘带实物了,就先呈现图片,再呈现抽象的词,下次再做呈现实物,这是绝对不允许的,这会使研究具有不同质性。

4. 收集资料尽量做到情境自然　在执行阶段中收集资料相当一部分是通过观察获得的。不管是用笔记录,还是用摄像机记录,你在观察他时,儿童的行为必然会受到影响。例如,一个美国老妇到沈阳一个幼儿园,长相特殊,嘴里嚼着口香糖,手里拿着笔,孩子们盯着她看,完全停止了其他活动。再如本科生到幼儿园做个案记录,幼儿园老师特别热情,马上喊："小玲玲,快过来,这个老师就是专门来记你的",这个孩子马上说"别记我,讨厌",在以后几天里,一见到这个学生就跑。

5. 培训施测人员　研究者在做研究时往往需要几个幼儿园教师同时做,这就要求研究者要对施测人员做统一培训,使他们能够正确理解操作规程,严格按操作规程去做。

(四)严格有目的记录

1. 按记录表格详细记录　目前我国广大幼儿园教师在学前教

第三章 执行研究方案

育科学研究中主要还是用纸和笔记录,而被试的反应又极其复杂,有行为反应,心理反应,有言语反应,也有表情反应等,要全面、准确、详细、具体的记录确实不是一件容易的事情,往往容易拣了芝麻丢了西瓜,我们应当根据研究方案所规定的记录表格详细记录(详见第五章)。

2. 观察记录的训练　观察记录是研究者的基本功,研究者在进行研究之前应当有这方面的训练。

3. 当天记录当天整理　当天记录应当当天整理,发现有缺漏的就及时补上,发现有错误的就及时矫正。例如,韩进之、杨丽珠在进行我国学前儿童自我意识发展研究时,设计了答案记录纸,见表3-1,3-2。

表3-1　学前儿童自我意识发展答案记录纸（Ⅰ）

日期　年　月

主试单位				主试者		
被试姓名		幼儿园		文化程度		职业
性　　别		出生年月日	实足年龄	父母		
问题		答　　　案				备注
一般情况	1					
	2					
	3					
	4					
	5					
	6					
通过的测验	1					
	2					
	3					
	4					

第三章 执行研究方案

表3-2 学前儿童自我意识发展答案记录纸(Ⅱ)

		问　　题　　答　　案	等级
自我评价 (SA)	1		
	2		
	3		
	4		
	5		
	6		
	$\bar{x}$		
自我体验 (SE)	1		
	2		
	3		
	4		
	5		
	6		
	$\bar{x}$		
自我控制 (SC)	1		
	2		
	$\bar{x}$		
总	M		

根据答案记录表格记录,这样既规范又不易丢掉测试的题目。测试后,要马上检查记录情况。如果发现被试的性别没填,就马上补上。如果发现实足年龄计算有误,就应立即改正。如测试日期为 1985 年 1 月 5 日,被试是 1980 年 8 月 5 日,实足年龄应是 4 岁 5 个月,写 5 岁就错了。如果发现自我评价的第 2 题,答案格是空白的,就要马上找这个被试,调查填补清楚。如果等到最后整理资料时发现此问题,就不能再找这个被试调查这个问题了,事过境迁,此份答卷只好作废。

4. 尽量用现代化手段记录　为了使记录准确无误,最好用小录音机、录像机。

（五）严格依据评分标准记分　研究者在收集资料时,有时要按照被试的实际表现以等级分来评定,这就要求研究者必须依据评分标准来记分。例如,杨丽珠、刘文研究幼儿气质发展特点,采用斯特里劳实验室弗里登斯伯格制定的幼儿园儿童反应评定量表（RRS_1）,个别地方作了修正。斯特里劳的气质调节理论认为,反应性是一种气质特点,它决定一定个体反应的相当稳定的、特征性的强度;气质可以由儿童反应的外部特质表现出来,依此,研究者通过评定幼儿行为特质,来考察幼儿气质的反应性特质,制定了 RRS_1。这是一个五级评定量表,包括 9 种行为特质。每种行为特质又分五个等级,符号"1"的标记代表一定特质的最低程度（明显缺乏一定的行为特质）。符号"5"代表一定特质的最大程度（明显表现一定的行为特质）。符号"3"代表一定特质的中等强度。幼儿园教师可以根据幼儿在各自环境中的典型行为逐一进行评定,分别记 1、2、3、4、5 分,得分越高,其反应性水平也就越高。

第三章 执行研究方案

幼儿园儿童反应评定量表(RRS_1)

儿童姓名_____ 生日_____ 性别_____
幼儿园：_____
评定教师：_____
评定日期：_____年____月____日

如果您已认真读过《儿童反应评定量表说明》，并已明白评定要求，请您开始评定工作吧！（提醒：请记住你现在要评定谁？）

1. 他能够集中注意吗？

   1　　　　2　　　　3　　　　4　　　　5

不能把注意集中在当前的活动上（如剪纸、画图等）总是东张西望或与他人交谈。　　进行一项工作时，容易受到打断，也容易恢复注意继续该项工作。　　全神贯注当前活动，一刻也不中断，当受到他人邀请玩耍时，会拒绝参加。

2. 他能抵抗挫折吗？

   1　　　　2　　　　3　　　　4　　　　5

当活动（剪纸、画图等）遇到失败时，便失去信心不再做下去。　　在失败的影响下，显得沮丧，但希望并能继续做下去。　　失败并未使他产生失望，而是更小心地再做下去。

3. 他组织集体活动时表现出主动性？

| 1 | 2 | 3 | 4 | 5 |

在集体活动中总是服从他人命令，完全按照他人指示行动，没有违反。　　在集体活动中，可以良好地服从他人指令，但也试图指挥他人。　　喜欢领导他人（出主意并安排他人角色）积极组织集体活动。

4. 他碰到阻碍时没有停止当前的活动？

| 1 | 2 | 3 | 4 | 5 |

即使是小障碍（困难等）也会阻止其活动。如果一定要求他完成，必须求助于他人帮助。　　遇到障碍（困难）时，便犹豫不决。但还想完成，经过努力仍能完成。　　不怕障碍与困难，总是试图独自解决问题。

5. 他碰到不认识的成年人时能行动自如？

| 1 | 2 | 3 | 4 | 5 |

碰到陌生成年人时感到羞怯（脸红，转移目视方向，以单音节词回答问题）。　　碰到陌生成年人时，开始感到胆怯，脸红，过一会开始谈话，愿意回答问题。　　碰到陌生成年人时，从无羞怯表现，积极地与人交谈。

6. 他对重要任务表现出紧张？

| 1 | 2 | 3 | 4 | 5 |

面对使人紧张的工作任务（如比赛，活动等），产生焦虑不知所措。　　在紧张的工作期间感到紧张，但能坚持像平时那样去做。　　面对使人紧张的活动任务，没有表现出紧张迹象，而是积极地去做。

第三章 执行研究方案

7. 他喜欢执行要求全力发挥的活动?

```
1         2         3         4         5
```

1	2	3
不愿做难度大、费时的活动(难度大的谜语,游戏等)。喜欢容易的、简单的活动。	在一定难度和复杂的活动中,喜欢从事不太复杂的活动。	喜欢有难度的活动或需要努力克服困难才能完成的较复杂的游戏。

8. 他碰到陌生场面行动自如?

```
1         2         3         4         5
```

1	3	4
逃避公共场合,不愿在公共场合露面。	碰到陌生场面,感到羞怯,但是行为正常。	在陌生场面不感到羞怯,喜欢在众人面前表现。

9. 他与其他孩子合作?

```
1         2         3         4         5
```

1	3	4
喜欢独自活动,不愿与其他孩子一块玩耍。	经常是自己活动,有时也愿意与他人一块活动。	喜欢与他人联合活动,不喜欢单独活动。

本研究是让幼儿园同班两个教师对幼儿气质进行评定,研究者要求教师必须严格按照以上评分标准来评分,不可马虎,不能把中等强度记为 2 分,中下等强度记为 3 分,把最低强度记 2 分等,否则,所得资料是不客观的,由此获得的结论是不准确的。

第二节　执行研究方案可能碰到的困难与解决的方法

一、不合作

（一）被试的不合作

在执行阶段收集资料常常会碰到各种困难，被试的不合作是其中的一种。有时被试不愿意接受询问和训练，有时被试胡乱说，或说别的。对此，研究者不要一言以蔽之，要具体事物具体分析。被试不合作的原因是多方面的，如果是因为被试的情绪不好，或身体不适，那么，就要暂停对这个被试的研究，待他情绪稳定，身体恢复健康后方可施测。如果是因为被试与研究者不熟悉，被试惧怕研究者，或者不愿意与陌生人交往（年龄小的儿童发生的可能性大），那么，研究者就应该主动和被试接触。常言道，亲其师，信其道。被试喜欢主试，或者消除与主试的心理距离，被试就能自觉参与，研究就能顺利进行。如果是因为被试的自我中心影响（这主要是幼儿容易发生），那么就应该让孩子讲完后再进行或者进一步引导孩子。如果问小朋友"你是个好孩子吗？"小朋友说："昨天妈妈给我买了个生日蛋糕"，这显然是答非所问，不要责怪孩子，等孩子讲完后，再问小朋友"你是个好孩子吗？"，研究会正常进行。在研究过程中，要依据被试的心理特点，否则将会事倍功半。

（二）家长的不合作

不合作还可能来自幼儿家长，如，在笔者主持一所幼儿园工作期间，幼儿园给中班孩子开办英语课，笔者对家长说，心理学研究表明 4 岁是儿童学习英语的关键期，幼儿园要探讨学前如何对幼儿进行英语教育，故此在中班开办英语课。第一次家长会并不成功，一些家长以为要拿他的孩子搞实验，怕实验失败对孩子不利，不愿参加。家长的心情是可以理解的，幼儿园又召开了第二次家长会，针对家长的顾虑，向家长讲明搞实验的意义以及幼儿学英语

第三章 执行研究方案

的必要性与可能性,消除了家长的疑虑。再如,冯晓霞进行幼儿自主性研究时,在所研究的幼儿园,召开了一场别开生面的家长会。首先拿出一个大熊猫玩具和教师按照这个玩具画出的一幅大熊猫画,让家长按照教师画的大熊猫画来画。家长画完后,研究者又给每个家长发了一张纸,让家长按照大熊猫玩具来画大熊猫,画完后,研究者问家长,哪张画画的好?家长说前面一张画的好。研究者又问,画哪一张更费劲,更需要动脑筋?家长说后面一张。接着教师讲了幼儿自主性研究的意义及作法,得到家长的理解。所以,当对幼儿进行研究时,一定要向家长讲明搞研究的重要性和可能性,取得幼儿家长的支持与合作。

(三)教师的不合作

工作在一线的幼儿园教师有着丰富的经验,充分发挥她们的聪明才智,将极大有利于科研工作,可是如果没有向教师讲清楚,不合作也可能来自于教师。例如,有的研究者在做实验时,只给实验班教师讲清要做的研究,忽视了对比班教师。一年实验结束,实验班与对比班没有差异。经了解方知,对比班老师通过其班家长了解实验班做了些什么,实验班的教育因子对比班也做了,当然就不会产生差异了。做实验要将实验班与对比班老师都列为课题组的人,应让每一个教师明确在本研究中的角色,取得教师的合作。

二、社会系统误差

在研究的过程中,由于社会态度、社会规范的影响,导致测定值成倾向性的偏大或偏小,这类误差即是社会系统误差。被试由于受社会道德规范的制约,担心对行为反应结果的评价,于是便会按情境特点要求尽量往好处去做,这就使研究的结果产生了虚假性。例如,杨丽珠、田中敏明等人在向幼儿家长调查家长对其子女的教养问题时,有这样的测题:

孩子不听话时,你是怎么做的?(只圈一项)

(1)强制(甚至打)要他听话。

(2)不打,但严厉地斥责。
(3)用孩子能听懂和接受的语言开导。
(4)尽量支持孩子想做的事。
(5)不听也就算了。
(6)其他。

你无意中做了下列哪些对孩子教养不利的事?(有几项圈几项)。

(1)孩子要东西就给买。
(2)过多的给孩子买一些并没有必要的东西。
(3)过多给孩子买喜欢的食品。
(4)让孩子做事,孩子不愿意做的话,就不让他做了。
(5)孩子要做的事明知不对,也允许。
(6)应该批评的时候,不批评。
(7)随手打骂孩子。
(8)顺口说脏话。
(9)孩子能干的事,父母也替他干。
(10)对孩子期望过高。
(11)孩子的学习最重要。不重视孩子的玩和劳动。
(12)其他_____。

家长知道随手打骂孩子,顺口说脏话不对,即使有这种现象也不选择,虽然深入实际搞调查,但调查的资料却不能客观地反映现实,以这样的资料去探讨家庭教养的对策不是无稽之谈吗?为了避免社会系统误差,研究者应该向被试讲清研究的意义,在调查的问卷中不记名字,以打消被试的顾虑。在有可能的情况下,采用双盲法,即主试和被试都不了解研究的目的。例如,让5个小学生各自拿一根带有小球的线,同时将线从一个小口大肚子的瓶里(球与瓶口直径相同)往外拽,看谁先将小球拿出来。这个实验表面上看是测查儿童反应敏捷性,而实际上是研究儿童的合群性。

第三章 执行研究方案

三、被试流失

学前教育科学研究要探讨学前教育现象间的关系,比较两种或多种学前教育现象差异的因果关系及影响学前教育发展的成因,揭示学前教育现象的内在规律,这就必须要经过定量、定性分析方能奏效。定量、定性分析都离不开被试,被试的数量有一定的要求,若达不到一定数量的被试,就无法以有限的样本去估计庞大的总体。而教育实验往往研究的周期比较长,长达几年,最短也得一年、半年,这期间被试可能转学走了,可能有病不能上学又正好赶上测试等。例如,对4～6岁幼儿坚持性的追踪研究,就是对同一些被试在间隔两年的时间后进行再测,再测时,其中一个被试因意外事故而丧生,因此在选择被试数量时,最好放宽一点,假如实验班、对比班各需要30人,那么各班就选35人。

四、环境干扰

研究者在进行教学实验时,往往会受到环境的干扰,如教室里琳琅满目,新异刺激,分散学生的注意力;操场嘈杂的声音,影响学生的精力;若没有合适的研究场地,在图书资料室、会计室等,效果就更差了。笔者在研究学前儿童自我意识时,在一个幼儿园的会计室进行,问小朋友说:"你是个好孩子吗?"小朋友指着一个阿姨说:"老师,你看那个阿姨的衣服多漂亮。"搞得主试啼笑皆非,只好请求幼儿园领导,另找一个安静的环境。

思考练习题

1. 简述执行研究方案的任务。
2. 举例说明执行研究方案的要求。
3. 举例说明执行研究方案可能碰到的困难与解决的方法。

第四章 撰写论文

本章讨论的主要问题

一、整理资料
　　整理资料的目的
　　整理资料的步骤
二、分析结果
　　定量统计分析
　　定性统计分析
三、撰写论文
　　撰写论文的意义
　　撰写论文的程序
　　撰写论文的格式
　　撰写论文应注意的问题

　　深入实际，严格地执行研究方案，对被试进行观察，施测，运用教育因子进行培养，收集了大量的原始资料和数据之后，就进入了学前教育科学研究的最后阶段。本阶段的主要任务是对所收集的原始资料进行整理，对结果进行定量、定性分析，透过现象揭示学前教育与人的发展的内在规律，最终将研究成果撰写成研究报告。本章旨在探索如何整理资料，如何分析结果，如何撰写一篇较好的学前教育科学研究论文。

第四章 撰写论文

第一节 整理资料

一、整理资料的目的

我们在实际中收集到大量的事实材料和数据,但这些材料是松散的,没有一定秩序,或许还有不符合事实的,不能拿过来就进行分析,必须要将收集的资料进行整理,以保证材料的可靠性,便于进一步进行分析研究。

1. 保证研究主导方向资料系统化

研究者在研究中获取了各方面的资料,有些资料与研究的课题有密切关系,有些资料和课题研究关系不大。研究者应该取消与研究课题关系不大的资料,将那些与课题研究有关系的资料进行审核,取消不完整的有缺陷的、有错误的资料。例如,王娥蕊、杨丽珠进行幼儿自信心培养研究,首先编制幼儿日常行为中自信心发展的教师评定问卷,设计开放式问卷,向幼儿园教师和家长了解幼儿自信心发展的日常行为表现实例,此问卷在大连市内6所幼儿园发放,向家长发放问卷500份,收回395份,有效问卷352份;向教师发放问卷120份,收回118份,有效问卷108份,通过资料整理、检核以保证研究资料有效性,进而将那些与研究课题有密切关系又完整的资料进行资料编码,将性质相同的放在一起,以使资料系统化,有助于进一步研究分析。

2. 保证材料的可靠性

在实际中收集的资料是否是真实的可靠的,研究者必须通过对资料的整理,方能清楚。检查材料的真实可靠性,主要方法有运用测谎题,看问卷的真实性;运用信度考验检验研究的可靠性;运用效度考验检验研究的准确性。如果我们发现谎值超过一定限度,发现信度和效度都很低,这样的研究资料不可靠,无法用它来进一步分析研究的结果。例如,王娥蕊等人制定的"幼儿日常行为中自信心发展的教师评定问卷",经预测,计算评分者信度为0.852,再测信度0.915。此问卷作为本实验研究的评价工具是有效可信的。

3. 保证形成典型性资料,初步发现规律,为进一步研究打下基础

王娥蕊等人在制定"幼儿日常行为中自信心发展的教师评定问卷"时,将开放式问卷资料和老师对幼儿个案追踪资料进行编码,概括总结,依据理论推导,经预测、建构,幼儿日常行为中自信心发展的构成因素包括3个维度10个方面。3个维度分别是游戏(A)、学习(B)、劳动(C)。10个方面分别是角色游戏(A_1)、构造游戏(A_2)、创造性游戏(A_3)、竞争游戏(A_4);意愿活动(B_1)、操作活动(B_2)、表演活动(B_3);生活自理服务(C_1)、为集体服务(C_2)、为他人服务(C_3)。用3等级评价,得分越高,表明幼儿自信心发展水平越高。依此编制了幼儿日常行为中自信心发展的教师评定问卷,见表4-1,此问卷作为培养幼儿自信心,实验班与对比班幼儿自信心同质性检验的评定工具。

第四章 撰写论文

幼儿日常行为中自信心发展的评分标准
（幼儿教师用）

表 4-1

类型	序号	内容	等级	评 分 标 准
游戏（A）	A_1	角色游戏	3	自信心强，认为自己行，能争当主要角色
			2	自信心较强，认为自己基本行，能担任主要角色
			1	自信心差，认为自己不行，经常受别人指派，担任一定角色
	A_2	构造游戏	3	自信心强，认为自己能，并独立构造较复杂的物体造型
			2	自信心较强，认为自己基本能，并独立构造物体造型
			1	自信心差，认为自己不能，经教师鼓励、帮助才能构造物体造型
	A_3	创造性游戏	3	自信心强，认为自己行，并大胆主动开展游戏、交往活动
			2	自信心较强，认为自己基本行，但得经过教师启发才能开展游戏、交往活动
			1	自信心差，认为自己不行，经教师启发、帮助后，仍不能开展游戏、交往活动
	A_4	竞争游戏	3	自信心强，认为自己能，敢于竞争，克服困难，坚信自己能获得好成绩
			2	自信心较强，认为自己基本能，但需要教师的鼓励，才敢参加竞争
			1	自信心差，认为自己不能，不敢参与竞争

类型	序号	内容	等级	评 分 标 准
学习（B）	B_1	意愿活动	3	自信心强，认为自己行，能独立完成作业，并对自己的作品很欣赏
			2	自信心较强，认为自己基本行，并在模仿别人的基础上完成作业，有欣赏自己作品的愿望
			1	自信心差，认为自己不行，需要教师的帮助才能完成任务，但缺乏欣赏自己作品的愿望
	B_2	操作活动	3	自信心强，认为自己能，并总是选择有难度的作业，并努力做好
			2	自信心较强，认为自己基本能，并选择稍有难度的作业，但常常不能努力做好
			1	自信心差，认为自己不能，只选择简单的作业
	B_3	表演活动	3	自信心强，认为自己行，能愉快活泼、积极主动在集体面前表演，并赞赏自己的表演
			2	自信心较强，认为自己基本行，能在集体面前表演，但不一定追求表演的效果
			1	自信心差，认为自己不行，不敢在集体面前表演

第四章　撰写论文

类型	序号	内容	等级	评 分 标 准
劳动(C)	C_1	生活自理	3	自信心强,认为自己能,并坚持独立穿脱、添减衣服
			2	自信心较强,认为自己基本能,在老师帮助下能穿脱、添减衣服
			1	自信心差,认为自己不能,常依赖他人穿脱衣服
	C_2	为集体	3	自信心强,认为自己行,争着为集体服务,完成任务好
			2	自信心较强,认为自己基本行,愿意为集体服务,完成任务较好
			1	自信心差,认为自己不行,集体的任务常常不能完成
	C_3	为他人	3	自信心强,认为自己能,经常主动帮助同伴解决困难,并能做好
			2	自信心较强,认为自己基本能,有时能帮助同伴解决困难
			1	自信心差,认为自己不能,自己做不好,不能帮助同伴解决困难

二、整理资料的步骤

首先将收集到的资料进行资料审核,在此基础上,将合格的资料进行资料评定,进而将评定后的资料进行资料分类、汇总、列表按类登记,将无序的资料进行整理后成为有序的资料。

(一)资料审核

1. 资料审核的含义　资料审核就是对收集的原始资料进行检查,核实其真伪,将不合格的资料删除,有缺漏的资料(如性别、年龄等未填的)补填清楚,然后清点全部资料总数,若有不足,需收集资料,给以补充,以保证研究结果的质量。例如,杨丽珠、邹晓燕等人研究中美学前儿童在游戏中的社交类型和认知类型的发展是以录像收集资料,录像要求对每个被试摄像10分钟,摄孩子的游戏活动,我们就要检查,每个孩子是否摄像10分钟,如果达不到的就抽出这个被试的录像资料。如果我们看到有的被试没填年龄,我们知道他是哪个幼儿园的,查一下,把年龄填上,然后清点合格的录像资料的总数,若发现4周岁少一个男孩被试,我们再根据实际情况补充齐全。

2. 资料审核的种类　包括计量审核和逻辑审核。计量审核是核查资料是否符合计量关系。例如,部分之和应当等于总数,数据统计单位应当一致,否则应加以纠正。逻辑审核是核查资料是否符合逻辑关系。例如,研究者向幼儿家长了解家长对孩子的态度时,设计以下题目:

你们家父亲和母亲哪一位对孩子严厉?

(1)父亲很严厉　　　　(2)母亲很严厉

(3)父母、母亲都严厉　(4)父母亲都很亲切

有的人选择1和4,父亲很严厉,父母都很亲切,这显然是自相矛盾,此材料只好作废。

(二)资料评定

资料审核以后,研究者就要根据标准答案对合格的原始资料

第四章 撰写论文

逐一进行判分或评定等级,评分标准要具体,要有明确的操作定义,最好运用评分者信度来说明评分的可靠性。例如,韩进之、杨丽珠在幼儿的自我意识研究中,将幼儿自控能力以幼儿坚持性和自制力作为测查指标。坚持性是通过观察幼儿看图画画来考核。根据观察结果,研究者把幼儿坚持性分为三级水平:初级水平(能坚持1~3分钟,但经常讲话,不按要求画)、二级水平(能坚持4~6分钟,有时说话,需提醒才能遵守纪律)、三级水平(能坚持7~8分钟,按主试要求画完)。自制力是用诱物观察法来考核。将幼儿自制力分为三级水平:初级水平(能坚持闭眼1~3分钟)、二级水平(能坚持闭眼4~5分钟)、三级水平(能坚持闭眼6~8分钟)。一级水平为缺乏自我控制,记1分;二级水平为有一定的自我控制,记2分;三级水平为有自我控制,记3分。根据这个标准,研究者将收集的原始资料进行评定,表4-2是对一个被试的自我控制行为表现的记录进行评定的结果。

表4-2　　　　×××自我控制答案记录纸

问题		答　案	等级
自我控制	坚持性	坚持画5分钟20秒,画时和旁边小朋友说话两次,经提醒能够独立画,没有画别的东西,能按要求画。	2
	自制力	坚持闭眼6分35秒,使劲闭眼睛,握紧双拳。	3
	$\bar{x}$		2.5

这个小朋友画画能坚持5分钟20秒,虽有说话,但提醒后能遵守纪律,能按要求画,有自觉性,符合二级水平,坚持性记2分。诱物观察闭眼时间达6分35秒,为了不让自己睁开眼睛,使劲闭眼,使劲握着拳头,强迫自己不睁眼,有自控能力,故自制力记3

分。

　　再如,杨丽珠、邹晓燕等人的中美学前儿童在游戏中的社交、认知类型发展研究,试图探讨中国学前儿童在游戏活动中社交类型和认知类型的发展规律,及游戏中的社交发展水平与认知发展水平的关系;验证在社会性和认知维度上作为发展进程标志的游戏水平模式及各类不同水平的游戏与儿童发展进程的关系;比较在不同文化背景下学前儿童在游戏活动中的社交类型和认知类型的异同,探讨文化背景对游戏方式和儿童心理发展的影响。研究者是在帕顿(Parten, M. B.)根据儿童在游戏中的社会性参与水平将游戏分为6种类型:无所事事、旁观、个体、平行、联系与合作和皮亚杰根据认知发展水平将游戏分为三种类型:实践、象征、规则的基础上,将游戏划分为15种类型,并将每种游戏予以明确的操作定义和游戏举例(见表4-3)。

第四章　撰写论文

单元编制的游戏举例

表4-3

游戏类别	游戏举例
1. 旁观—实践	观看孩子们玩滑梯
2. 旁观—象征	观看另一个孩子给木偶喂爆米花
3. 旁观—规则	观看老师和孩子们玩"手拉手围成圈唱歌"的游戏
4. 个体—实践	独个儿踮着脚尖在楼梯上跑上跑下
5. 个体—象征	让玩具动物"走路"和"说话"
6. 个体—规则	按照特别的次序把玩具排成一行并依照规则移动
7. 平行—实践	在别的孩子旁画画，但互不相干
8. 平行—象征	在屋内摆桌子，"喂"娃娃，而同时别的孩子们也在使用这些玩具
9. 平行—规则	和别的孩子一齐奔跑，但不是与他们比赛
10. 联系—实践	与另一个孩子在枕头上打滚
11. 联系—象征	与另一个孩子一起"造"谷仓，给他递积木和提建议
12. 联系—规则	与另一个孩子一起玩"轮换"的游戏，比如用车拉孩子
13. 合作—实践	与另一个孩子相互传球
14. 合作—象征	参加过家家角色游戏，当"妈妈"或者"爸爸"
15. 合作—规则	参加捉人游戏或捉迷藏游戏

　　研究者对每一个被试进行10分钟追踪录像，在每一录像带上，每间隔30秒，便以1/60秒的速度加入一个"嘟"声的信号。他们将这些录像资料审核后，就开始评定工作。观看录像，记录场景和孩子在连续活动中使用的游戏材料和游戏内容，以"嘟"声信号出现时的游戏为准判定游戏类别（旁观—实践，平行—规则等）。如果"嘟"声信号出现时，没有产生游戏活动（没参与或转移

注意力),或者儿童并未自发选择游戏行为(成年人发起的活动),或者发生意外(摔跤哭了,上厕所等)都记"其他"。研究者评定类型不一致部分要反复看录像资料,进行讨论,真正掌握统一的评定标准,对游戏类型作最后决定(评定者评定一致意见达90%以上)。进而研究者将各类游戏记分,在理论模式中,研究者可以得到水平分数,基于社交水平赋予各种游戏社会性质的层次分数,即给旁观、个体游戏各记1分,因为这二者包含最小限度的社会交往,平行游戏记2分,联系游戏记3分,合作游戏记4分。同样,对不同层次的认知游戏形式分别计分,实践游戏记1分,象征游戏记2分,规则游戏记3分。将社交分数乘以认知分数,便得到每一格内的水平分数,例如,个体象征游戏记2分(1×2),联系实践游戏记3分(3×1)。

(三)资料分类、汇总、列表按类登记

研究者将原始资料审核、评定后,就要对合格的原始资料按性质相同的标准归在一起,这就是资料分类、汇总,进而将汇总的资料数据,按照类别列表登记,以便进一步计算和分析。研究者可以把教学方法分为一类,有传授教学和发现教学;智力发展分为一类,有优、良、中、差;性格分为一类,有内向性格,外向性格;还可以将年龄归为一类;性别归为一类;国别归为一类……,总之,按研究目的要求,将数据性质相同的归在一起。例如,杨丽珠与日本福冈教育大学田中敏明研究中日五岁、六岁幼儿生活实况,就是按幼儿园类别和年龄进行分类,见表4-4。

第四章 撰写论文

表4-4　　　　幼儿生活实况调查资料分类表

幼儿园类别	年龄	幼儿性别	被试序号	幼儿园代号
f（一类）	5	m（男）	1-50	1-4
f	5	f（女）	1-50	1-4
f	6	m	1-50	1-4
f	6	f	1-50	1-4
s（二类）	5	m	1-50	1-4
s	5	f	1-50	1-4
s	6	m	1-50	1-4
s	6	f	1-50	1-4
v（农村）	5	m	1-50	1-4
v	5	f	1-50	1-4
v	6	m	1-50	1-4
v	6	f	1-50	1-4

再如,研究幼儿自我意识的发展,是按三、四、五、六岁进行分类,将同一年龄组的资料登记在一起,见表4-5。

表4-5 幼儿自我意识发展调查评分分数登记表　年龄　男/女

编号	姓名	实足年龄	SA	SE	SC	总
1						
2						
3						
4						
5						
6						
7						
8						
9						
…						
…						
190						
$\overline{X}$						
S						

SA 自我评价　　SE 自我体验　　SC 自我控制

第二节 分析结果

一、定量统计分析

(一)定义与作用

对研究结果的分析包括定量统计分析和定性分析。定量统计分析就是以统计方法为工具,从复杂繁多的数据中抽出规律性的结论。如,期末考试语文成绩甲班平均得 85 分,乙班平均得 83 分,甲乙两班语文成绩是在同一个等级上,还是真正有统计学意义上的显著性差异,这就需要统计分析方能清楚。统计分析是学前教育科学研究的重要工具,它可以为学前教育科学研究提供一目了然的信息,提供清晰的形式化的描述,寻找学前教育现象之间,教育与人的发展之间的关系和规律。

(二)步骤

研究者将原始资料进行审核、评定、分类之后,就可以对分类登记的数据进行统计分析了。其步骤为:

1. 数据处理　运用计算器或计算机统计各类数据。如在幼儿自我意识发展研究中,就要统计各年龄组的自我评价、自我体验、自我控制的平均数($\bar{x}$)和标准差(s)。

2. 绘制图表　根据数据处理的结果,绘制图表,以简明的形式表达研究的结果。如,研究者把各年龄组自我意识发展的平均数、标准差计算出来以后,就要把这些数据填在各年龄组幼儿自我意识发展平均分数汇合表中,见表 4-6。

根据幼儿自我意识发展平均分数表,绘制成幼儿自我意识各因素发展趋势图,见图 4-1。

表4-6　各年龄组幼儿自我意识发展平均分数汇合表

年龄组(岁)	3-3.6	4-4.6	5-5.6	6-6.6
人　数				
SA　$\bar{x}$　s				
SE　$\bar{x}$　s				
SC　$\bar{x}$　s				
总　$\bar{x}$　s				

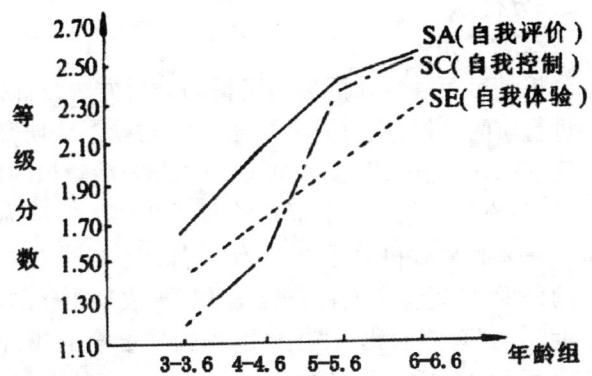

图4-1　幼儿自我意识各因素的发展趋势图

3. 差异显著性检验　研究者得到了各年龄组儿童自我意识发展的平均数,这些数据表面看起来有差异,是由于样本本身的差异造成的,还是各年龄组自我意识发展水平真的有差异,这就必须进行显著性检验。平均数显著性检验常用方法有,每组被试少于30

人的两个组比较用 t 检验。每组被试等于、大于 30 人的两组比较用 Z 检验,两组以上被试,如果是连续数值,用方差分析和 F 检验。两组以上被试,如果是不连续数值(如人次)用 x^2 检验。经过差异显著性检验以后,研究者知道所得数据结果是有效的,就要分析这些差异说明了什么问题,为什么会产生这些差异,由此推出结论。如,幼儿自我控制 3 岁 1.19 分,4 岁 1.52 分,5 岁 2.38 分,6 岁 2.57 分,各年龄组差异的 F 检验达到了显著性水平,表明幼儿自我控制随年龄的发展而发展,4~5 岁发展速度最快,这时是儿童自我控制发展的关键期。这是因为 4 岁儿童的内抑制得到迅速发展,大脑皮层的延缓抑制为大脑中枢神经系统控制个体活动奠定基础;自我评价的发展,使儿童认识水平逐渐提高,于是外在的要求逐渐内化,儿童自我控制能力开始形成。

二、定性分析

(一)定义与作用

定性分析是运用哲学分析法和逻辑的分析方法,对研究所收集的资料进行质的分析,从而揭示教育本质与规律,为研究结果的解释和理论的构建提供依据。例如,研究青年自我意识的发展,通过对青年了解:你以为怎样才算是一个优秀青年人?请你对自己做出评价?在你的生活和学习中,有什么苦恼?通过对青年人的个人总结的分析,发现青年人自我意识的发展表现明显的矛盾性,即"理想的我"与"现实的我","主体的我"与"社会的我"的矛盾。青年人自我意识的矛盾性正是激发他们自我教育的契机,矛盾运动的结果,使绝大多数青年人向积极方向转化,达到在新的水平上的积极同一。少数青年人也会向消极方面转化,出现消极同一。我们应当根据青年人的自我意识矛盾性规律,理解青年人,有的放矢地施以思想教育,使青年人健康成长。

任何学前教育科学研究都有质和量的两方面属性,只有从质和量的两个方面全面分析,才能较好地认识事物的内在规律。一

第四章 撰写论文

般来说学前教育科学研究是从分析事物的质的规定性开始的,进而再去分析事物量的规定性。如,研究者深入实际了解到幼儿有600多种需要,运用归纳法将这些需要概括为七个维度14种需要,这就是定性分析。在此基础上,编制了幼儿需要倾向性发展的问卷,以求从量的角度进一步分析。所以,定性分析是定量分析的基础,定量分析是定性分析的深化。

(二)步骤

定性分析一般包括三个过程,首先根据研究目的确定定性分析的目标,进而根据定性分析的目标整理收集到的原始资料,最后用逻辑的比较与分类、归纳与演绎、分析与综合、抽象与具体分析已整理后的资料,探索变量之间的关系,揭示其规律和特点。如前面讲的研究青年自我意识问题,研究者在设计时就发现青年自我意识存在矛盾性,但研究者的认识是模糊的,于是便设计了开放式问题:第一题是你以为怎样才算是一个优秀青年?请你对自己做出评价。第二题是在你的生活和学习中,有什么苦恼?在分析结果时,研究者发现此问卷的答案几乎100%的被试都存在自我意识的矛盾性,就把自我意识矛盾性确定为定性分析的目标,在此基础上整理原始资料,将典型资料进行编码、分类、归纳,揭示青年人自我意识矛盾性的规律。

研究者在对原始资料进行整理加工、定性、定量分析之后,就能够得出研究的结论。给研究下结论,必须要考虑产生结论的根据是否充足,依据是否客观,分析是否恰当,一定要实事求是地得出结论。

第三节 撰写论文

当研究者选定了研究课题之后,就要进行周密、科学的设计;在拟定了研究方案之后,就要深入实际,执行研究方案,搜集研究所需要的资料;当研究者系统地整理资料,全面地从质和量两方面分析结果,得出结论之后,还要将获得的研究成果进一步整理、提炼、升华,撰写成文,呈现于众,为社会服务。撰写研究论文是学前教育科学研究全过程的最后一步,也是研究成果交流与评价的基础。学前教育科学研究成果的类型较多,其主要有综述文章、经验总结、理论性论文、研究报告、教材、专著、译著、译文等,本部分主要阐述论文的撰写。

一、撰写论文的意义

(一)呈现新成果

研究者选择研究课题,就是要选择前人没有做的,或前人做的不完善的,因此研究者的研究成果必有创新之处,撰写成文,公布于世,为同行所借鉴,必将推动学前教育科学的发展。新成果的新,表现内容不一,可以是研究结果新;研究假设、理论建构新;也可以是研究方法新,分析数据的手段新。如SPSS软件包由国外传到中国,用它来进行幼儿个性结构研究,撰写论文,一方面使研究成果新,更为可靠,因为幼儿个性结构是多因素的,用SPSS软件包进行探索性因素分析,研究结果自然就更贴近实际。另一方面也为别人提供了新的研究方法。

(二)促进交流与合作

人们可以从论文的综述部分了解此领域的研究概况;从研究方法中学习新的研究手段;从结果、分析讨论中,借鉴新的成果,找出差距,开拓新的研究课题;从参考文献中,扩大视野,寻找研究伙伴。例如,从研究报告中获得4~5岁是儿童自我控制发展的关键期,人们就可以引出新的思考,既然此时儿童自控能力发展快,那么如何对这些儿童进行教育,施行什么样的教育因子,以促进儿童自控能力的发展?于是《趣味游戏对幼儿自控能力影响的实验研究》的课题就应运而生了。

第四章 撰写论文

（三）有利于研究成果的转化

马克思主义哲学观认为物质变精神，精神变物质，没有理论指导的实践是盲目的实践。随着社会的发展，学前教育实践更需要有适应教育发展的理论指导。例如，改革开放促进了我国经济迅速发展，人们的生活水平提高了，这本身是国富民强的大好事，然而随之而来的也有一些值得研究者注意的问题。近日有人调查有的父母给孩子压岁钱上百、甚至上千，儿童拿着这些钱玩游戏机，吃喝玩乐，钱花完了，有的就偷父母的。对此父母应该怎样教育孩子？给不给压岁钱？如何给？给多少？如何指导儿童使用压岁钱？这样的理论研究一定会促进家庭教育的有效性。再如，袁茵、侯菊香、李有玲进行的"幼儿好奇心培养的实验"研究表明："科学活动是培养幼儿好奇心发展的有效途径，不同年龄班幼儿的好奇心可以通过不同的科学教育活动形式进行培养。小班可采用科学观察，中班可采用科学制作，大班可采用科学小实验"。大连市"六一"幼儿园将此项研究成果应用于日常的教育活动之中，教师和孩子们一起制作教具，大大提高了幼儿的好奇心，得到了日本福冈教育大学幼教专家田中敏明教授的高度赞扬，田中敏明还带了10多名幼教工作者（大学教授、幼儿园园长、教师）前去学习，并认为日本要注重创新教育，日本幼稚园要加强科学教育活动。学前教育理论及学前教育研究成果，只有和学前教育实践密切结合，为学前教育实践服务，才有其生命力。

二、撰写论文的程序

（一）确定类型

研究者撰写研究论文，首先要考虑用什么形式表达研究成果，确定研究论文的类型。研究论文的类型有学位论文，教育实验报告，教育调查报告，研究工作报告等。有的是为学业考核，有的是为上报有关部门，有的是为论文发表。如果是为了投稿，那么就要考虑杂志办刊的指导思想，征稿的类型与要求，刊物对象与读者兴趣等,来确定写作的方式与篇幅。我国教育科学杂志种类众多,却不完全一致,例如《教育研究》、《心理学报》、《学前教育研究》等杂志,理论性强,科学性高。《父母必读》、《启蒙》等科普性杂志,则偏重于实践应用,偏重于对儿童的培养,篇幅不宜过长。确定投稿杂志后,还要认真研读该杂志已发表的文章,分析文章的特点,有的放矢撰写论文,成功率较大。

(二)草拟提纲

写研究论文前,必须要全面构思,整体安排,反复琢磨,通盘考虑,理出头绪,避免返工。草拟写作提纲首先要考虑用什么形式表达研究成果,研究论文的层次、顺序安排,每一部分主要写什么问题。例如写研究目的部分,对以往研究的回顾,选取那些有代表性的研究资料,如何阐述?再如,结果与讨论部分,本研究得到了哪些有价值的结果,先写哪个,后写哪个,如何解释这些结果?最后还要考虑写作的文风,这主要看读者对象的特点。科普报告语言要大众化,论文要用书面语言,措词要严谨。

(三)写作初稿

写作提纲拟定后,就要进行写作。撰写研究论文要以正确思想做指导,将自己的学术观点,研究成果呈现出来,应当具有准确性、客观性、公正性和可读性。应按照研究论文的基本格式和写作提纲,从头写起,最好全文写完以后再写摘要,参考文献应随正文写作来写,可以写在另一张纸上,免得文章写完后还要从头查参考文献。

(四)修改定稿

1. 修改的方式

任何文章写完后都应该修改,修改的方式有两种,请专家修改和自己修改。

2. 修改的范围

(1)修改内容　修改前应进一步查阅文献,看一下引文是否

第四章 撰写论文

全面、客观、恰当;理论建构是否正确;方法使用是否得当,数据处理是否客观;研究结果是否新颖、一目了然;分析讨论是否深刻。

(2)修改结构　从文章结构的角度进行修改,总体布局如何,层次结构是否清晰、合理,详略是否得当。

(3)修改语言　仔细检查全文用词是否恰切,句法是否有误,尽量删繁就简,用科学、准确语言表达研究成果。

三、撰写论文的格式

(一)撰写论文的一般格式

撰写论文的格式多种多样,概括起来,论文的一般格式如下:

标　题

(作者　单位)

摘　要

一、研究目的

二、研究方法

三、研究结果

四、讨　论

五、结　论

六、参考文献和附录

1. 标题　标题是对研究报告的高度概括,它反映了所研究的问题。应当简洁、明了、准确。对标题的概括和推论不能超出被试等因素的限制,例如,研究某一个城市幼儿独立性问题,就推导为中国儿童……,这是不恰当的,应写成《××城市幼儿独立性发展研究》,或者只写《幼儿独立性发展研究》。

标题下面应注明作者和单位。一般来说第一作者应是本项研究的主要负责人,主要贡献者。本研究如果得到专家、老师的指导,应在题目上注"※",将有关致谢内容写在本页最下部。

2. 摘要　摘要是对论文重要内容的概括和总结,它要简洁地交待研究的问题、理论假设、选取的被试、研究方法、结果与结论,一般写 200 字左右。摘要部分的关键词应能反映研究的内容、领域和角度,使人耳目一新,抓住研究的关键部分。

3. 研究目的　本部分还可以写成问题的提出、导言、引言、绪论等。本部分交待的问题有:

(1)研究问题的性质,赋予研究问题的操作定义,说明研究的内容及其理论意义和实践意义。

(2)文献综述,即对以往研究的回顾。使人们清楚认识到以往研究的状况,尚存在的问题,未开垦的处女地,以及以往研究与本次研究的内在逻辑关系。对以往文献的评论要严谨,不要轻易说什么填补空白。选择文献要有针对性和选择性。

(3)提出研究的假设和本研究要解决的问题。

4. 研究方法　本部分要交待的问题有:

(1)被试。如何随机取样,被试群体人数,男女性别。

(2)具体的研究方法。如自然实验法。

(3)材料与研究工具。包括两部分,一部分是定型的仪器、设备、标准化的测验、量表;一部分是根据研究目的、自行设计的材料和工具。

(4)研究设计与程序。研究设计的类型,被试的分组,研究的具体步骤与要求,无关变量的控制等。

(5)评分标准与统计方法。

5. 结果　本部分要写明经定性、定量分析所得到的结果,要交待差异检验,以说明数据的可靠性。最好运用图、表直观表达数据资料,表明研究的结果。

6. 讨论　讨论是对研究结果的议论。其功能为:

(1)解释研究结果,推出一般性结论　经过定性、定量分析,获得了研究的结果,为什么会产生这样的结果,就需要讨论来说明。例如,杨丽珠、刘文研究幼儿气质,发现 3~4 岁均数差异最大,发展变化最大。气质是相对稳定的,为什么这个时期气质还能

第四章 撰写论文

够有这么大的变化呢?这就需要讨论来解释这个问题,以得出结论。在儿童个体的发展中大脑的最简单皮质区(第一级区)没有什么重大发展,但是比较复杂的皮质区(第二级区和第三级区)却发展得非常迅速。这些从机能上来说最重要的皮层的面积,3岁~3.5岁时特别猛烈地增长,4岁开始内抑制有明显的发展。3岁与4岁幼儿神经过程的兴奋强度、抑制强度都有很大的发展,幼儿对外界信息加工的能力,反应强度,自我调节水平及复杂的整合作用都有明显提高,生理的成熟影响着幼儿气质的发展。在此基础上,4岁幼儿接受幼儿园教育,开始能够初步运用一定的道德行为规则来评价自己和他人行为的好坏,幼儿气质的发展逐渐符合社会的规范。注意力趋于集中,抗挫折能力、主动性、克服困难的坚持性、喜欢完成需要意志努力的任务、合群性增强,面对陌生人和陌生场面羞怯性不断减弱,行动较为自如,在重要任务面前紧张性不断减弱。从研究者对幼儿追踪观察记录也明显地看到环境与教育对幼儿气质发展的影响。由此可见,幼儿气质主要受个体遗传因素和生理成熟的影响,环境和教育也能影响幼儿气质发生改变。幼儿园教师和幼儿家长要抓住3~4岁关键期,加强对幼儿气质的陶冶。

(2)建立与验证理论 学前教育科学研究的重要任务之一就是检验和建立学前教育与人的发展理论。揭示研究的理论意义是讨论部分的重要内容。例如,杨丽珠、邹晓燕等人研究中美学前儿童在游戏中的社交类型和认知类型的发展,发现个体、平行游戏美方多于中方,联合、合作游戏中方多于美方,实践游戏美方多于中方,象征、规则游戏中方多于美方。这表明中美学前儿童社交、认知水平,游戏的方式与内容有差异。为什么会产生这些差异?研究者认为这种差异主要受不同文化因素影响所致。当代文化的发展趋势虽然是各民族不同文化相互吸收和借鉴,但仍然保持多元化的基本态势。就其形成社会主流文化核心的基本价值观念而言,中国与美国具有不同的文化特质,这些文化特质渗透在生活的各个领域,影响着家庭、幼儿园对儿童的教养方式与内容。美国人具有个人主义的价值观,他们注重个人自由活动,自我实现。全美早期教育协会在《从出生到8岁儿童教育适宜发展方案》中指出:对儿童发展最适宜的做法是,教师为儿童准备环境,而儿童从教师准备的许多学习领域中自主选择自己活动。从录像资料可见,美方注重儿童独立性的发展,为儿童提供的活动场地大,大型活动器械多,实物多,孩子们活动的自由度大,他们自由玩耍老师不强求一致,这样就导致美国儿童个体、平行游戏多;美方具有实用主义价值观,他们讲究实际,重视生活技能的培养,例如,用面包学做点心,从如何抹黄油,如何装饰各种果仁,到成品包装,这就使美国儿童实践游戏多一些。中国人具有集体主义的价值观,表现在幼儿园注重培养儿童的群体性,强调在角色游戏中的合作,在合作中遵循着一定的规则;另外中国人重权威,重礼教的价值观念,使儿童更多按照教师旨意去做,教师给儿童提供大量象征性玩具,让儿童在一起玩,模仿生活,故此中国学前儿童联系、合作、象征、规则游戏多,个体、平行游戏少。这就验证了文化背景对儿童发展的影响。

(3)指出应用价值　学前教育科学很多研究都能够直接应用于实际,为学前教育实践提供理论依据,在讨论部分应明确指明这一点,以便有利于研究结果的应用与推广。

(4)提出研究的不足　一项研究不可能包罗万象,十全十美。讨论应指出本次研究解决了哪些问题,有什么不足之处,还存在什么问题,以及在研究过程中又发现了什么新问题,新线索,需要进一步研究等。

7. 结论　结论要简明扼要地说明研究的全部结果,使其具有客观性和概括性。

8. 参考文献　参考文献是指在研究过程中所参考引用的主

要文献资料。文后列出参考文献,一方面表明尊重文献作者劳动,开扩读者的思路,帮助读者查寻引用文献的原作;另一方面也表明研究者对本课题研究领域进展状况掌握程度,有利于读者对此文的认可。参考文献的写法一般是作者,篇名或书名,出版单位,出版时间或杂志期刊号以及引文所在的页数等。

(二)学前教育调查研究论文写作的格式

学前教育调查研究论文一般是通过观察、行为评定、问卷访谈等方法将收集的资料撰写而成,它与论文一般写作格式基本一致。但由于其自身的特殊性,其基本格式如下:

标题

(作者 单位)

摘要

一、问题的提出

二、研究方法

三、现状与分析

四、教育对策

五、参考资料

举例

大连市幼儿教师素质现状分析及其教育对策

刘阳美 　　　　杨丽珠

大连市教委幼教处 　　辽宁师范大学教科院

一、问题的提出

目前,我国幼儿教育已发展到以全面提高幼儿素质为核心的改革阶段。如何促进幼儿素质全面发展,其关键之一就是加强幼教师资队伍的建设,提高幼儿教师素质。作为幼教行政主管部门,回顾历史,分析现状,总结经验,展望未来的幼儿教育发展趋势,探索培养幼儿教师的新途径,具有重要的现实意义。

本研究试图用实证的方法,全方位探讨幼儿教师素质的理论建构,在此基础上,制定幼儿教师素质问卷,进行测查,以分析大连市幼儿教师队伍现状,并研究出教育对策,为确定今后的改革方向和工作重点提供依据。

二、研究方法

(一)制定幼儿教师素质问卷

1. 开放式问卷。我们兼顾幼教机构的多层、多渠道的特点,从乡村、企事业、街道、教委等几个不同层次的幼儿园抽出150名教师做被试,回答开放式问卷。问卷的内容:(1)您认为理想幼儿教师应是什么样的?并列出典型行为表现。(2)您认为幼儿教师应具备怎样的人格特征?(3)您认为幼儿教师应具备哪些能力?收回问卷150份,全部有效。

2. 建立幼儿教师素质的理论建构。在开放式问卷的基础上,召开由幼教行政干部、幼儿园园长、骨干教师参加的座谈会,向他们调查。我们将开放式问卷和座谈会这两方面资料采用归纳法进行编码、分析、概括、分类。同时参考了国内外有关研究资料,依据《教师法》、《教育法》和《幼儿园工作规程》,从幼儿园的工作目标、性质和特点出发,综合研究,形成了幼儿教师素质的理论建构,包括4方面的主结构,9方面子结构,35种特定的亚子结构,并将亚子结构赋予了具体的指标。

我们认为幼儿教师素质的主结构应由如下4个方面组成,即身心素质、思想道德素质、科学文化素质和教育能力素质。

(1)身心素质:指幼儿教师的身体和心理素质。身体素质是人体活动的能力。包含工作精力和抗疾病的能力。工作精力具体指标为有充沛的精力,能从容不迫地担负日常繁重的工作;能出全勤,不请病假。心理素质是人们的各种心理素质和心理活动品质

第四章 撰写论文

及由此形成的心理状态。主要指人的观察力、注意力、情绪稳定性、坚持性、兴趣、自我评价、自我调控、性格特征、人际关系。

(2)思想道德素质:是幼儿教师为实现幼儿教育目标而进行的各种精神活动的特定的品质。包括政治思想、职业道德等内容。政治思想包含:热爱祖国、热爱教育事业两个方面。热爱祖国的具体指标为在教学中,热情传播祖国文化,不盲目崇拜西方文化;积极参加时事学习。热爱教育事业具体指标为热爱并安心幼儿教师工作;能以热忱的态度投入工作。职业道德包括:正确处理与幼儿、工作、集体、家长的关系等。对幼儿的职业道德具体指标为喜欢孩子,对之亲切、有耐心;能公正地对待每一位幼儿。对工作的职业道德具体指标为积极参加教研组活动;积极参与幼儿园管理,关心幼儿园建设和发展。对家长的职业道德具体指标为能与家长及时沟通园内活动及幼儿情况;不利用师生关系向家长和有关方面谋求私利。

(3)科学文化素质:是幼儿教师掌握知识的数量、质量数别及其互相联系的功能。包括一般文化知识、专业理论知识和专业技能知识。

(4)教育能力素质:是幼儿教师进行教育教学活动必须具备的本领。主要包括教育思想和保教能力。教育思想含儿童观、教育观,儿童观的具体指标为根据幼儿年龄特点进行教学,不小学化;认为每一个幼儿都有发展的潜力。教育观的具体指标为对幼儿教育是全面发展的教育而不是孤立重视智育;在教育过程中,给每一位幼儿提供自我管理、自我约束而不是教师包办。保教能力,包括教育活动能力、与幼儿交往能力、表达能力、创设教育环境能力、日常生活管理能力、艺术活动能力、教育科研能力、自我提高能力、教育评价能力、教育机智等方面。教育活动能力具体指标为能设计符合幼儿年龄特点的教育活动;会运用游戏等多种手段配合教学。与幼儿交往能力具体指标为直接表达对幼儿的情感和关怀,对幼儿的主动交往能及时给予适当的反应;经常参与幼儿活动,回答不同问题,作个别指导。表达能力具体指标为说普通话,语言流畅、生动,善于运用身体的动作、表情、语调来进行教学活动。创设教育环境能力具体指标为活动角及材料的提供为开放性,便于幼儿活动与使用;活动室环境创设能结合幼儿的身体需要,诸如大小便和进餐等;教室气氛和谐,很少有教师责骂或幼儿吵闹声。艺术活动能力具体指标为有较强的绘画、手工制作、表演、弹奏、唱歌、跳舞等教学活动的能力;有一项以上的特长。教育科研能力具体指标为能发现教育过程中的问题,并加以总结;会写教育科研论文。自我提高能力具体指标为好学上进,对自己专业生涯有所规划;积极与同行、同事探讨教育心得和方法。教育评价能力具体指标为通过观察实验等方法,搜集资料,进行定量、定性分析,以了解每个孩子的发展水平;知道每个幼儿的缺点和能力,并提出教育的方法。教育机智具体指标为教学中能随机应变(如改变教育内容等);对突发事件和紧急事故能妥善处理。

3. 依据幼儿教师素质的理论建构来编制问卷。我们将测定身心、思想道德和教育能力素质的29个特质(每个特质两个小项),共计58个项目组合。问卷1~29题依次是29个特质的第一个项目题。30~58题依次为29个特质的第2个项目题。每个项目按等级评分,未做到1分,有时做到2分,经常做到3分,完全做到4分。然后加上科学文化素质的3方面6个特质的选择题,编制成幼儿教师素质问卷。请幼教专家、研究生、幼儿园园长检验其内容效度,修改其不合适的项目,最终编制成正式幼儿教师素质问卷。

(二)测试

被试:我们在大连市随机抽取市内示范幼儿园100名教师、一般幼儿园100名教师、农村幼儿园150名教师。

程序:我们向抽取的被试发放问卷350份,让每个被试按幼儿教师素质问卷自评,收回349份,有效问卷344份。整理资料,进

第四章 撰写论文

行统计分析。

信度检验:本问卷有58项是一一对应排列的,即第一项对应30项,第2项对应31项……,第29项对应第58项。故本问卷信度检验用等长的分半信度作指标,斯皮尔曼——布朗分半信度为.8858,说明本问卷测试可靠。

三、大连市幼儿教师素质现状与分析

(一)身心素质

本次调查每个特质是两个项目,每个项目按四等级评分。两个项目的第四等级是8分,第三等级是6分,第二等级是4分,第一等级是2分。所得结果见表1。

表1　　　　　　大连市幼儿教师身心素质现状调查

项目	身体素质		心理素质								
	精力	抗疾病能力	观察力	注意力	情绪稳定	坚持性	兴趣	自我评价	自我调控	性格	人际关系
n=344　$\bar{X}$　S	7.01　0.94	7.10　0.99	6.51　1.14	6.94　1.04	6.88　1.03	7.22　0.87	6.99　1.02	6.75　1.11	6.81　1.07	6.96　1.03	7.24　0.88
示范园一、二等级人数的百分数	7	15	12	10	4	10	9	8

从表中可见,大连市幼儿教师的身体素质和心理素质,从总体情况看是较好的,各项平均分都在3等级以上。得分项目最高是"坚持性"和"人际关系"两个项目。这说明幼儿教师在日常工作中能自觉锻炼自己,对预定目标有坚持性,遇到困难能尽力克服,同时也形成了为人正直,能主动关心、帮助他人的优良心理素质。良好的精神环境是做好幼儿教育工作的必备条件。

从表1还可以看出大连市幼儿教师身心素质还存在一定的问题。从身体素质的调查结果来看,示范幼儿园教师没有抵抗疾病的能力和抵抗疾病能力较弱的就占15%。这说明我们的幼儿园有些教师身体素质不太好,平时需加强身体锻炼。在心理素质调查中发现"观察力"和"兴趣"在示范幼儿园中就分别有12%和

10%的教师得分是一等或者二等级,这说明有些幼儿教师的观察力和兴趣水平较低。

(二)思想道德素质

表2　　大连市幼儿教师思想道德素质现状调查

项目		政治思想		职业道德			
		热爱祖国	热爱教育事业	对幼儿	对工作	对集体	对家庭
n = 344	$\bar{X}$	7.39	7.34	7.11	7.17	6.96	7.06
	S	0.89	0.99	0.95	0.95	1.03	0.93
示范园一、二等级人数的百分数		3	5	2	2	8	3

从表2可见,我市幼儿教师的思想道德素质是好的,尤其是政治思想素质,热爱祖国、热爱教育事业两个项目得分较高。但目前也存在值得注意的苗头,在关于职业道德4个素质中,得分相对最低的是对集体的态度,即能否参加教研活动、主动参与幼儿园管理、关心幼儿园的建设和发展,这个项目示范幼儿园有8%的教师处于一、二等级水平上,说明他们还没有把自己融于幼儿园之中,把自己作为幼儿园一分子来参与幼儿园的建设和管理,只是一个领导让干什么就干什么的普通工作人员。

(三)科学文化素质

幼儿教师的知识结构素质包括三个方面:其一是一般文化,以学历为指标,大学本科、大专;中师、高中;初中。其二是专业理论知识,分为一般专业理论知识和高层专业理论知识。一般专业理论知识有:幼儿心理学、幼儿教育学、幼儿卫生学、幼儿教育管理学等。高层专业理论有:中国学前教育史、学前比较教育、外语、计算机等。其三是专业技能知识,分为音乐、美术、游戏。音乐有唱歌、舞蹈、乐器等;美术有绘画、手工制作等。在一般文化方面,这次调

第四章 撰写论文

查结果是,大学本科占2.3%,大学专科占34.3%,中专、高中、职幼师占59%,初中占4.4%。从数据看,大连市幼教队伍的文化素质水平是较高的,95.6%达到高中以上水平,76.2%符合《教师法》和《教师任职资格条例》的要求。大专以上占36.6%,这个比例虽然在辽宁省名列前茅,但与知识经济对人才的需求相比,尚有距离,何况,在59%的中幼师和职幼师比例中,有一部分职幼师还需提高学历与专业再学习。在专业理论方面,被调查对象中有82%以上的教师学过儿童心理学、学前教育学、幼儿卫生学和各领域教育研究。这说明幼儿教师基本具备了幼教基础理论。有43%左右的人学过学前教育管理学、家庭教育学和外语,得分最少的项目是中国教育史、外国教育史、比较教育学、计算机。在专业技能方面,有85%以上的教师都学过乐器、舞蹈、唱歌、手工制作、绘画、游戏等。说明通过教师基本功训练,一些不是幼儿师范学校毕业的教师,也掌握了一定的教学技能技巧。

在本次调查中,从事5年以下幼教工作的占23.5%,5~10年占40.4%,11~15年占23.3%,15年以上占12.8%,从这些数字可以推断出30岁以下的幼儿教师占60%左右,这部分人应该是高文化、高技能。在专业技能和专业理论方面,城市幼儿教师明显好于农村幼儿教师。

(四)教育能力素质

表3 大连市幼儿教师教育能力素质现状调查

项目	教育思想		保教能力									
	儿童观	教育观	教育活动能力	与幼儿交往能力	表达能力	创设环境能力	生活管理能力	艺术活动能力	教育科研能力	自我提高能力	教育评价能力	教育机智
n=344 X̄	6.88	6.68	6.90	6.78	6.75	6.66	6.99	6.42	6.19	6.32	5.98	6.58
S	1.02	1.05	1.07	0.99	1.14	1.12	0.98	1.27	1.32	1.19	1.29	1.11
示范园一、二等级人数的百分数	3		3	5	8	6	8	19	16	17	23	14

从表3可以看出,大连市幼儿教师教育能力素质的现状,较之

身心素质和思想道德素质水平略低一些。就其教育素质来看,其儿童观、教育活动能力、与幼儿交往能力、表达能力、生活管理能力成绩相对较好。但是保教能力如艺术活动能力、教育科研能力、自我提高能力、教育评价能力和教育机智能力得分较低,如示范幼儿园教师的教育评价能力属于一、二等级水平的竟占23%。众所周知,教师评价能力弱,只能应付出现的教育问题、任务不明确,教育上顾此失彼的现象,导致教育方法呆板,缺乏变通性。另外,幼儿教师会或学过乐器、舞蹈、美术、手工制作的所占比例并不少,但形不成特长。如果从从教的技能技巧角度看还合格,但按"有较强的绘画、手工制作、表演、弹奏、唱歌、跳舞等教育活动能力"的标准要求差距就大了。造成这方面问题的原因比较复杂,最主要原因是多层次、多渠道办园,水平不在同一档次上,很多幼儿教师不是幼儿师范学校培养出来的,有相当一部分教师在工作中取得的学历,在技能技巧、专业理论方面功底就显得薄弱了。再一个原因,我们认为幼师学校的课程结构不十分合理,课程设置的面过窄、过细,综合性不强,致使学生毕业后,在工作中表现出能力不强。再如,问卷中可见有相当一部分幼儿教师不具有教育科研能力。而这些能力正是现代幼儿教师必备的。

四、教育对策

（一）加强幼儿教师继续教育　要制定幼儿教师继续教育的长远规划和近期计划。建立和完善幼儿教师继续教育的各种制度。把继续教育作为幼儿管理工作的主要内容,使幼儿教师继续教育制度化。

（二）加强科学文化知识的培养　要进一步加大对教师的培训力度,力争在短期内让教师完全达标,实在达不了标,可以做适当调整。同时随着现代化进程的加快,幼儿园的教育正在打破口耳相传的传统。录放机、摄像机、电视机、幻灯机、投影仪在幼儿园逐渐普及,正在打破时间和空间对教学内容的限制,使教学内容变

第四章 撰写论文

得直观形象、生动活泼。因此,教师既要学会操作这些硬件,又要学会制作幻灯片、投影片、录像片等相应的软件。

(三)加强教师基本功训练,提高艺术教育能力 针对教师的艺术活动能力弱的问题,要加强教师基本功的训练,尤其是教学技术技巧的训练,即说、唱、跳、画、做。通过有组织、有内容和一定形式的训练,让教师了解教育的指导思想及原则,熟练掌握不同年龄阶段艺术教育的目标,了解艺术教育在幼儿发展中的重要意义,掌握艺术教育的不同类型、特点及要求,掌握教材中的教学内容,熟练掌握不同类型艺术活动的组织方法。在基本功训练的基础上,经过比赛来促进大家教学技能技巧的提高,促进艺术活动能力的提高。

(四)通过多种教育渠道,不断提高幼儿教师的心理素质和教育能力素质 采取多种途径加强幼教专业理论的学习,并采取理论联系实际的教育方式,将理论学习转化为教师的教育能力。让教师了解目前幼教改革的核心,幼儿素质教育的意义,掌握幼儿素质教育的内容,使之能在日常的教育教学活动中自觉地开展素质教育。

另外,针对幼儿教师教育科学研究能力较弱的问题,要加大力度,培养幼儿教师科研能力。学前教育科学研究与幼儿园教育密切结合,已成为当今学前教育科学研究发展的重要方向,幼儿教师由兢兢业业、勤勤恳恳的教书匠向具有一定教育理论修养、丰富教学经验和热心教育改革的学者型教师转化势在必行。

五、参考资料(略)

(摘自《教育科学》2000年1期)

(三)学前教育实验研究论文写作的格式

学前教育实验研究论文一般是通过现场实验获得的资料撰写而成,它与论文一般写作格式基本一致,但由于自身的特点,其基本格式如下:

标题
　　作者
　（单位）
摘要
一、问题的提出
二、研究方法
三、实验结果
四、讨论
五、结论
六、参考文献

举例：

大班幼儿自信心培养的实验研究
王娥蕊　杨丽珠

摘要：

　　自信心是指个体对自身行为能力与价值的客观认识和充分估价的一种体验，是一种健康向上的心理品质。它影响着人的个性的健全发展，是一个人成功的关键。而成功体验是形成自信心的重要因素。本研究以成功体验作为教育因子来培养幼儿的自信心。首先采用开放式问卷、个案跟踪观察及理论分析的方法将幼儿自信心发展的途径分为：游戏、学习、劳动三个维度10个方面，依此设计了《幼儿日常行为中自信心发展的教师评定问卷》；以幼儿获得成功体验为实验因子设计了"幼儿获得成功体验培养自信心"的10个主题教育活动进行实验。实验结果表明：1.幼儿获得成功体验是促进幼儿自信心

第四章 撰写论文

发展的重要途径;2.游戏、学习、劳动是实施"幼儿获得成功体验培养自信心"的系列主题教育活动的三个主要活动领域;3.通过实施"幼儿获得成功体验培养自信心"的系列主题教育活动,不同层次水平的幼儿都有机会获得成功体验,并能在其现有水平上增强自信心。同时提出了教育建议。

关键词: 自信心　成功体验

一、问题的提出

(一)培养幼儿自信心的意义

自信心(Self-confidence),或称自信感,是指个体对自身行为能力与价值的客观认识和充分估价的一种体验,是一种健康向上的心理品质。

成功体验(success experience)即成就感,是自我体验的一种形式,是指个体力求取得成功并为取得的成绩感到愉快的一种体验。它是形成自信心的重要因素。

自信心是人的个性的重要组成部分,它影响着人的整个个性的健全发展,自信心是一个人成功的关键。自信心对于幼儿心理健康和认识能力都具有十分重要的意义。它能促使幼儿产生积极主动的活动愿望,大胆探索,思考问题,乐于与周围人交往,经常保持愉快的情绪。他们在获得更多知识和技能的同时,也能逐渐发展乐观、勇敢、独立性强等良好的性格特征。缺乏自信心的幼儿,稍遇到困难就退缩,不敢自由地表达自己的爱好和愿望,怯于与周围人交往,参加活动的积极性、主动性差,不能充分发挥自己的能力去认识和探索事物,而且容易形成胆小、懦弱、依赖性强、优柔寡断等不良的性格特征。可见,从小培养孩子相信自己力量的心理品质,无论对个体的身心健康发展,还是对整个中华民族素质的提高来说,都将起着不可估量的作用。

我国教育领域高度重视幼儿自信心这一心理品质的培养。新颁布的《幼儿园工作规程》的总则第五条幼儿园保育和教育的主要目标中增加了"自信"的内容,这是我国幼教法规在民主化、科学化、现代化方面的进步。1998年北京市曾推出98家庭教育指导行动主题:"保护自信,培养自信"。目的就是希望并号召广大家长重视孩子的心理素质培养。

教育对幼儿自信心的发展具有重要意义。自信心是在周围环境的相互作用中,特别是在与人的交往中,通过成功体验的积累以及卓有成效的教育来逐渐形成和发展起来的。周围人,特别是成人(家长和教师)对幼儿的态度与评价对幼儿的自信心具有直接影响作用。又因为3~6岁儿童大部分时间在幼儿园度过,所以在幼儿园中进行幼儿自信心培养就显得格外重要。

(二)关于自信心形成因素的研究

1. 体验的作用

美国心理学家马尔兹认为,绝大多数的自我信念都是依据过去的经验——成功与失败、屈辱与荣耀,特别是童年时的经验而不自觉地形成的。幼儿阶段已产生了对成就的追求和愿望。成功体验是一种驱使幼儿主动行动,克服活动中的困难并坚持下去,直到取得满意活动成果的强大内部力量。它对幼儿自信心发展水平的提高起着极其重要的促进作用。

2. 活动的积极性

幼儿活动的积极性、主动性是受他对活动本身的兴趣所左右的。而幼儿对活动的兴趣如何,又是受他的自信心所支配的。由于幼儿对他感兴趣的事物,会倾注其全部注意力和聪明才智,这样成功的概率往往大些,幼儿对自己感兴趣的事物也常是抱有自信心的。可见,幼儿活动的积极性可以作为考察幼儿自信心的一个指标。

3. 父母的影响

父母亲的教养方式和教育态度对儿童自信心发展有密切联

第四章 撰写论文

系。父母的教育观念直接或间接地塑造出不同发展特征的儿童,特别是母亲,由于与儿童交往更多、更密切,其教育观念对儿童发展的影响更大。

4. 幼儿园教育的影响

国内外研究表明通过幼儿园来对幼儿实施有计划、有目的影响是培养幼儿自信心的重要途径。例如:国外研究者在对"学龄前及低年级儿童的行为与自信心的评估"研究中,实施了一项改进他们自信心的训练计划。在关于"促进儿童充分施展才能的7项课程,特别专题思考"的研究中,通过7项课程来帮助儿童增进自信心。在"利用游戏和运动技能的发展,建构儿童的自信心和自尊等研究中表明,通过特定的训练,可以改进和提高人的某一方面的自信心水平。国内的研究表明:幼儿学习数学的自信心可以通过在学习中不断获得成功体验来提高,而这种成功的体验来自于特定的课程设计,必须通过长期的培养才能使自信心获得相对的稳定性。但这些研究仍未能形成系统化、全面的研究结论。

综上所述,通过教育活动使幼儿获得成功的体验能够促进幼儿自信心的发展。但是由于以往的研究多侧重理论方面的论述,或仅就某个角度、某一个方面的活动进行研究,对幼儿自信心的培养问题尚缺乏全面系统的研究。而对幼儿的个性进行干预,培养幼儿的自信心,不进行系统化的研究,不进行整体的、全面的推动是难以取得持久的效果的。对此,本实验研究依据"通过教育活动使幼儿获得成功的体验能够促进幼儿自信心发展"这一假设,在幼儿园创设了一系列能引导幼儿获得愉快成功体验的全方位教育活动。通过游戏、学习、劳动等幼儿园的主要活动进行现场教育实验,来探讨其对幼儿自信心发展的实际意义,及幼儿自信心发展的规律、特点;并为幼儿园教师提供幼儿日常行为中自信心发展的评价标准,以及提高幼儿自信心发展水平的有效的教育途径。

二、研究方法

（一）编制幼儿日常行为中自信心发展的教师评定问卷

1. 设计开放式问卷

开放式问卷设计的目的是通过向幼儿园教师和家长了解幼儿自信心发展的日常行为表现实例，收集大量资料，而后进行详尽分析，归纳总结，为建构幼儿自信心培养途径的构成因素做准备工作。此问卷在大连市内6所幼儿园发放，向家长发放问卷500份，收回395份，有效问卷352份；向教师发放问卷120份，收回118份，有效问卷105份。

2. 个案跟踪观察

教师让幼儿做稍有难度的智力测验题（事先印在纸上），对幼儿进行情景检测，依据幼儿在测试中的自信心行为表现，分别选出自信心表现强、中、弱各2名幼儿进行个案跟踪观察。观察时间为4周，教师观察幼儿在游戏、学习、劳动及日常生活中的自信心行为表现，并做观察记录，每周观察2次，每次10分钟，教师在此期间详细记录幼儿有关方面的表现情况。此观察在2所幼儿园内进行，每个幼儿园选6名幼儿共12名，获得了幼儿自信心行为表现的丰富事例。

3. 编制问卷

在分析、归纳总结大量开放式问卷及个案跟踪观察资料的基础上，依据幼儿园日常活动的实际情况及幼儿自信心行为表现特点，经过理论推导和预测，最后形成幼儿日常行为中自信心发展的教师评定问卷。本问卷最初编制了3个维度近14个方面的内容，首先在幼儿园组织一部分幼儿教师讨论，又分别请教有关教授、幼儿园园长、及幼教界同行学者10余人，删掉大家认为不适合的内容，保留了适合的10个方面，构成了"幼儿日常行为中自信心发展的教师评定问卷。"最后经过预测后，计算得出评分者信度为0.852,再测信度为0.915,这说明该问卷作为本实验研究的评价工具

第四章 撰写论文

是有效可信的。

本问卷包括3个维度10个方面。3个维度分别是游戏(A)、学习(B)、劳动(C)。10个方面分别是角色游戏(A_1)、构造游戏(A_2)、创造性游戏(A_3)、竞争游戏(A_4);意愿活动(B_1)、操作活动(B_2)、表演活动(B_3);生活自理服务(C_1)、为集体服务(C_2)、为他人服务(C_3)。问卷采用3等级评价方法,得分越高,表明幼儿自信心发展水平越高。

(二)设计教育实验干预因子的教育活动

1. 编制目的、原则

要求教师在设计过程中注意做到面向全体培养,并兼顾个别指导、帮助。依据幼儿身心发展特点具有趣味性、愉快感和成功体验感。每个活动都有难、中、易三种程度,为不同层次水平的幼儿准备不同的材料,对不同层次水平的幼儿提出不同的要求,以使每个幼儿在该项活动中都能积极参与并都有获得成功体验的机会来达到培养幼儿自信心的目的。

2. 确定实验因子

设计实验因子为"幼儿获得成功体验培养自信心"的系列主题教育活动。组织10余名有经验的幼儿教师进行培训,讲清设计目的、要求及编制原则,并进行有关知识的传授学习。然后请幼儿教师依据设计原则及目的要求编制"幼儿获得成功体验培养自信心"的系列主题教育活动共20余个,经过反复修改并请专家指点,最后筛选出10个活动作为本实验的内容。

3. 编制具体内容

游戏(A) ├─ 角色游戏(A_1)——小动物玩球
        ├─ 构造游戏(A_2)——插插、拼拼、搭搭
        ├─ 创造性游戏(A_3)——拼图
        └─ 竞争游戏(A_4)——赶"羊"过桥

学习 ─┬─ 意愿活动(B_1)────认识钟表
(B) ├─ 操作活动(B_2)────豆豆搬家
     └─ 表演活动(B_3)────森林里的动物

劳动 ─┬─ 生活自理服务(C_1)────谁的小手最灵巧
(C) ├─ 为集体服务(C_2)────选举值日生
     └─ 为他人服务(C_3)────帮助小班小朋友

(三) 自然实验

1. 被试的选择

首先确定两所幼儿园为实验基地(大连市西岗区教师幼儿园和大连市教委实验幼儿园),每园各随机抽取一个实验班和对比班,实验班和对比班人数各70人,总人数共140人,男女各半,年龄为5~5.5岁。

2. 方法

采用自然实验法即教育现场实验,以"幼儿获得成功体验培养自信心"的系列主题教育活动为实验因子。

3. 实验材料

(1) 幼儿日常行为中自信心发展的教师评定问卷。

(2) 大班教育实验因子:"幼儿获得成功体验培养自信心"的系列主题教育活动设计10个。

(3) 幼儿自信心行为表现个案跟踪记录表。

(4) 幼儿自信心行为训练月计划表。

4. 实验程序

(1) 培训主试(幼儿教师),使主试能准确掌握评定标准,进行客观评定。

(2) 首先实验班与对比班的幼儿教师依据幼儿日常行为中自信心发展的教师评定问卷分别对实验班与对比班幼儿进行前测,并进行Z检验。检验结果表明,两班幼儿无显著性差异,可认为

第四章 撰写论文

他们在实验前具有同质性。

(3)在实验班实施"幼儿获得成功体验培养自信心"的系列主题教育活动,进行教育现场实验研究。利用每周两个下午时间轮流进行10个能促使"幼儿获得成功体验培养自信心"的教育活动。每次20~30分钟,活动之前由幼儿教师讲清要求。结束时,用5分钟师生共同小结,评价自己也评价他人。在实验前召开家长会,避免无关因素的影响。在实验过程中,实验班除了进行有关获得成功体验培养自信心的活动外,其他一切活动与对比班一致,并限制实验班额外增加其他活动。实验半年后分别对实验班和对比班幼儿进行后测。

(4)在实施过程中进行个案跟踪观察

依据幼儿日常行为中自信心表现的各方面对幼儿进行个案观察,详细记录幼儿在各种活动中表现出自信心的典型行为。观察对象的选择,依据前测中幼儿自信心水平的评定分数,求出所有被试在自信心各方面的平均数$\overline{X}$,标准差S,依据正态分布原理,将幼儿自信心水平划分为高分组、中分组、低分组。得分在$\overline{X}+0.67S$以上者占总体的25%作为高分组;得分在$\overline{X}\pm0.67S$之间者占50%,作为中分组;得分在$\overline{X}-0.67S$以下者占总体的25%作为低分组。实验班分别从三组中随机抽取两名幼儿作为个案跟踪观察对象,共12名幼儿。每周观察两次,每次20~30分钟,共12周。由本班教师记录幼儿自信心表现的新行为、新特点及表现程度、原因,并重新评定幼儿在该活动中的等级,以便进行质的分析。

(5)评分与统计

本实验研究采用三等级评分方法,自信心强记3分,自信心较强记2分,自信心差记1分。各等级均有评分标准。

对实验结果的处理采用Z检验,将前测成绩、后测成绩填入事先制好的表格中,分别求出幼儿大班实验班与对比班在实验前、实验后的$\overline{X}$和S,进行差异显著性检验。依据检验结果作定量分析,同时依据个案观察资料进行定性分析,从而探索幼儿获得成功体验培养自信心的有效途径。

幼儿日常行为中自信心发展的教师评定问卷可靠可信。首先,让同一班级的两名幼儿教师同评一个幼儿,然后计算两位教师之间的相关系数,求出教师的评分者信度。经统计处理两所幼儿园的实验班与对比班在实验前、实验后的评分者信度分别是0.824,0.801,0.813,0.89。其次,让一名教师对同一班幼儿进行先后两次评估,中间间隔一个月,然后对两次原始成绩计算其相关系数,求出再测信度为0.915。

三、实验结果

(一)实施"幼儿获得成功体验培养自信心"的系列主题教育活动对大班幼儿自信心发展的综合影响

从表1可以看出,实验前对幼儿大班的实验班和对比班进行前测,Z检验结果显示未见显著性差异($P>0.05$)。说明实验班与对比班幼儿自信心发展水平相似,两班被试在实验前具有同质性。实验半年后,经过有计划、有目的的教育活动培养,对实验班与对比班分别进行后测,并进行差异显著性检验,两班幼儿自信心发展水平呈现显著差异($P<0.001$),说明利用各种途径实施"幼儿获得成功体验培养自信心"的系列主题教育活动能够有效地促进幼儿自信心发展水平的提高。

第四章 撰写论文

表1 幼儿获得成功体验对大班幼儿自信心发展的影响

班别		实验前	实验后
实验班	$\overline{X}$	2.12	2.46
(n=70)	S	0.45	0.44
对比班	$\overline{X}$	2.10	2.20
(n=70)	S	0.47	0.47
Z检验		0.26	3.38*** ($p<0.001$)

(二)实施"幼儿获得成功体验培养自信心"的系列主题教育活动,在游戏、学习、劳动中对大班幼儿自信心发展的各自影响

从表2可以看出,实验前对幼儿大班的实验班与对比班进行游戏、学习、劳动三方面前测,Z检验结果均未见显著性差异($p>0.05$),说明两班被试在实验前具有同质性;实验半年后,经过培养训练两班被试进行后测的结果均达到显著性差异。游戏呈现比较显著性差异($p<0.05$),而学习和劳动则呈现非常显著性差异($p<0.01$,$p<0.001$)。说明在游戏、学习、劳动中实施"幼儿获得成功体验培养自信心"的系列主题教育活动能够有效促进幼儿自信心发展水平的提高。

表2 幼儿在各种活动中获得成功体验对大班幼儿自信心发展的影响

班别		游戏		学习		劳动	
		实验前	实验后	实验前	实验后	实验前	实验后
实验班	$\overline{X}$	2.13	2.36	2.04	2.33	2.20	2.69
(n=70)	S	0.49	0.50	0.40	0.45	0.45	0.38
对比班	$\overline{X}$	2.03	2.17	2.02	2.13	2.26	2.31
(n=70)	S	0.51	0.49	0.45	0.43	0.45	0.50
Z检验		1.18	2.26* ($p<0.05$)	0.28	2.70** ($p<0.01$)	0.53	5.07*** ($p<0.001$)

（三）实施"幼儿获得成功体验培养自信心"的游戏活动对大班幼儿自信心发展的影响

本实验采取幼儿园的几种主要游戏活动作为实验因子,对大班幼儿自信心进行培养实验。这些游戏活动包括角色游戏、构造游戏、创造性游戏和竞争游戏。

从表3可以看出,实验前对幼儿大班的实验班与对比班被试在这四种游戏中进行前测,结果各项检验均未呈现显著性差异（$p>0.05$）,说明两班被试在实验前具有同质性。经过半年的培养训练后,对两班被试进行后测,结果显示出创造性游戏和构造游戏的结果呈现显著性差异（$p<0.01$）；竞争游戏呈现显著性差异（$p<0.05$）；角色游戏则未见显著性差异（$p>0.05$）。说明在创造性游戏、构造游戏、竞争游戏中实施"幼儿获得成功体验培养自信心"的系列主题教育活动能有效地促进幼儿自信心发展水平的提高。

表3　幼儿在游戏中获得成功体验对大班幼儿自信心发展的影响

班别		角色游戏		构造游戏		创造性游戏		竞争游戏	
		实验前	实验后	实验前	实验后	实验前	实验后	实验前	实验后
实验班	$\bar{X}$	2.10	2.22	2.25	2.50	2.09	2.35	2.08	2.38
(n=70)	S	0.54	0.55	0.50	0.46	0.47	0.50	0.45	0.49
对比班	$\bar{X}$	1.94	2.14	2.17	2.27	2.01	2.07	1.99	2.21
(n=70)	S	0.63	0.49	0.45	0.46	0.50	0.52	0.45	0.48
Z检验		1.62	0.91	1	2.95**	0.98	3.26**	1.18	2.07*
					($p<0.01$)		($p<0.01$)		($p<0.05$)

（四）实施"幼儿获得成功体验培养自信心"的学习活动对大班幼儿自信心发展的影响

本实验采用幼儿园的几种主要学习活动:意愿活动、操作活动和表演活动对大班幼儿自信心进行培养实验。

从表4可以看出,实验前对幼儿大班的实验班与对比班在这

第四章 撰写论文

三方面进行前测,检验结果各项均未见显著性差异($p>0.05$),说明两班被试在实验前具有同质性。经过半年培养训练后对幼儿进行后测,结果显示三方面均达到显著性差异。意愿活动呈现显著性差异($p<0.05$);操作活动和表演活动均呈现显著性差异($p<0.01$)。说明在意愿活动、操作表演活动中实施"幼儿获得成功体验培养自信心"的系列主题教育活动能够有效地促进幼儿自信心发展水平的提高。

表4 幼儿在学习中获得成功体验对大班幼儿自信心发展的影响

班别		意愿活动		操作活动		表演活动	
		实验前	实验后	实验前	实验后	实验前	实验后
实验班	$\bar{X}$	1.99	2.32	2.00	2.37	2.12	2.31
(n=70)	S	0.41	0.47	0.36	0.43	0.43	0.44
对比班	$\bar{X}$	2.06	2.13	1.97	2.16	2.04	2.11
(n=70)	S	0.43	0.41	0.46	0.42	0.47	0.46
Z检验		0.99	2.53*	0.43	2.92**	1.05	2.63**
			($p<0.05$)		($p<0.01$)		($p<0.01$)

(五)实施"幼儿获得成功体验培养自信心"的劳动活动对大班幼儿自信心发展的影响

本实验通过幼儿园的主要劳动活动:生活自理服务、为集体服务、为他人服务对大班幼儿自信心进行培养实验。

从表5可以看出,实验前对幼儿大班的实验班与对比班在这三方面进行前测,检验结果得出在生活自理服务、为集体服务这两方面均未见显著性差异($p<0.05$),证明两班被试在实验前具有同质性;为他人服务这方面则呈现显著性差异($p<0.05$),而且是对比班比实验班成绩稍高些。经过半年培养训练后,对两班被试进行后测,检验结果得出这三方面均达到显著性差异($p<0.001$)。说明在生活自理服务、为集体服务、为他人服务中实施"幼儿获得成功体验培养自信心"的系列主题教育活动能够有效地促进幼儿自信心发展水平的提高。

表5　幼儿在劳动中获得成功体验对大班幼儿自信心发展的影响

班别		生活自理服务		为集体服务		为他人服务	
		实验前	实验后	实验前	实验后	实验前	实验后
实验班	$\bar{X}$	2.47	2.82	2.15	2.64	1.99	2.69
(n=70)	S	0.47	0.28	0.46	0.40	0.42	0.38
对比班	$\bar{X}$	2.34	2.25	2.29	2.32	2.14	2.37
(n=70)	S	0.51	0.53	0.43	0.49	0.40	0.49
Z检验		1.57	7.92***	1.87	4.21***	2.16*	4.32***
			($p<0.001$)		($p<0.001$)	($p<0.05$)	($p<0.001$)

四、讨论

本实验在大连市内两所幼儿园进行教育现场实验研究,属于准实验设计,因此实验班和对比班被试不能完全随机选择,有一定的局限性。

实验前实验班和对比班的教师分别对两班幼儿在游戏、学习、劳动三方面进行前测(见表2),检验结果表明实验班与对比班被试在这三方面均未见显著性差异($p>0.05$),说明两班被试实验前在总体项目比较中具有同质性。基于此假设,本实验研究在实验前没有打破现行班幼儿所处的自然生态环境重新调整被试。实验结果表明(见表5),实验半年后对两班被试分别进行后测,检验结果呈现显著性差异($p<0.001$),这次则是实验班成绩远高于对比班成绩。因而更能说明幼儿在为他人服务中"获得成功体验"对其自信心发展具有积极的促进作用,有利于幼儿自信心的培养。

由表1、表2可见,幼儿通过各种途径获得成功体验能促进幼儿自信心的发展。

本研究通过个案跟踪观察,认为幼儿获得成功体验的程度高低与幼儿自信心强、弱密切相关。不同层次水平的幼儿获得成功体验的程度存在个体差异。在实施"幼儿获得成功体验培养自信心"的教育活动中,每个幼儿尽管都参与相同的活动,但是获得成功体验的机会却是不平等的。例如,那些在活动中经常能得到自我选择和决策机会,并坚持克服困难实现目的获得成功的喜悦感,产生积极愉快情感体验的幼儿,自信心就增强;反之,经常得到的是挫折和失败,幼儿就会怀疑自己的力量,自我肯定越来越少,幼儿自信心就减弱。对此要求教师平时多注意观察每个幼儿的长处,扬长避短,以长补短,采用多种方法,对不同层次水平的幼儿提出不同的要求,使每个幼儿都能在各自不同的水平上接受不同程度的活动内容,完成各自的任务,进而都能在各自不同的水平上不断地经过适度努力有新的提高并获得成功的体验。只有经常获得成功体验的幼儿才能真正自信起来,增强自信心。

由表3可见,幼儿在游戏中获得成功体验能促进幼儿自信心的发展。在创造性游戏、构造游戏、竞争游戏中实施"幼儿获得成功体验培养自信心"的系列主题教育活动能有效地促进幼儿自信心的发展。

本研究通过个案跟踪观察,认为幼儿获得成功体验与教师的积极的评价密切相关。教师积极的评价在幼儿获得成功体验中起着催化剂的作用,它作为外部动因能够加速幼儿获得成功体验,产生自信心。研究表明,年龄越小的儿童受成人评价的影响越大,特别在幼儿心目中有威信的成人与小伙伴的语言有着极其深刻的影响。也就是说,儿童是通过别人的眼睛来认识自己的,有些积极和消极的评价对幼儿的志向、情感、行为起着持久的铭刻作用。所以,教师若能恰如其分地给幼儿的良好行为以积极的评价,不但能使幼儿体验到快乐和满足,提高幼儿在集体中的地位,激起继续上进的愿望,也会增进幼儿的成功体验,促进幼儿自信心的发展。

由表3还可以看出,在角色游戏中实施"幼儿获得成功体验培养自信心"的教育活动中,实验前、实验后分别对两班被试进行差异显著性检验,检验结果均未见显著性差异($p > 0.05$)。其原因可能是由于角色游戏是幼儿自然游戏的一种,在幼儿期很普遍,即使没有成人的指导和参与,儿童也能够自己玩角色游戏;同时,幼儿教师在幼儿园组织幼儿进行角色游戏活动也很普遍,这就使实验班与对比班之间差异不显著。

由表4可见,幼儿在学习中获得成功体验能促进幼儿自信心的发展。在意愿活动、操作活动、表演活动中实施"幼儿获得成功体验培养自信心"的教育活动能有效地提高幼儿自信心的发展水平。

本研究通过个案跟踪观察,认为幼儿在学习中获得成功体验培养自信心与幼儿的学习兴趣密切相关。幼儿在学习中获得成功体验在很大程度上能激发幼儿的学习兴趣。如果幼儿能经常在学习中获得愉快的成功体验,幼儿就会对学习产生浓厚的兴趣,学习效果大大提高,幼儿的自信心也就随之增强。

由于本实验设计的系列主题教育活动具有难、中、易三种程度,并为幼儿准备难度不同的各种材料、工具供幼儿自由选择,它使不同层次水平的幼儿在该项活动中都积极参与并在教师指导下成功地达到自己选择的难度要求,这样就保证了每个幼儿在其现有的水平上都有获得成功体验的机会,从而激发活动兴趣,增强幼儿自信心。

由表5可见,幼儿在劳动中获得成功体验能促进幼儿自信心的发展。实验半年后对实验班和对比班幼儿进行后测,检验结果表明各项均呈现极显著性差异($p<0.001$)。说明在生活自理服务、为集体服务、为他人服务中实施"幼儿获得成功体验培养自信心"的系列主题教育活动能有效地提高幼儿自信心的发展水平。

本研究通过个案跟踪观察,认为幼儿获得成功体验培养自信心与幼儿自身能力水平密切相关。如果将教师的积极评价比作幼儿获得成功体验培养自信心的外部动因,那么使幼儿主动积极获得能力的提高则是幼儿获得成功体验建立自信心最为有效的内部动因。

五、结论

本研究的结论如下：

（一）幼儿获得成功体验是促进幼儿自信心发展的重要途径；

（二）游戏、学习、劳动是实施"幼儿获得成功体验培养自信心"系列主题教育活动的三个主要活动领域；

（三）通过实施"幼儿获得成功体验培养自信心"的系列主题教育活动，不同层次水平的幼儿都有机会获得成功体验，并能在其现有的水平上增强自信心；

（四）幼儿教师在幼儿园各项活动中创设各种有利条件，帮助每个幼儿都能获得愉快的成功体验，可有效地促进幼儿自信心的发展。

六、参考文献（略）

（摘自杨丽珠主编：《儿童个性发展与培养的实验研究》吉林人民出版社，2001年1月，研究15，第301页。）

四、撰写论文应注意的问题

1. 观点和材料要相结合，通俗性和科学性要相结合。研究报告一定要有具体材料，更重事实，从事实中引出观点。

2. 要重视研究方法和结果的阐述，研究的价值是以方法的科学性和结果的可靠性为条件的。材料不够确切的，没有经过核实的不要拿出来。看研究方法与结果部分，就可知道这篇文章的科学性了，我们应当十分重视。方法部分要讲得清楚，交待得具体，条理分明。结果部分要形象吸引人，说服力强。有图有表有说明，图文并茂，就会使人一目了然。

3. 分析讨论时要用辩证的观点，不要把问题讲死，要实事求是，要加强理论的探索，提高论文的理论水平。

4. 材料收集后不要急于动笔，要深思熟虑。在考虑时，还要参阅有关资料，这样才能理出清楚的头绪来。酝酿好了后再动笔写出详细的提纲,这样可避免返工。文字上要写得精确、明白、易懂、扼要。科研报告不是文学作品,不需要加入许多艺术性语言。

思考练习题

1. 整理资料的目的与步骤是什么?
2. 定量与定性分析的作用是什么?
3. 对资料进行定量分析的步骤是什么?
4. 对资料进行定性分析的步骤是什么?
5. 简述论文写作的格式。
6. 撰写论文应注意哪些问题?

第五章 学前教育观察研究

本章讨论的主要问题

一、学前教育观察研究概述
  学前教育观察研究的概念
  学前教育观察研究的作用
  观察应注意的问题
二、学前观察研究的种类
  描述记叙法
  取样观察法
  等级评定法
  间接观察法

  学前教育观察研究是学前教育科学研究最基本、最普遍的方法,是学前教育科学研究搜集资料的基本途径,是其他研究方法的基础。实验实际是一种被控制的观察,调查法是一种间接的观察,问卷法也需要凭借观察的第一手资料综合分析。学前教育观察研究在学前教育科学研究中有着重要的作用,它是发现问题、提出问题的前提;是产生理论假设、验证理论的手段;是提供学前教育现象真实过程的手段;是帮助研究者了解被试个体差异的手段;是解答各种特殊问题的手段;是教育评价的手段。学前观察研究的种类很多,诸如日记描述法、系列观察法、轶事记录法、持续记录法;时间取样观察法、事件取样观察法;数字量表法、图示量表法、累计评定法;谈话法、活动产品分析法、创设情境法等。正确掌握学前观察研究方法,有助于提高学前教育科学研究水平,本章将一一阐述。

第一节 学前教育观察研究概述

一、学前教育观察研究的概念

学前教育观察研究是在自然条件下有目的、有计划地观察客观对象,收集、分析事物感性资料的一种科学研究方法。例如,托马斯(Thomas)研究6岁儿童捣乱行为,首先从实际中观察儿童捣乱行为包括哪几方面,每个方面又赋予具体的行为表现,见表5-1。

表 5-1　　　　　　　6 岁儿童捣乱行为

序号	类别	行为表现
1	粗鲁行动	离开位子、站起来、走动、跑动、蹦跳、摇动椅子
2	跪	跪在椅子上、坐在脚上、横躺在课桌上
3	侵犯他人	投掷、推、撞、拧、拍、戳及用东西打其他同学
4	扰乱别人	抢夺他人东西、破坏其他同学所有物
5	说话	和其他同学讲话、喊叫老师、唱歌
6	叫嚷	哭闹、尖叫、咳嗽、吹口哨
7	噪声	发出咯咯声、撕纸、鼓掌、敲击书桌
7	转方向	把头和身子转向其他同学、向别人显示东西
9	做其他事	玩弄东西、解自己鞋带等

在将6岁儿童捣乱行为方面确定后,有计划地在儿童自然生活中实际观察儿童,记录、收集资料,以便研究。由此可见,学前教育观察研究是在自然的教育情况下,有目的有计划地考察、描述、

记录、收集被试的行为表现。收集的资料是具体、直观、形象的第一手资料。科学的学前教育观察研究与日常观察不同,日常观察是偶然的,缺乏计划性,往往以观察者的直觉或经验为依据。科学的学前教育观察研究是观察者有意识、有目的、有计划地进行的观察,这种观察不限于对教育现象与人的发展的表面的描述,还要分析和揭示教育现象产生变化发展的原因。

二、学前教育观察研究的作用

1. 观察是发现问题、提出问题的前提　在学前教育科学领域中尚有许多有待研究的新问题,只要研究者善于洞察、捕捉和思考,"视其所以,观其所由,察其所安",就能透过现象,发现问题,提出新问题。例如,皮亚杰于1920年慕名到巴黎比奈实验室工作。在测试儿童智商的过程中,他发现被试的错误符合于一个连贯的模式,也就是一定年龄阶段的孩子错误有共同点,这模式似乎暗示他们的思想可能具有自己的特点,有一定的规律。皮亚杰对此十分感兴趣,提出研究儿童智力问题,以此奠定他一生的研究方向,建立发生认识论,使儿童心理研究走向新的发展阶段。

2. 观察是产生理论假设、验证理论的手段　假设的建立必须有一定的事实材料为根据,或者从某一个已知的科学理论推测出来的,是以真实事实材料为基础,通过科学的观察、实验测定来证明的。例如,著名的个性特质理论家卡特尔认为根源特质是构成个性的基本要素,代表行为属性和功能的决定因素。因此,这些是真正构成个性的砖石。那么卡特尔是怎样发现这些砖石的呢?在不同的情境中,在变化多样的反应中,如何去找寻根源特质呢?卡特尔主要是从L、Q、OT三种资料来源获取的。L资料即生活记录材料,它是通过现场、日常生活中观察得到的。Q资料即问卷材料,是通过被试的回答得到的。OT材料即客观测验材料,它是标准化的客观测验。假如多变量研究确实可以确定个性的基本结构,那么不管从生活记录材料,还是问卷材料,还是客观测验材料,都应该获得同样的特质,这一点对于个性理论来说是重要的,合乎逻辑的,是具有挑战性的试金石。卡特尔认为 L 资料是最可靠的、也是最大量的材料。他就是先应用 L 材料找出根源特质,然后再来设置是否可以发展能够测试和鉴定这些特质的问卷和客观测验。而 L 资料的获得是观察的结果。例如,宋辉、杨丽珠要制定幼儿自我控制教师评定量表,首先通过个案观察,收集大量资料再结合问卷和理论推导,建立幼儿自我控制的理论建构。它包括抑制冲动、抵制诱惑、延迟满足、坚持性、自觉性、监督与调节。再进行因素分析,其结果为幼儿自我控制包括自制力、自觉性、坚持性、延迟满足四个因素验证理论假设,最后制定幼儿自我控制教师评定量表。

3. 观察是提供学前教育现象真实过程的手段　观察就是要对学前教育现象发生发展的具体过程进行细致的系统的记录,收集这些资料,以便于对教育本质规律的探讨。例如,测试只能了解思维的结果,而不能了解思维的过程,不能深入探讨思维的本质。皮亚杰在对儿童进行液体守恒实验的同时,加上观察、谈话,他在儿童面前呈现两个相同的玻璃瓶,放上相同的水,把一瓶水倒在高一点、窄一点的瓶子里,把另一瓶水倒在矮一点、粗一点的瓶子里,问这两瓶水一不一样多,为什么(见图 5-1)？3 岁小朋友说不一样多。问为什么,小朋友回答说,这瓶水高,那瓶水矮。6 岁小朋友说一样多,"这瓶水高,可是窄一点,那瓶水矮可是粗一点"。从这看 6 岁小朋友可以从二维角度看问题,具有补偿性。"把这两瓶水倒在原来的瓶子里,水面一样高",这是可逆性。"这两瓶水就是原来的两瓶水",这是同一性。由此可见,观察可以了解儿童是怎样思维的,由此可以分析 6 岁儿童思维开始具有守恒性,即事物外表发生变化,事物本质不变。守恒性具有三个特点,即补偿性、可逆性和同一性。所以观察可以弥补实验的不足,向人们提供行为、事件的真实形象。

第五章 学前教育观察研究

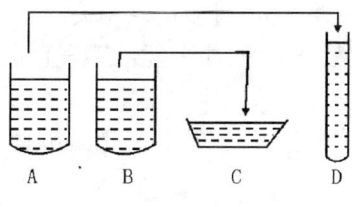

图5-1 液体守恒

4. 观察是帮助研究者了解被测试个体差异的手段 学前教育科学研究面对的是各具形态的被试个体,他们的个性千差万别,为了使研究顺利进行,必须要了解被试的个体差异。如研究教育对幼儿社会交往能力的影响,就要首先观察哪些幼儿同伴交往更困难,困难表现在哪些方面,被排斥、被拒绝幼儿同伴交往有哪些特点,哪些幼儿同伴交往困难小一点,就可以根据不同幼儿特点制定具体教育的对策,达到因材施教之目的。

5. 观察是解答各种特殊问题的手段 有一些特殊问题使用观察法更为合适。如研究问题儿童的心理特点,用实验方法就可能违背了教育性原则,用观察法有目的有系统地将这些儿童进行个案追踪记录,就可以观测到许多真实的行为现象,然后将收集到的资料进行分析,就可探索出问题儿童的心理特点,为教育这些儿童提供心理依据。

6. 观察是教育评价的手段 教育如何可以通过观察来评价,如何评价教师与学生的关系,评价一种学前教育方法是否有效,评价教师对攻击行为采取的教育措施是否得当等,都可以通过实地观察获得。

由此可见,学前教育观察研究在学前教育科学研究中占有重要地位,每一位教师都应该掌握具体的观察方法,具有敏锐的观察力。

三、观察应注意的问题

1. 要有明确的观察目的 也就是要弄清楚观察什么,达到什么目的,避免遗漏重要部分,过多记录无关现象。目前广大学前教育工作者进行学前教育研究,主要凭借感官直接感知进行观察,各种反应在一瞬间就过去了,反应的现象又十分复杂,如果观察目的不明确,看到什么就记什么,往往容易出现顾此失彼、丢三落四的现象。

2. 要有正确的指导思想　观察要客观,观察者应该实事求是地根据所观察到的事实进行记录及分析整理所搜集的材料,不应带有任何预期的主观倾向或偏见。否则,尽管占有了第一手资料,也不能从中获得正确的认识、科学的结论。例如,研究 1~3 岁儿童言语的发展,观察者记录儿童自发语言,当儿童说到"兔子耳朵两个有",观察者认为说的这是兔子有两个耳朵,于是就记下了"兔子有两个耳朵",用这样的资料,怎么能分析出来 1~3 岁儿童语法具有倒装句的特点呢? 具体地说观察时要情境自然,客观进行。所谓情境自然就是对被试不加控制,不加干预的情况下进行观察,这样才能获得在自然状态下的真实情况。所谓客观进行,就是要使观察所获得的经验事实比较正确的反映客观事实。

3. 要善于记录,便于整理　(1)正确无误,如实记录,不凭主观臆断,做到没有水分。(2)周密完整,全盘记录,不能有随意性。(3)详细有序,有条不紊,不要随便颠倒。(4)可以辅以小录音机、录像机等观察设备。

4. 要有确定的范围,明确的指标　对主要观察的行为或事件要有确定的范围、明确的指标。不然观察时就不能准确记录出现的行为和事件,这将会影响获得数据的科学价值。因此,观察者在进行观察前要对所有的观察行为,通过查阅有关资料,掌握必要的知识,弄清观察的行为指标。例如,帕顿研究儿童社会化程度,是通过儿童在游戏中的社会参与程度来研究的。他根据儿童在游戏中的社会参与程度,将游戏分为 6 种,每种游戏都有明确的操作定义,依此,他观察每个年龄组儿童游戏的类型,认为,随着年龄的增

第五章 学前教育观察研究

长,儿童从喜欢个体游戏逐步发展到社会性程度较高的合作性游戏。

5. 选择适合的观察方法　学前教育观察研究有许多种,观察者应根据观察任务和对象,选择能最有效、最准确提供所要搜集的信息又最可行的方法,并在此基础上,拟出观察方案。这就要求观察者必须熟悉各种观察方法,了解每种观察方法有什么优缺点,以便相辅相成。

第二节　学前教育观察研究的种类

学前教育观察研究种类很多,概括起来主要有四大类十四种。

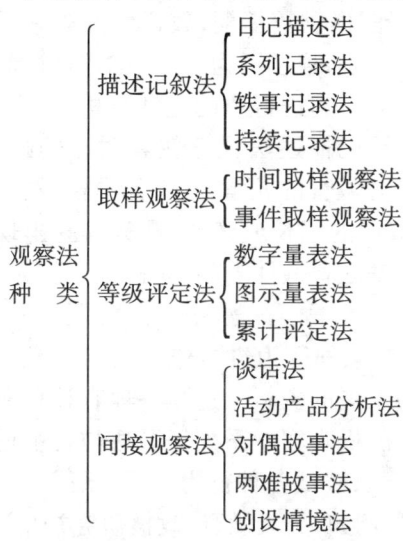

一、描述记叙法

描述记叙法是指记录被试在自然状态下所发生的行为和所处的情境,然后,对所收集的原始资料进行分类,并加以分析的方法。它包括有日记描述法、系列记录法、轶事记录法、持续记录法。

1. 日记描述法 即对同一个或同一组被试在一段延长的时间内进行反复观察,把观察到的被试的各方面的新行为、新发展记录下来,进行研究。它可以逐日追踪记录,也可以隔日追踪记录。日记描述法在学前教育科学研究中起到了重要作用。早在 1774 年裴斯泰洛齐首先使用此法,写了《一个父亲的日记》,接着是达尔文写了《一个婴儿的传略》。科学儿童心理学的创始人普莱尔对他的孩子从出生开始,连续记录三年,每天早、中、晚,观察三次,将记录的原始资料进行整理,于 1882 年写出《儿童心理》,宣告科学儿童心理学的诞生。现代著名儿童心理学家皮亚杰仍用此法写了《儿童心理学》,我国儿童心理学之父陈鹤琴也是如此,写了《儿童心理之研究》,为我国学前教育做出了重要贡献。

日记描述法的优点是(1)能提供较长期,较详细的第一手资料。(2)记录被试发展的真实过程,连续行为。(3)描述被试的生活环境及其各种行为,有利于对行为进行质的定性分析。个案研究和生态学研究常用此法。日记描述法也存在着明显的缺点,(1)选择被试往往都是受过良好教育的儿童,具有偏向性,缺乏代表性。(2)观察者一般都是被试的家长或亲友,观察容易出现偏差,高估儿童。(3)案例太少,缺乏普遍性。(4)追踪天天记录,耗费人力物力太大。

2. 系列记录法 是对被试某种行为进行连续的定期观察研究,以便系统的收集被试行为发展的资料。这是一项有计划有目的的重点观察,而不是总体的随机观察。系列记录法与日记描述法的区别在于日记描述法是记录被试各种行为表现,系列记录法是记录被试的某种行为表现。例如,吴天敏、许政援研究初生至 3 岁儿童言语的发展,研究者对 6 个儿童的言语,每周记一次,每次记半小时,将所收集的资料进行分析,探索 3 岁前儿童言语发展的规律。

3. 轶事记录法 不是记录一个被试的连续行为,而是着重记

第五章 学前教育观察研究

录观察者感兴趣且认为有价值的行为,见表 5-2。它与日记描述法不同之处在于,它是记录被试显著的新行为。轶事记录是有主题的,它要将事件发生的顺序、开始、中间、结尾,客观、准确、具体、完整地记录下来。不仅要记录被试的言谈行为表现,还要记录被试行为表现的背景及其他人在场的活动。轶事记录法是教师常用的一种方法,它可以帮助教师了解幼儿的个体差异、个性特征、各种行为习惯形成的机制,以便有的放矢地进行教育干预。

表 5-2　　　　　　轶事记录法案例

> 儿童:却利
>
> 　　3 岁的却利和他的妹妹玩过家家,却利说他是爸爸,当他走进厨房,他的大姐姐要给他一块蛋糕(姐姐知道他非常爱吃蛋糕),但却利拒绝了,说:"我要蛋糕做什么？大人是在吃饭时才吃它的。"十分钟后,却利来了,说:"姐姐,我现在可以吃蛋糕吗？我现在不是爸爸了,我是却利。"
>
> 　　(这是记录一个孩子的模仿行为)

4. 持续记录法　　比轶事记录法更详细更完整,要求尽可能详尽地捕捉最主要行为或事件的要素,是记录连续行为的最好方法,见表 5-3。此方法做起来比较简便,不需要提前订计划,只要客观地把实际情况记下来即可。记录的方法可以用手记,录音机、录像机记录。应把场景、幼儿的表现全部记下来,既有宏观又有微观资料,便于全面分析。持续记录法应用广泛,在验证理论观点,测定幼儿进步方面十分有用。

表 5-3　　　　　　　持续记录法案例

> 　　儿童拿出一只瓶子,并盛满了水,自己坐下来,慢慢地喝。然后他用右手拿着瓶子,慢慢地向左边的床爬去。站起来放掉瓶子,朝 12 英尺远的母亲走去。然后儿童抓到另一只装有食物的瓶子,向左转,往回走,向另一个 12 英尺远的瓶子走过去,并试图用一个塞子塞住瓶子,而塞子放在钢琴上的一只盒子里。儿童就拿这个瓶子打钢琴,接着驯服地接受惩罚。然后,这儿童平躺着吃东西,站起来走了八英尺,试图敲一只盛满油的瓶子,向左转,又朝钢琴走去,又走了八英尺的路后,就在钢琴的罩子下慢慢地爬行,又从罩子下钻出来,拿到他的玩具娃娃,把娃娃扔在地下,又去拿软木塞和瓶子,并设法把塞子塞在瓶子上,咯咯地咬着牙齿,站起来,又坐下来。
> 　　这是记录一个孩子(13 个月)仿效他母亲一边倒水,一边做他"坏孩子"的动作。

二、取样观察法

　　取样观察法是以行为为样本的研究方法,经过选择,使用预定类型,在一定时间内,观察者在各种各样变化的背景中选取被试行为样本,它不需要详细地描述行为,可减少记录的时间。取样观察法形成于美国 20 世纪 20 年代中期,当时美国建立了第一个实验保育学校,探讨对儿童的教育问题,面对着众多的研究对象,如何既能获取大面积、大量的资料,又能节省时间、人力？于是研究者提出研究行为流,以推论总体。即人的行为是终生连续不断的,像意识流、动作流一样,人也有行为流。研究者通过分析可观察的部分长度行为流,就可推论其全部行为流,这就是取样观察法。它不同于描述法,不用详尽记录行为的顺序,而是根据预定的行为标准,对自己选定的某种行为进行取样,这种方法既能节省时间、人力、物力,又可收集较可靠的观察资料,使研究具有客观性、控制性和有效性。取样观察法包括时间取样观察法和事件取样观察法。

第五章 学前教育观察研究

(一)时间取样观察法

1. 什么是时间取样观察法　时间取样观察法是在一个确定的短时间阶段里观察被试,主要记录行为出现与否,行为发生的次数,以及持续的时间。这种方法是把被试在每一个时间阶段的行为看成是他们自身行为的一个样本,要求研究者每间隔一定的时间(3分钟、10分钟、或15分钟等)观察被试行为要素。时间取样法的早期典型范例是帕顿通过儿童游戏研究儿童社会性发展问题,他于1926年10月~1927年6月观察2~5岁儿童游戏活动,他根据儿童在游戏中的社会参与程度,将游戏分为6种:无所事事、旁观、个体、平行、联系、合作游戏,并确定每种游戏类型的操作定义,见表5-4。

帕顿依次观察每个儿童一分钟游戏活动,依据游戏类型定义,制定每个儿童所从事的游戏活动的类型,记入表中,见表5-5。通过对这些资料的分析,帕顿认为儿童的社会性行为发展有一定的顺序性,随着儿童年龄的增长,儿童从喜欢个体游戏、平行游戏,逐渐发展到社会性程度较高的合作游戏。从图5-2可以看出2岁儿童以个体、平行游戏为多,4岁儿童联系、合作游戏在发展。

表 5-4　　　　　　　6 种游戏类型操作定义

游戏类型	操作定义
无所事事	儿童没有做游戏,只是碰巧观望暂时引起他们兴趣的事情,如没有可注视的就玩弄自己的身体,或走来走去,爬上爬下,东张西望。
旁观	儿童基本上观看其他儿童的游戏,有时凑上来与正在做游戏的儿童说话,提问题,出主意,但自己并没有直接参加游戏。
个体	儿童独自一人游戏,只专注于自己的活动,根本不注意别人在干什么。
平行	儿童能在同一处玩,但各自玩各自的游戏,既不影响他人,也不受他人影响,互不干涉。
联系	儿童在一起玩同样的或类似的游戏,相互追随,但没有组织与分工,每人做自己想做的事情。
合作	儿童为某种目的组织在一起进行游戏,有领导、有组织、有分工,每个儿童承担一定角色任务,并且相互帮助。

表 5-5　　　　　　　时间取样观察法案例

被试代号＼游戏类别	无所事事	旁观	个体	平行	联系	合作
1						
2						
3						
4						
⋮						

2. 时间取样观察法的要求　(1)时间取样观察法只适用于经常发生的行为,像对儿童依赖行为的研究就可采用此法。(2)时间取样观察法只适用于观察外显行为,不宜于观察内在行为。例

第五章　学前教育观察研究

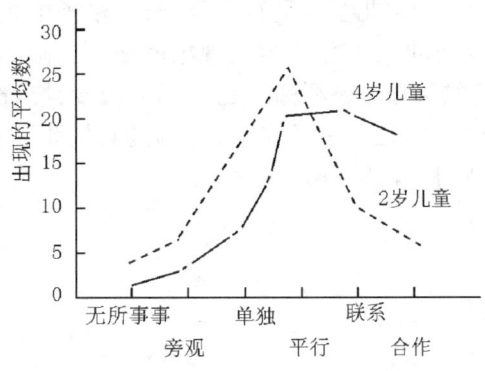

图 5-2　2 岁儿童与 4 岁儿童游戏类型的差异

如,幼儿如何思维就无法用直观的办法看到,所以也不能用时间取样观察法来研究。(3)使用时间取样观察法,必须要确定观察目的、被试的数量、观察的范围和时间。如前面提到的中美学前儿童在游戏中的社交、认知类型发展研究,此课题要探讨中美学前儿童社交水平和认知水平的异同,从而揭示不同文化背景对儿童心理发展的影响的理论问题,为达此目的,研究者拟从儿童参与的游戏来研究,从社交、认知两个维度,将游戏划分为 15 种类型,作为观察的范围,每个儿童录像 10 分钟,在 10 分钟的录像带上,每隔 30 秒给 1 个"嘟"声信号,在嘟声信号发出时,确定游戏类型。由于观察目的明确、观察范围清楚、观察时间准确、观察人数已定,研究能够顺利进行。(4)使用时间取样法对观察行为与事件必须给以明确的操作定义,这样,研究者对行为分类才能有章可循,研究才能较为客观。如上面的研究如果 15 种游戏没有明确的操作定义,对儿童游戏的分类就不能在统一的指标下确切分类,就不能得到客观的结果。(5)使用时间取样观察法,应当制定时间取样编码记录表。例如,托马斯研究 6 岁儿童捣乱行为,将捣乱行为分为 9 种表现,分别用 1、2、3、4、5、6、7、8、9 数字代替,观察每个被试 20

分钟,每 10 秒钟确定儿童捣乱行为类型,在格子中相应数字代号上画圈。例如,小朋友有侵犯他人现象就在 3 上画圈。观察第一个 10 秒钟,将结果在第一栏适合的编码上画圈,接着观察第二个 10 秒钟,将结果在第二栏适合的编码上画圈,依此类推,直到观察记录 20 分钟为止,见表 5-6。

第五章　学前教育观察研究

表 5-6　　捣乱行为观察编码记录表

观察间隔(秒)

分钟	0—10	11—20	21—30	31—40	41—50	51—60
1	1 2 3 4 5 6 7 8 9	1 2 3 4 5 6 7 8 9	1 2 3 4 5 6 7 8 9	1 2 3 4 5 6 7 8 9	1 2 3 4 5 6 7 8 9	1 2 3 4 5 6 7 8 9
2	1 2 3 4 5 6 7 8 9	1 2 3 4 5 6 7 8 9	1 2 3 4 5 6 7 8 9	1 2 3 4 5 6 7 8 9	1 2 3 4 5 6 7 8 9	1 2 3 4 5 6 7 8 9
3	1 2 3 4 5 6 7 8 9	1 2 3 4 5 6 7 8 9	1 2 3 4 5 6 7 8 9	1 2 3 4 5 6 7 8 9	1 2 3 4 5 6 7 8 9	1 2 3 4 5 6 7 8 9
4	1 2 3 4 5 6 7 8 9	1 2 3 4 5 6 7 8 9	1 2 3 4 5 6 7 8 9	1 2 3 4 5 6 7 8 9	1 2 3 4 5 6 7 8 9	1 2 3 4 5 6 7 8 9
5	1 2 3 4 5 6 7 8 9	1 2 3 4 5 6 7 8 9	1 2 3 4 5 6 7 8 9	1 2 3 4 5 6 7 8 9	1 2 3 4 5 6 7 8 9	1 2 3 4 5 6 7 8 9
6	1 2 3 4 5 6 7 8 9	1 2 3 4 5 6 7 8 9	1 2 3 4 5 6 7 8 9	1 2 3 4 5 6 7 8 9	1 2 3 4 5 6 7 8 9	1 2 3 4 5 6 7 8 9
7	1 2 3 4 5 6 7 8 9	1 2 3 4 5 6 7 8 9	1 2 3 4 5 6 7 8 9	1 2 3 4 5 6 7 8 9	1 2 3 4 5 6 7 8 9	1 2 3 4 5 6 7 8 9
8	1 2 3 4 5 6 7 8 9	1 2 3 4 5 6 7 8 9	1 2 3 4 5 6 7 8 9	1 2 3 4 5 6 7 8 9	1 2 3 4 5 6 7 8 9	1 2 3 4 5 6 7 8 9
9	1 2 3 4 5 6 7 8 9	1 2 3 4 5 6 7 8 9	1 2 3 4 5 6 7 8 9	1 2 3 4 5 6 7 8 9	1 2 3 4 5 6 7 8 9	1 2 3 4 5 6 7 8 9
10	1 2 3 4 5 6 7 8 9	1 2 3 4 5 6 7 8 9	1 2 3 4 5 6 7 8 9	1 2 3 4 5 6 7 8 9	1 2 3 4 5 6 7 8 9	1 2 3 4 5 6 7 8 9
11	1 2 3 4 5 6 7 8 9	1 2 3 4 5 6 7 8 9	1 2 3 4 5 6 7 8 9	1 2 3 4 5 6 7 8 9	1 2 3 4 5 6 7 8 9	1 2 3 4 5 6 7 8 9
12	1 2 3 4 5 6 7 8 9	1 2 3 4 5 6 7 8 9	1 2 3 4 5 6 7 8 9	1 2 3 4 5 6 7 8 9	1 2 3 4 5 6 7 8 9	1 2 3 4 5 6 7 8 9
13	1 2 3 4 5 6 7 8 9	1 2 3 4 5 6 7 8 9	1 2 3 4 5 6 7 8 9	1 2 3 4 5 6 7 8 9	1 2 3 4 5 6 7 8 9	1 2 3 4 5 6 7 8 9
14	1 2 3 4 5 6 7 8 9	1 2 3 4 5 6 7 8 9	1 2 3 4 5 6 7 8 9	1 2 3 4 5 6 7 8 9	1 2 3 4 5 6 7 8 9	1 2 3 4 5 6 7 8 9

15	1 2 3 4 5 6 7 8 9	1 2 3 4 5 6 7 8 9	1 2 3 4 5 6 7 8 9	1 2 3 4 5 6 7 8 9	1 2 3 4 5 6 7 8 9	1 2 3 4 5 6 7 8 9
16	1 2 3 4 5 6 7 8 9	1 2 3 4 5 6 7 8 9	1 2 3 4 5 6 7 8 9	1 2 3 4 5 6 7 8 9	1 2 3 4 5 6 7 8 9	1 2 3 4 5 6 7 8 9
17	1 2 3 4 5 6 7 8 9	1 2 3 4 5 6 7 8 9	1 2 3 4 5 6 7 8 9	1 2 3 4 5 6 7 8 9	1 2 3 4 5 6 7 8 9	1 2 3 4 5 6 7 8 9
18	1 2 3 4 5 6 7 8 9	1 2 3 4 5 6 7 8 9	1 2 3 4 5 6 7 8 9	1 2 3 4 5 6 7 8 9	1 2 3 4 5 6 7 8 9	1 2 3 4 5 6 7 8 9
19	1 2 3 4 5 6 7 8 9	1 2 3 4 5 6 7 8 9	1 2 3 4 5 6 7 8 9	1 2 3 4 5 6 7 8 9	1 2 3 4 5 6 7 8 9	1 2 3 4 5 6 7 8 9
20	1 2 3 4 5 6 7 8 9	1 2 3 4 5 6 7 8 9	1 2 3 4 5 6 7 8 9	1 2 3 4 5 6 7 8 9	1 2 3 4 5 6 7 8 9	1 2 3 4 5 6 7 8 9

注：以1~9数目字为9种行为的代码即：

1. 粗鲁动作　　4. 扰乱别人　　7. 噪声
2. 跪　　　　　5. 说话　　　　8. 转头
3. 侵犯行为　　6. 叫嚷　　　　9. 做其他事

3. 时间取样观察法的优缺点

（1）优点：①可以使研究者在较短的时间内收集较多的具有代表性的资料，比描述法节省时间、人力、物力，所获资料又较为客观准确。现实的教育现象是极其复杂的，只用描述法研究，很难将浩繁复杂的信息全部记录下来，时间取样观察法是选择一定时间的行为样本来推测行为的全体，所收集的行为样本资料具有典型性、代表性，这就可在较短的时间内，收集大量资料，便于研究复杂的问题。②时间取样观察法主要用于研究特定的行为和事件，将这些行为事件分解为行为事件诸因素进行研究，所以，可以控制被观察的行为、事件，使研究客观化。③可以确定行为、事件发生的频率，收集到情境中有关行为频率的资料，收集到教育前后行为变化的频率资料，以探讨教育的作用。④时间取样观察法既是以样本资料估计总体，又在自然状态下进行，不干涉被试正常活动，不

第五章 学前教育观察研究

用考虑与被试关系对研究的影响。⑤可以取得定量化的资料,对结果进行定量统计分析,使研究结果具有可信度。

(2)缺点:①它只限于研究出现频率高的外显行为和事件。可研究范围有局限性。②它只能获得行为出现频率的资料,只是对行为某成分的出现的频率逐项记录,不能保留行为的具体内容,行为如何,以及行为的性质。③不能保留行为发生的顺序,只知道行为出现多少次,为什么会产生这些行为,难以揭示行为的因果关系。④时间取样观察法把一种行为,分解成若干个成分,便于观察,但不能保留行为的完整性,难以识别行为的相互关系。⑤时间取样观察法,事先将行为分成若干类型,制成编码记录表,以此观察记录,不是完全描述正在发生的事情,而是依据预定类型来记录,对类型的构建容易带有主观偏见。尽管时间取样法有这么多的局限与不足,但它可以对被观察的事物有一定的控制,可以用较少时间收集较多资料,可以进行量化的统计分析,在适宜的情境中,不愧是一种十分有效实用的观察法。

(二)事件取样观察法

1. 什么是事件取样观察法　事件取样观察法是从被试多种多样的行为中选出一种有代表性的行为进行观察,在自然的情境中,等待所要观察的行为出现,然后记录这一行为的全貌。事件取样观察法注重于行为的本身,行为是如何发生的? 如何变化的? 如何终止的? 结果如何? 它关心的是事件的存在。时间取样观察法注重于行为发生的时间间隔,所要研究的行为正常持续的时间,行为各成分出现与否,出现的次数和持续的时间,它探究的是事物的特点。事件取样观察法必须要等候要研究的行为出现后才能观察记录,但不存在遵守时间问题。时间取样观察法不须等候事件发生后再观察,但要严格遵守规定的观察时间。

事件取样观察法的早期经典研究是达维(DaWe,H.)对学前儿童争执事件的研究,他于 1931 年 10 月 19 日~1932 年 2 月 17

日对保育学校 25 个月~60 个月的幼儿(19 个女孩,21 个男孩)在自由游戏时间中自发发生的争执事件进行观察,他在观察前设计了观察记录表(表 5-7),等待争执事件发生,儿童争执事件一发生,他就按照记录表一一进行观察记录,从争执开始发生到结束,他都详细记录。他在四个月的研究中,对学前儿童争执发生的原因、频率、发生的年龄、性别差异以及终止争执的有效条件等,获得较全面有价值的资料:①争执时间总共 58 个小时,争执事件 200 例,平均每小时发生 3、4 个争执事件。②68 件发生在室外,132 件发生在室内。③仅 13 件持续一分钟以上。④男孩发生争执比女孩频繁。⑤导致争执发生的原因往往对占有物品的不同意见。⑥大多数争执是自行平息,恢复得很快,没有表现出愤怒的样子。再如,刘晶波在探讨幼儿园师幼互动游戏时,研究者遵照生态化思想,在幼儿园一日生活的全过程中运用人种学、心理学与社会学等多学科相结合的研究方法,对三所幼儿园六个班级 12 位教师和 197 位幼儿之间的具体的互动行为事件,运用时间取样与事件取样相结合的方法进行观察,记录每一次师幼互动进行过程中教师与幼儿各自向对方表现出的行为,包括语言、动作、情感特征以及事件发生的背景与结果,然后将录像资料进行编码,将不易定量的观察资料定量化,探讨出幼儿园师幼互动的现状。

第五章 学前教育观察研究

表 5-7　　　　　事件取样观察法案例

项　　目	记录内容
儿童姓名	
年龄	
性别	
争执持续时间	
争执发生背景(起因)	
争执什么(争玩具、争领导权等)	
参与者的角色 (争吵暴发者,主要侵犯者,报复、反抗、被动接受等)	
争执特殊语言、动作	
结果 (被迫让步、自愿让步、和解、旁观儿童干预解决)	
后果 (高高兴兴、忿恨、不满)	

2. 事件取样观察法的优缺点

(1)优点:①事件取样观察法是在自然情景中,观察行为事件的全貌,了解行为的发生、变化、终结。收集到的资料既不孤立也不割裂,既能了解行为是什么,也能了解行为为什么,这样就可能去分析行为事件的因果关系。②研究行为事件的范围广泛,不像时间取样观察法只限于观察行为出现频率高的外显行为。③研究者根据预先制定好的行为事件编码记录表进行资料收集,有助于集中资料,也有助于组织压缩资料,因此收集资料的时间相对是经济的。

(2)缺点:①事件取样观察法收集的是定性资料,不像用时间取样观察法收集的资料容易定量化,最好应考虑量化指标。②事件取样观察法收集的是预定的某种完整行为资料,忽略了与该事物相关的条件与情景。

三、等级评定法

等级评定法是用等级评定量表将所观察的行为事件数量化,即用数量来判断行为事件在程度上的差别。它不需要马上进行记录,常常在事后将观察所获得的感知印象作概括化的记录。等级评定法的种类很多,在这里主要介绍三种。

1. 数字评定量表法 以指定的数字顺序作为描述的类型,评定者根据实际情况在量表中适合的数字上标记号。例如,研究儿童的注意活动,将注意活动分为五种类型,每种类型依次用1、2、3、4、5表示,见表5-8,这5个数字实际是代表注意的五种水平,分别记为1分、2分、3分、4分、5分。运用数字量表进行研究,必须在规定的时间内,对被试进行多次观察,求出平均值,方能代表被试的注意活动水平。

表5-8 　　　　　　注意活动数字量表

类　型	注　意　活　动　表　现
1	公开的破坏活动,或者离开集体
2	不注意,但无公开的破坏活动
3	跟着教师看
4	视线跟随教师,并伴有面部表情
5	视线跟随教师,并伴有相应的语言或动作

2. 图示评定量表法 以一条直线表示一个行为特征维度,评定者根据实际情况在直线上确定与被试的行为描述相应的点,并标上记号。例如,我们若了解幼儿园教师现状可采用图示评定量

第五章 学前教育观察研究

表法。下面是教师自评的部分题目。

在下列各项上你的表现如何,请在适合的地方划上圈。

	非常	稍微	不太	完全不
精力充沛				
和蔼				
亲切				
无缘无故就生气				
说话不算数				
爱突然发怒				
似乎很忙碌				
焦躁不安				

3. 累计评定法 将所有活动项目按正反两方面成对安排在两栏内,分别计算两栏项目的分数,最后将两栏分数总和累计评定。例如,教师评定实习生处理集体教育活动的能力。设计了正反两方面相对应的行为表格,见表5-9。A栏每项各计1分,B栏每项各记-1分,分别计算A栏、B栏总分,然后再求出A栏总分与B栏总分之和。所得分数就是实习生组织集体教育活动能力的分数。

表5-9　　　　　累计评定法记录表

A栏	B栏
——给以清楚的指示	——给以含糊的指示
——对儿童的观点预以考虑	——单是教师的观点
——给以清楚的和行为一致的期望	——不给以清楚的和行为一致的信息

4. 等级评定法的优缺点

(1)等级评定法的优点：

①操作简便易行、节省时间、人力；

②主试只需极少训练，就可以掌握此法；

③使用范围广泛；

④便于核查。

(2)等级评定法的缺点：

①运用等级评定法收集的资料可靠性较小，这是由于评定者在做出判断时，容易带有主观偏见；

②容易造成评定等级误差，这是由于评定者对所用术语理解不一致造成的；

③运用等级评定法很难分析行为的原因。

(3)使用等级评定法应注意的问题

①防止评分过高或过低；

②防止都打平均分；

③防止成见，教师对心目中的优等生易打高分，对心目中的差生易打低分；

④对评同一个被试，最好由两个评定者评定，评分者信度可以考查评定的可靠性。

四、间接观察法

被试的一些信息不能直接观察到，就要通过其他途径而获得，这种通过间接途径观察事物的方法，就叫做间接观察法。间接观察法种类很多，在这里主要介绍五种方法。

1. 谈话法　谈话法是研究者通过与被试或者被试的亲友谈话来进行研究的一种方法。研究问题儿童不良品德形成的原因，通过与儿童谈话，了解他的生活历程、爱好、交结的伙伴等，再现了他们以往的表现，有助于概括不良品德的归因。研究一种教育因子对儿童性格发展的影响，通过与其父母谈话，了解儿童在家里的生活习惯、态度倾向、行为方式，就可间接观察到儿童的性格表现，

第五章 学前教育观察研究

以分析此种教育因子在培养儿童性格中的作用。全国妇联主持的全国离异家庭子女心理特点与教育的研究之——4~6岁离异家庭儿童心理特点研究就是通过谈话法研究的。课题组成员分别与教师、家长和儿童进行谈话,发现4~6岁离异儿童与同龄的完整家庭儿童在心理发展上存在着差异,以及离异家庭是如何影响儿童形成不良心理特点的。

运用谈话法,必须要明确谈话的目的,拟定谈话的提纲,提出具体的谈话问题。谈话时不能漫无边际,要紧紧围绕谈话提纲来进行,但也不能过于呆板,在不离开谈话中心的前提下,可以有一定的灵活性,但不能暗示。另外研究者与被试谈话,特别是教师与学生谈话,一定要真诚,要平易近人,只有这样才能获得真实的资料,取得客观的结果。

2. 活动产品分析法　活动产品分析法就是对儿童活动产品或劳动成果进行观察分析,从而探究教育与人的发展规律。

幼儿的活动产品类型很多,有绘画、科学小制作、手工作品等,许多研究者就是通过分析这些幼儿作品,探索幼儿心理发展与教育的规律,为教育提供科学的依据。有人通过儿童做的手工作品,研究幼儿的兴趣;有人通过幼儿的科学小制作,研究幼儿好奇心的发展等等。分析儿童的绘画是活动产品分析法最早最常用的一种方法,有的人通过儿童画人的顺序,研究儿童空间知觉的发展。陈鹤琴让儿童自由画一个小孩,研究不同年龄儿童画人水平的发展,见图5-3。他还对其子10年(1岁1个月~10岁8个月)绘画资料进行分析,揭示了儿童绘画发展的过程:涂鸦期(1~2岁)——象征期(2~3岁)——定型期(3~7岁)——写实期(7岁以后)。南京师大余强等人(1981)让儿童按照指导语画画,以探讨儿童想象力的发展。

指导语

A. 装着热水的玻璃杯

B. 起飞的火箭
C. 秋天刮大风时的一棵树
D. 在天上飞得很高的飞机
E. 正在前进的轮船

第五章 学前教育观察研究

(十二)人　　　　　　　(十三)人
男生十四岁　　　　　　男生十五岁

图5-3　不同年龄儿童画的人

3. 对偶故事法　设计一组成对的故事测查儿童,观察分析儿童心理发展变化特点,揭示教育与人的发展的规律。此种方法是皮亚杰创造的。我国德育心理学家李伯黍为首的儿童道德判断协作组,进行了《国内18个地区5~11岁儿童道德判断调查》研究,其中关于动机意向和财物损坏的道德判断就是采用对偶故事法进行的。研究者向被试讲述一组成对的故事,同时出示相应的图片,见表5-10,图5-4。问,这两个小朋友都做错了事,哪个更不好,为什么?结果发现儿童首先是根据行为的客观后果做出判断,如一个5周岁孩子说:"这个小哥哥更不好(指方强),你看他打碎那么多的碗"。进而发展到根据行为的主观动机做出判断。一个9周岁小朋友说:"这个小孩更不好(指罗明),他趁妈妈不在家,偷饼干吃。"由此可见,儿童的道德判断从注重行为的效果过渡到注重行为的动机,转折年龄在6至7岁之间,7岁儿童的主观性判断已明显发展,这种趋势与皮亚杰的研究结果基本一致。

第五章 学前教育观察研究

表5—10 （动机意向—财物损害）对偶故事法举例

对偶故事一	对偶故事二
一个叫方强的小男孩正在他自己房里，他听到妈妈叫他吃饭，就走出房间朝厨房走去。厨房的门后有张小桌子，上面放着十只碗，但方强不知道。他推门进去时，砰的一下子把十只碗全打碎了。	一天，有个叫罗明的小男孩，趁妈妈不在家，想从五斗橱上的饼干盒里拿饼干吃，他踏在一只小凳子上，伸手去拿，但饼干盒放得很高，他的手够不着拿不到，就在他这样拿时，把一只碗碰倒了，碗掉下来碎了。

图5-4 （动机意向—财物损害）对偶故事法举例

4. 两难故事法 两难故事法是设计一个可能有两种结果的故事，提出有关道德的难题，包含着特定的道德价值的冲突情境，让被试回答，以考查被试道德发展水平的研究方法。两难故事法是研究儿童道德判断力的有效方法，李伯黍在主持《国内18个地区5~11岁儿童道德判断调查》研究中，关于摆脱成人惩罚影响的道德判断就是采用两难故事法,向儿童讲述一个有道德两难问题的故事,见表5-11,同时出示图片,见图5-5。问,周军的爸爸做的对吗?为什么?结果发现,5岁、7岁儿童还不能摆脱成人惩罚的影响,处在他律的水平,所谓他律是指道德观念受外界的价值标准所支配,如一个5周岁的小朋友说,"爸爸批评的对,他影响爸爸的学习了。"儿童道德判断逐渐由他律向自律发展,所谓自律是指道德观念受主观的价值观念支配,儿童的道德判断独立性、批判性得以发展,如9岁小学生说:"爸爸做得又对又不对,周军进家高声喊叫,影响爸爸看书,应当批评,但他不知道爸爸在家,爸爸批评就可以了,为什么还要把枪没收?爸爸做的也不对。可见,这时儿童能够把大人惩罚的方式和问题的性质联系起来。儿童道德判断的独立性日渐发展,并且有了一定的批判性,8~9岁儿童就可以在一定程度上摆脱成人评价的影响,而根据行为本身好坏作出分析判断。

表5-11(摆脱成人惩罚影响的道德判断)两难故事法举例

> 爷爷买了一支新的冲锋枪给周军,周军高兴极了,拿着新枪跑回家,他不知道爸爸在家,举着枪,喊着"杀——,"冲进了房门。
> 房间里,爸爸正坐在桌子前看书,被吓了一跳。爸爸火了,批评了周军,生气地拿走了新枪,不许他再玩。

5. 创设情境法　创设一定的情境,控制一定的条件的行为观察的方法为创设情境法。例如,有这样一个跨文化研究,在一个小口大肚子的瓶子里,放进5根绳,每根绳上系着1个小球,这个小球的直径与瓶口直径相等,让五个小学生每人手拿一根绳,当听到一二三开始的口令后,每人都往外拉绳子,谁第一个把小球拉出瓶口,谁就获胜,奖杯就给谁。当研究者喊出一二三口令后,奇迹发

第五章 学前教育观察研究

图5-5 （摆脱成人惩罚影响的道德判断）两难故事法举例

生了，中国的小朋友一个一个把小球拉出瓶口，奖杯自然要给第一个拿出来的小女孩，可是这个小女孩激动地说，应该给最后拿出来的那个男同学，问："为什么呢?"这个小女孩说，在研究者讲完后，那个男同学踩她一脚，点一下头，她理解是第一个往外拿，依此类推，这个男生最后一个拿出来，问那个男生，你为什么要这样做，那个男生说，他想到两件事，一件事是北京师大门前22路车，人很多，车到站，如果大家站排，一个一个上车，很快都能上去；如果大家挤，就会上得很慢。另一件事是听老师讲的地震影响煤矿，地下洞口震动，大家都往外挤，班长一声令下，一个一个地往外爬，大家都爬出去了，待班长往外爬时，洞口塌陷，班长牺牲在里面（教师实际上是对儿童进行思想教育）。他说，如果大家都往外拉这个小球，很难拉出去，如果一个一个往外拉，就肯定能拿出来，拿出来不就赢了吗，就是中国赢了。研究者十分高兴，说还是中国小朋友好，她在西方几个文明程度极高的资本主义国家做，都没有成功，只有中国小朋友做出来了。这个研究表面上看好象是测查看谁的动作灵敏，实际上大家同时往外拉，是拉不出来的，因为动作再快，也不可能有一个人快到能先拿出来的程度。这个研究实际是考察儿童合作性的社会性发展问题。研究者为了真实地反映不同文化背景儿童合作性发展问题,就创设这样一个往外拉绳的研究,而且还有一定的条件,以此来观察儿童反应。创设情境法,不是普通的观察法,它是研究者为了一定的研究目的,创设控制一定条件的情境,观察儿童行为反应,具有客观性,还可以减少社会性误差,是目前较好的一种观察方法。

思考练习题

1. 什么是学前教育观察研究?
2. 进行学前教育观察研究应注意哪些问题?
3. 学前教育观察研究有哪几种类型?
4. 等级评定法有哪些优缺点?
5. 使用等级评定法应注意什么问题?
6. 采用时间取样观察法有哪些要求?
7. 事件取样观察法的优缺点是什么?
8. 举例说明如何设计时间取样编码记录表。

第六章 学前教育访谈研究

本章讨论的主要问题

一、学前教育访谈研究概述
  学前教育访谈研究的概念和特点
  访谈与日常一般谈话的区别
二、学前教育访谈研究的种类
  按访谈结构划分的种类
  按其他标准划分的种类
三、访谈研究的设计程序与实施技巧
  访谈研究的设计程序
  访谈研究的实施过程与技巧
四、学前教育访谈研究的评价

对于访谈研究我们并非陌生,我国古代的"采风问俗"、"咨询乡老"等都是这一研究的具体体现。同观察研究一样,访谈研究也是学前教育科学领域广泛应用的一种基础性研究。如果说观察研究了解的是外显的所作所为的话,那么访谈研究则是了解内心的所思所想。由于访谈研究能深入地探讨学前儿童的内心想法及其对客观世界的意义建构,因而这种研究对于以儿童作为主要研究对象的学前教育科学来说,无疑具有特殊的意义和作用,近年来已引起研究者的广泛重视,尤其在质化研究中作用更为突出。尽管访谈研究可获得有关访谈对象更多、更有价值、更深层的心理活动方面的信息,但目前我国学前教育科学领域中此研究的应用还相当有限,对访谈研究尚缺乏足够的重视,仍有部分人认为访谈研究不如实验研究"严格"和"可信",缺乏对访谈研究特殊地位和作用的了解。

本章旨在重新引发人们对于访谈研究的重视,探讨学前教育研究中一般采用的访谈研究,着力介绍访谈研究的概念、特点、与一般谈话之区别,访谈研究的种类,以及访谈研究的一般设计程序、实施过程与技巧等问题,并对访谈研究的优缺点作一评价。

第一节 学前教育访谈研究概述

一、学前教育访谈研究的概念和特点

(一)学前教育访谈研究的概念

"访谈"顾名思义是指研究者"寻访"、"访问"被研究对象并且与被研究对象进行"交谈"和"询问"的一种活动。访谈研究涉及的是一种研究性交谈,是研究者(访谈者)通过与被研究对象(受访者)进行口头谈话的方式来从访谈对象那里收集有关其心理特征和行为表现的第一手资料的一种研究方法。

由于访谈研究能深入地探讨学前儿童及个体的内心想法和对客观世界的意义建构和解释,这对于以儿童作为主要研究对象的学前教育科学来说,无疑是有别于其他自然科学研究方法的一种特殊研究方法。著名心理学家皮亚杰、弗洛伊德等人都曾以访谈作为研究的主要手段,并以此获得了丰硕的研究成果。近年来访谈研究已受到研究者的重视,尤其在质化研究中更显示其独特的作用,它已成为人类研究的一种重要研究方法,在心理与教育科学研究中占有重要的地位。如张雨青的《中国儿童人格结构及其发展的研究:基于父母知觉的描述》博士论文,就采用的是访谈儿童父母的研究方法。

第六章 学前教育访谈研究

(二)学前教育访谈研究的特点

访谈研究作为收集人类心理特征和行为表现的一种研究性交谈的方法,它具有如下一些特点:

1. 整个访谈过程是访谈者与受访者相互影响和相互作用的过程。在观察研究中,观察者基本上是单方面进行观察活动,被观察者常常是自然地、被动地处于观察者的观察视线之中。观察过程中,观察者需努力控制自己的观察活动,尽量减少对被观察对象的影响,以免使其产生反应性心理和行为。而访谈研究却恰恰相反,整个访谈过程不仅是访谈者通过提问方式作用于受访者,而且是受访者通过回答等方式反作用于访谈者的过程。因此,在访谈研究中,访谈者需努力掌握访谈过程的主动权,积极影响受访者,尽可能使其按照预定的计划回答问题。

2. 访谈研究是访谈者主动与受访者建立积极信赖关系的人际交往过程的体现。在访谈研究中,访谈者不仅要认真地做好访谈前的准备工作,而且要善于进行人际交往,精熟访谈技巧,这样才能够有效地控制访谈过程,达到成功访谈。这是因为访谈研究一般采取的是访谈者与受访者面对面的直接谈话方式,通过双方的口头交谈来获取有关的资料,而谈话双方又都是有思想、有感情、有心理活动和鲜活个性的人类个体,因此,访谈过程首先应是人与人之间的交往过程。访谈者只有在与受访者的人际交往过程中,与受访者建立起基本的信任和一定的感情,并根据对方的具体情况采取恰当的方式进行访谈,才能使受访者积极配合,坦率地表达出自己的真实想法、态度、情感和观点。

3. 访谈研究具有特定的科学目的和一整套设计、编制和实施的原则。访谈研究是为了获取受访者心理特征和行为表现的第一手资料而采用的一种研究方法,因此,在保证访谈过程科学、有效,访谈结果客观、真实的前提下,就必然要求有一套科学而严格的程序来规范访谈过程,使访谈在计划的制定、访谈问题的设计、访谈过程的实施、访谈技巧的掌握、访谈结果的整理和分析等方面有章可循。这一点也使得访谈研究与日常的一般谈话、聊天有着截然的区别,使其在目前的学前教育科学领域中越来越受到重视,并发挥着其他方法难以替代的特殊作用。

二、访谈与日常一般谈话的区别

访谈与日常谈话不同,前者是一种有特定目的和一定规则的研究性交谈,而后者是一种目的性比较弱(主要是情感交流)、形式比较松散的谈话方式。两种交谈方式都有自己的交流规则,谈话双方一旦进入交谈关系,便会自动产生一种默契,不言而喻地遵守这些规则。一般来说,访谈与日常谈话有如下区别:

1. 日常谈话通常没有明确的目的性,或者说目的性不像访谈那么强。

2. 日常谈话通常以友好的招呼开始,经常还伴有身体上的接触,如握手、拍肩、拥抱等身体动作。不同的打招呼方式和身体接触的方式表明交谈双方的亲密程度和关系。而访谈虽然也可以友好的方式开始,但通常不会超过握手的范围,招呼过后,即开始预定的访谈内容。

3. 日常谈话中,双方通常有意避免重复,以免使对方感到自己心不在焉,或者使对方感到自己表达得不够清楚。但在访谈中却可就某一重要问题重复发问和追问,以便了解事情的来龙去脉和具体细节。

4. 在日常谈话中,交谈双方可以相互问对方问题,问题的内容多半与个人的生活和工作有关。而在访谈中,通常是访谈者向受访者发问。双方达成的默契通常是:访谈主要是为了满足访谈者的要求,受访者一般需向访谈者提供"有用"的信息。

5. 在日常交谈中,交谈双方往往频繁地向对方表示自己对话题很感兴趣,希望继续交谈下去,如"是吗!""真逗!"等语言以及表情和身体动作等。而访谈只要求访谈者向对方显示兴趣和热

第六章 学前教育访谈研究

情,受访者一般不需要这样做。

6. 在日常谈话中,为了使对方感到自己所说的话很有意思,双方会经常使用一些表示自己无知的话语,以衬托出对方话语的重要性,如"你的一番话对我很有启发"、"听君一席话,胜读十年书"或"你真是聪明!"之类。在访谈中主要是访谈者经常会作此表示,目的在于鼓励受访者尽可能多地说出自己的看法。

7. 在日常谈话中,双方的言语轮换是平等的,双方以几乎同样的频率问对方问题,一问一答,有来有往。而访谈中,轮换规则是不平等的,通常访谈者提问题的时候比较多,而且主要是由访谈者挑起新的话题。

8. 在日常谈话中,双方使用大量的简略语和参照物,彼此都认为对方对一些事情有一些了解,不必详细介绍细节,对方会在脑子里对这些细节加以补充。而在访谈时,访谈者通常要求对方详细说明细节,举例说明自己的观点,通常是越具体、越明确越好。

9. 日常交谈允许比较长时间的沉默,交谈双方如果在某一时刻都觉得不必说话,可以保持沉默。这个时间也许是思考如何回答对方的问题,也许是思量如何转换一个话题,也许希望尽早结束谈话。而在访谈中,虽然访谈者在受训时被告知要容忍沉默,但通常不会长时间的保持沉默。如果受访者沉默不语,访谈者应想尽一切办法让对方说话。

10. 在日常交谈中,双方在谈话结束时一定要使用结束语。结束语通常表达着某种想结束谈话的理由,如"我还有事,先走一步了。"而在访谈中,结束语通常表达的是由于时间的限制,或信息差不多够了,访谈者还要表示对受访者的感谢。

从上述的对比中可见,访谈的确是一种与日常交谈不同的谈话方式,具有一定的目的和形式,交谈双方的地位和权力也不一样。它是一种"人为的"谈话环境,明显地改变了人们日常交流的结构和风格。访谈时研究者有权力控制双方交谈的方式,包括交谈的内容、谈话的风格以及信息的类型和容量。

第二节　学前教育访谈研究的种类

一、按访谈结构划分的种类

访谈研究可以依不同的分类标准划分成不同的种类。根据访谈内容和过程有无统一的设计要求、有无一定的结构,及访谈者对访谈结构的控制程度,访谈可以分成结构性访谈、非结构性访谈和半结构性访谈三种类型。

(一)结构性访谈

结构性访谈(structured interview)又称标准化访谈,指按照统一的设计要求、按照有一定结构的问卷而进行的比较正式的访谈。在这种访谈中,访谈者对访谈的方向和步骤起主导作用,按照自己事先设计好的、具有固定结构的统一问卷进行访谈。结构性访谈对选择访谈对象的标准和方法、访谈中所提出的问题、提问的方式和顺序以及访谈记录方式等都有标准,访谈者须对所有的受访者按照同样的程序询问同样的问题。

结构性访谈的最大好处在于:访谈结果易于统计分析,对不同受访者的回答可进行对比分析。其存在的局限表现为,缺乏应有的弹性,访谈者难以根据双方的具体情况,灵活地采用适当的方式、程序进行访谈,难以对问题进行深入的探讨,因而不利于发挥访谈者与受访者的积极性和主动性。

(二)非结构性访谈

非结构性访谈(unstructured interview)又称非标准化访谈,指没有固定的访谈问题,访谈者鼓励受访者用自己的语言发表自己看法的一种非正式访谈。这种访谈的目的是了解受访者自己认为重要的问题、看待问题的角度、对意义的解释,以及所使用的概念及其表述方式。在非结构性访谈中,访谈者只是起一个辅助的作

第六章 学前教育访谈研究

用,尽量让受访者根据自己的思路自由联想;访谈者采用的访谈形式也可以不拘一格,根据当时的情况随机应变,灵活处理。

在学前教育研究领域,心理学家皮亚杰在研究儿童思维的过程中,就曾采用临床访谈法对5岁儿童如何理解梦进行了研究:

梦是从哪里来的?——我想你睡觉睡好了就会做梦。梦是从我们自己身上来的还是从外面来的?——从外面。我们用什么来做梦?——我不知道。用手?……还是什么都不用?——是的,什么都不用。当你躺在床上做梦时,梦在哪里呢?——在我的床上,在毯子下面。我真的不知道。梦要是在我肚子里面,骨头就会把它挡住,我看不见。当你睡觉的时候梦还有吗?——有,就在床上,在我旁边……当你在房间里的时候,你看见了你做的梦,如果我也在房间里,我能看见你的梦吗?——不能,大人不做梦。两个人能做一样的梦吗?——不能。梦在房子里,离你很近吗?——是的,就在这儿(指着离眼睛30厘米的地方)。"(Piaget,1926/1930,97~98页。转引自陈会昌编译《心理学研究方法》)

非结构性访谈的优点在于:它有利于充分发挥访谈者和受访者双方的积极性、主动性和创造性,有利于适应各受访者的具体和特殊情况,有利于拓宽和加深对问题的研究,也有利于处理访谈设计方案中事先没有考虑到的新问题和新情况。其最大的局限是:访谈结果难以进行定量处理,对不同受访者的访谈内容难以进行对比分析。另外,此方法对访谈者的要求也比较高。

(三)半结构性访谈

半结构性访谈(semi-structured interview)是在运用访谈提纲的基础上进行的,通常,访谈者事先备有一个粗线条的访谈提纲,对访谈问题的结构具有一定的控制作用,但同时也允许受访者积极参与,所提出的问题和顺序会因人而异。访谈中,访谈提纲作为主要问题或要探查的话题的一种提示,在访谈问题的建构上具有一定的结构性,但访谈者在半结构性访谈中仍始终处于主动的地位,控制着谈话过程,在不断提出新问题的同时也鼓励受访者提出自己的问题,根据访谈的具体情况对访谈的程序和内容进行灵活的调整。如在一项有关儿童"上苍公正"判断特点的研究中,研究者就使用了这种半结构化的访谈方式,儿童面对的是具有相同结构的故事情境、统一的访谈问题(主人公为什么受惩罚?如果他这次没有犯过会怎样?为什么?),但受访儿童的回答却可以是自由的,无一定的结构要求。

二、按其他标准划分的种类

除了按结构分类以外,访谈还根据正式程度、接触方式、受访者的人数以及访谈的次数等不同标准进行分类。

(一)按照访谈正式程度这一标准,访谈可分为正式访谈(formal interview)和非正式访谈(informal interview)

正式访谈指的是访谈者和受访者双方事先约定好时间和地点,正式就一定问题范围进行交谈;访谈过程严格地按照预先拟定的计划进行,谈话的具体内容、顺序、持续时间、记录方式均有预先的统一规定。

非正式访谈指的是研究者根据受访者日常生活的安排,在与对方一起参加活动的时候,根据当时的情形与对方交谈,形式比较自由和随便,没有严格的预先规定。

(二)根据访谈者与受访者双方接触的方式,正式访谈还可以分直接访谈(direct interview)和间接访谈(indirect interview)

直接访谈指的是访谈者与受访者一起坐下来,进行面对面的交谈,因而也称面谈(face to face interview)。直接访谈的优点在于:研究者可以看到对方的表情和动作,对对方的情绪波动、精神状态、特别是对受访者的言语行为与非言语行为之间的关系可以有一个完整而准确的把握。

间接访谈指的是访谈者与受访者事先约好时间,通过电话等通讯设备对对方进行访谈,因而也称为电话访谈(telephone interview)。间接性访谈(如电话访谈)的好处在于:(1)可以解决因地域距离或时间匮乏而带来的直接研究的困难;(2)如果受访者不愿意让访谈者看到自己,或者避免谈话的内容令自己感到尴尬的话,那么这种间接访谈方式可能会使受访者心理上感到轻松一些。但在另一方面,访谈者由于电话访谈中无法看到对方的面部表情和形体动作,因此,有时很难判断对方的"真实"态度和情绪。

(三)根据受访者的人数,访谈还可以分个别访谈(individual interview)和群体访谈(group interview)

个别访谈是为获取个别对象的资料而逐个进行的访谈,它通常只有一名访谈者和一名受访者,两个人就访谈的问题进行交谈。在个别访谈中,受访者可以得到访谈者较多的个人关注,有较多的机会与访谈者交流,因此可能对自己的内心世界进行比较深刻的挖掘。由于只有访谈者一个人在倾听自己的故事,受访者可能感到比较轻松,比在公众场合下更愿意暴露自己的内心世界和想法。

群体访谈可以有一到三名访谈者和六到十名参与受访者组成,是为了解团体或个人在团体情境中的表现资料,访谈者主要把握谈话的方向和节奏,参与受访者相互之间就有关的问题进行讨论。与个别访谈相比,群体访谈可以为所有受访的参与者提供一个相互交流的机会,调动和引发大家对有关问题进行讨论和争辩,最终达到对"事实"和"知识"的集体性建构。由于人们在集体环境中的表现往往与个人独处时不一样,群体访谈还可以为访谈者提供一个机会,观察参与受访者在群体互动中的行为表现。由于从不同环境中获得的研究结果可以相互补充、相互验证、多角度地透视研究现象,因而个别访谈和群体访谈可以结合起来使用,从而使研究的结果更加丰富、客观和可靠。

(四)根据访谈对象特点的不同,访谈可分为一般访谈和特殊访谈

一般访谈是指对一般的访谈对象或正常的访谈对象所进行的

访谈。这类访谈只需按照一般的访谈程序和方法进行就可以。我们通常所讨论的访谈设计及技巧等问题,就是就一般访谈而言的。

特殊访谈是指对某些特殊访谈对象(如社会名流、领袖人物、儿童、残障人士、罪犯)或有身心疾病的非正常访谈对象所进行的访谈。由于访谈对象的特殊性,进行这类访谈时需要注意一些特殊的问题。例如,对儿童进行访谈时,应充分考虑到儿童的心理年龄特征、注意力短暂和不稳定、以及有限的理解和语言表达能力等特点,采用儿童熟悉和可理解的语言对其进行比较轻松的非正式访谈;对残疾人进行访谈时,访谈者应掌握具体残障类别的心理特征及特殊的沟通方式,还要注意在访谈时尊重残疾人,避免表露可能触及残疾人内心伤痛的一些语言和观念等。

(五)根据访谈的次数,访谈可以分一次性访谈和多次性访谈

一次性访谈通常内容简单,主要以收集事实性信息为主;多次性访谈则通常用于追踪调查,或深入探究某些问题,可以有一定的结构设计,逐步达到由浅到深,由表层到深层,由事实信息到意义解释。第一次访谈往往是访谈者与受访者建立关系的时机,通常访谈者只能了解到受访者的一些一般性的情况,很难就研究的有关问题进行深入的探讨,因此,一次性访谈很难彻底地达到深入探究某一问题的目的。一些需要进一步澄清的事件和概念则需要在多次访谈中逐步得以实现。

访谈的形式和种类可谓多种多样,访谈者在选择具体的访谈方式时,应以研究的问题、目的、对象、情境以及研究阶段的不同而有所不同,在必要时访谈者还可以同时结合不同的访谈方式来加以使用。

第三节 访谈研究的设计程序与实施技巧

任何一项科学研究都离不开严格而缜密的研究设计,研究设

第六章 学前教育访谈研究

计就好比研究者头脑中的一幅"思维蓝图",是研究者的思维结晶,指导和规划着研究的具体实施。访谈研究同样需要有这种科学化的研究设计程序的指导。

一、访谈研究的设计程序

访谈研究具体的设计程序,通常包括明确访谈研究的目的和研究变量、选择具体的访谈方式、编制访谈问题或访谈提纲、选择访谈对象、访谈者的选择与培训、访谈前的准备工作、预谈及程序修改等内容,这里重点介绍以下几方面:

(一) 明确访谈研究的目的和研究变量

访谈设计的第一步应明确访谈研究的目的,并将其进一步具体化——即确定访谈研究的各种具体变量。一般来说,研究目的指明了研究所要达到的总目的,因而它会对研究的范围、对象等相关内容作出一定限定。但同时它也表现出比较笼统和概括性的特点,不利于具体的实施操作。因此,在进行访谈设计时,首先需要将一个比较笼统的大的研究目的和问题转变为一个比较具体、限定的研究目的和问题,并提出自己对研究问题的各种具体假设。然后,再根据这一具体的研究问题,详细列出研究所涉及的所有变量的类别和名称,进一步明了解决研究问题、检验研究假设需要收集哪些方面的信息。要做到这一步,最好的办法是列出一个研究变量简表,一方面有助于思考,另一方面避免遗漏一些重要的变量。

明确访谈研究的目的,详细列出研究涉及的变量,对于访谈设计的以后工作是至关重要的。为此,访谈者需认真查阅与访谈内容相关的文献,从中吸取有价值的东西;必要时还需要深入实际作些初步的了解和调查,在此基础上再确定研究的侧重点,列出研究变量和研究假设。

(二) 选择具体的访谈方式

明确了访谈研究的具体目的和研究变量之后,访谈者就需要着手考虑采用何种具体的访谈方式，以便随后编制访谈问题或提纲。访谈的形式有很多种，上一节已详细介绍了不同分类标准的访谈类型以及它们的特点，可以看出每一种不同的访谈类型都有其存在的优势和局限，通常我们需根据访谈研究的具体问题和目的、访谈对象的具体情况、访谈者的知识经验和组织技能等不同情况来选择合适的访谈形式，必要时可以结合不同的访谈方式进行访谈。

在访谈设计中，为了获得有关受访者言语、身体动作、面部表情等全方位信息的真实反馈，通常访谈者采用面对面的直接访谈形式，对于个别缺席的重要访谈人物，在时间紧迫的情况下，也可采用电话访谈的间接访谈方式来加以补充。就访谈结构的控制程度而言，有结构访谈、半结构访谈和非结构访谈三种形式可供访谈者参考。由于每一种访谈方式都有它的优势和局限，因此，在实际访谈过程中，应尽量做到不拘泥于某一种形式，根据具体的访谈问题、受访者的实际情况、不同的研究阶段等，而相应地采取灵活的访谈方式。例如，在进行一项访谈研究时，如果研究者对访谈对象的有关情况不了解，就常常需要在研究初期采用结构松散、谈话问题较为开放的非结构访谈，以取得有关的基本情况和资料，并进行定性分析，同时也比较容易建立融洽的访谈关系；研究后期则在此基础上采用结构严谨、问题较为限定的结构性访谈形式，以便对收集到的数据资料进行定量的分析。或者研究者也可以最佳地利用时间而直接采用半结构性的访谈技术，既灵活地展开了话题，又可以有针对性地探索到问题的深层内涵，如焦点访谈的形式。此外，也可以根据具体访谈问题和目的选择个别访谈或是群体访谈的形式。

（三）编制访谈问题、提纲及指导语

具体的访谈形式确定以后，访谈设计就将进入编制访谈问题（就结构访谈而言）或访谈提纲（就半结构访谈和群体焦点访谈而

第六章 学前教育访谈研究

言)和访谈指导语这一环节。一般来说,拟定和编制访谈提纲或访谈问题,应紧密围绕具体研究目的和研究变量进行,每一问题都应满足某一变量操作定义的有关要求,成为某一变量具体的度量指标。同时也要适合所选择的具体的访谈方式。在访谈指导语中也应指明研究的目的,排除受访者的心理顾虑,并承诺对访谈的内容保密,同时征求受访者是否同意参加等。在拟定具体访谈问题时,需要注意以下几点:(1)问题要清楚明确,不含糊,不模棱两可;(2)问题的文字表述要适合访谈对象的文化程度和知识经验水平,避免用专业术语;(3)不要提受访者不能作出回答的问题;(4)对某些可能需要作出解释说明的问题,应制定统一的解释说明方式及说明范围内容;(5)每一具体的问题应反映某一单一的变量或问题,而不要同时涉及若干不同的问题;(6)避免在谈话时使用具有暗示性的措词,以避免访谈者的主观意向对受访者态度和反应的影响。例如,在研究儿童自我意识的自我情感体验时,正确的问法应是"假如小花猫把碗打碎了,妈妈不知道,说是你打的,就批评了你,甚至还打了你,你会觉得怎样?为什么?"如果访谈者将"你会觉得怎样?"换成"你觉得委屈吗?"就会给受访对象一个暗示性的答案,从而不能真实反映受访者的心理状态。(7)应避免使用容易引起社会性误差的问题,如"你是一个诚实的人吗?"由于此类问题涉及社会规范和道德要求,因此很难获得有意义的信息。此外,在编制访谈问题时,还应注意问题的编排顺序和问题反应方式的选择。在编排问题时,一般应遵循"漏斗顺序"的原则,即先由一般、非限定的问题逐步到具体、限定性问题,由较大的问题到较小的问题。问题过渡应自然、平稳和有逻辑性。问题反应方式的选择可参见第八章的相关内容,这里就不详细介绍了。

  对于半结构访谈来说,拟定访谈提纲或草案是相当重要的。它可使访谈者在访谈中对应该了解的主要问题和应该覆盖的内容范围有一个明确的提醒。通常访谈提纲或草案包括一系列书面问题,并以一定的顺序出现。同时访谈草案还可包括一系列受访者可能反问访谈者的一些问题,以及一些指导访谈者如何回答、哪类问题不必回答或巧妙回答的技巧。在设计访谈提纲时,访谈者通常并不知道什么访谈问题比较适合受访者的实际情况,往往只能根据自己的经验进行猜测。因此,访谈提纲中列出的问题应该尽可能开放,使受访者有余地选择谈话的方向和内容。访谈者也应尽量保持一种开放的心态,准备接受受访者不同的反应,按照受访者的思路作进一步的深入访谈。

(四)选取访谈对象(此部分内容可参阅第二章第四节的有关内容)

(五)访谈者的选择和培训

通常对于比较简单的访谈研究,如果研究者时间允许的话,他可既作为研究的设计者,也可作为收集资料的访谈者。但对于一项涉及范围较广且比较复杂的研究,就需要选择一些人作为访谈者来收集资料。由于访谈工作是一项比较复杂、技巧性强、有一定难度的工作,其水平直接涉及到访谈数据的可信度和可用性,因此,需特别考虑访谈者的选择与培训的相关问题。

1. 访谈者的选择

访谈者的选择其实并无统一的标准可循,应视研究的目的和研究对象的特点、所涉及的范围等因素而选择适合的访谈者。如访谈对象主要来自幼儿时,最好选择温和、亲切的女性作为访谈者。当研究涉及某些特殊的对象时,访谈者的选择也应适合这种特殊的访谈对象的要求。如访谈少数民族人群时,访谈者宜选择那些了解其特定文化的少数民族成员作为访谈者。总之,访谈者的选择应尽量与受访者在年龄、性别、受教育程度、语言、文化背景等方面缩小差距。此外,访谈者还应具有必要的工作态度、兴趣、人际交往的能力、相应的科学文化知识和技能等基本素质。

2. 访谈者的培训

第六章 学前教育访谈研究

由于访谈结果的可信度和有效性直接依赖于访谈者的访谈能力和技巧,因此,对访谈者的培训相当重要。对于涉及面广、采用多个访谈者的研究来讲,培训工作可使访谈者在访谈过程中采取更加统一的标准。具体而言,研究者应首先向访谈者介绍访谈研究的目的、意义、时间安排,调动他们工作的积极性和主动精神,并对做好访谈研究提出一些具体要求;其次,让访谈者熟悉有关的理论知识,进行必要的知识准备,使访谈者全面了解研究的变量是什么以及如何尽可能准确而全面地引发受访者的信息等;再次,需对访谈者进行具体的方法训练,着重掌握各种访谈技巧,学会如何灵活地处理各种特殊情况和突发事件,并成功地与受访对象建立和睦的、没有威胁的会谈氛围;最后,如有可能的话,在培训访谈者时,可在正式访谈前进行几次模拟的访谈实践。在实践过程中,可配合使用录音设备或录像设备,进行电话访谈和面谈。这些实践过程中获得的这些宝贵的音像资料可供受训的访谈者事后反复回顾与揣摩,从中反馈大量应该需要矫正的信息,逐步地使访谈技术得以提高。在上述几方面内容中,目的是先导,知识准备是基础,方法训练和实践体验是重点,只有通过严格筛选和培训的访谈者,才能最终成为正式的访谈者。

(六)访谈前的准备工作

做好访谈前的准备工作,是保证访谈成功的重要前提。其主要包括以下内容:

1. 充分熟悉访谈内容　访谈的经验表明,访谈前对访谈问卷的内容充分熟悉,甚至达到背诵的程度,将有助于访谈者掌握访谈的主动权,把主要精力集中在倾听对方谈话、观察对方行为表现、思考对方谈话内容、以及追问和记录方面。对于结构访谈,访谈者应认真阅读和理解统一设计的访谈问题;而对非结构访谈,访谈者则应时刻牢记访谈提纲和主要的访谈问题。如果对访谈内容不熟悉,将直接影响访谈者良好形象的建立,从而影响到访谈对象的合作程度。

2. 准备好访谈所需的相关材料和设备　相关材料包括有关访谈研究的简要文字说明、记录表格、单位介绍信及各种身份证件等。如果访谈过程需要录音录像、照相的话,则还需携带录音机、磁带、照相机、胶卷、摄像机等器材。

3. 尽可能了解访谈对象　在实际进行访谈前,应尽可能地充分认识、了解访谈对象的年龄、职业、经历、文化、宗教信仰、性格等,这对于有针对性地选择适当的访谈方法,取得受访者的信任和配合,建立良好的人际关系,有效地对受访者的行为表现进行分析编码等都有极大的好处。例如,在多元文化的加拿大国家,某老师正在寻访究竟是谁拿走了别人的东西。当他问到白人孩子时,白人孩子回答说没有拿;当他问到一位当地的土著民儿童时,那位儿童低下了头,于是老师断定一定是那位土著儿童偷了别人的东西。殊不知,在土著民的文化中,当长辈或受人尊敬的人与晚辈说话时,直视对方实乃不恭敬的做法。那位土著儿童低头的行为,并不表明他是因偷盗而感到内疚,相反这是他文化传统中的一部分,因此,了解受访对象及其文化,对于访谈至关重要。

4. 确定访谈时间和地点　一般来说,访谈的时间和地点应尽量以方便受访对象为原则。这样一方面是为了尊重受访者,另一方面受访者在自己感到比较满意的时间和地点接受访谈,可以比较自如地畅所欲言,这对于获得真实有效的访谈结果是相当有帮助的。通常,有关工作方面的访谈内容,以工作地点访谈为宜;有关个人家庭和隐私方面,则以在家里访谈为宜。当家庭人员较多的情况下,如果受访者不愿意在家里进行访谈时,可选择比较安静的公共场所来进行个别的交谈。

(七) 预谈与访谈程序的修订

当上述工作完成以后,预谈就成为访谈设计下一步不可缺少的重要一环。预谈是为了发展和完善访谈设计工作,检验提问措

第六章　学前教育访谈研究

词是否妥当、提问顺序安排是否合理、访谈问题是否符合研究目的而设计的。其主要目的是检验预想的访谈要点和有关设计安排的合理性、可行性,存在哪些问题,并在此基础上对访谈设计进行修订,以形成正式的访谈程序。在预谈时应注意以下几点:

1. 预谈对象应与以后的正式访谈对象是同一群人,即在一定程度上代表着正式的访谈对象。

2. 在预谈的过程中,应当尽可能作详细的记录。不仅要记录访谈问题本身在设计上存在的问题,而且还要记录访谈者与受访对象交往过程中出现的一些问题,受访者对访谈的态度如何、对访谈的建议等问题,这些信息对访谈设计的进一步修订十分有价值。此外,受访者在预谈中的各种反应和回答,可供访谈者设计有效的代码系统,以便帮助记录和进行编码分析。

3. 如有可能,可对预谈过程进行录音、录像,这既易于发现访谈设计中存在的问题,也有利于分析访谈者的类型和水平,以便随后根据音像资料对其进行指导和训练。

预谈结束后,应及时根据预谈情况对访谈设计进行修改工作,并注意以下几个要点:

1. 应全面检查所有问题和回答,看是否有遗漏、疏忽之处,以便及时补正。

2. 重点分析提问顺序是否合理,哪些问话含糊不清、模棱两可、或易引起矛盾和混乱。如发现问题,应适当改变问话次序,对问话含糊的问题可以改变措词或增加说明。

3. 根据预谈情况,有时还应考虑有无必要在某些提问后面加入提示语,或进一步询问的附加问题。提示语主要用来解释有关难点,启发和引导访谈对象,帮助他们回答主要问题。如果增加附加问题,则应将其放在原有访谈问题之后的适当地方。这样可以使每一个访谈问题保持统一的措词和格式。

4. 修订访谈设计前,应再分析一下预谈中受访对象的代表性问题,不要因与个别受访者的预谈结果而轻率地改变访谈设计。

5. 如果访谈设计更改幅度较大,应再做一次预谈工作。如果变动不大,访谈问题的具体形式、问题的措词和提问顺序等就基本确定下来,访谈设计的前期工作也就基本完成了。

二、访谈研究的实施过程与技巧

当访谈研究的设计工作完成以后,研究者或经过受训的访谈者就需要实际地正式实施访谈,以获取所需要的研究资料。访谈研究设计得哪怕再科学,若访谈实施的过程控制得不好,访谈技巧运用得不当,都将影响到研究资料的真实收集。因此,了解访谈的实施过程,掌握访谈各个环节的运用技巧(艺术),注意访谈切忌的一些问题,对于成功访谈至关重要。访谈在实施时一般主要包含如下几个环节:问(提问和追问)、听(倾听)、答(回应)、记录(笔录和录音记录)、结束和收尾、访谈结果的整理和编码等。各环节之间相互交融、密不可分。

(一)提问和追问

1. 提问

"问"在访谈中占据极其重要的地位。一般来说,访谈中所提问题可分成两类:一类是研究性问题,即访谈研究所要探讨的一些问题,如访谈对象的态度、观点、情感、行为特点等;另一类是非研究性问题,即不是访谈研究所要探讨的一些问题,如"你在干什么呢?""你的妈妈是不是……呀"等。采用此类问题的目的在于使即将进行的访谈气氛变得轻松一些,增进访谈双方的情感交流,消除双方心理上的戒备。通常,在访谈开始时应最好提一些非研究性问题,以便快速与受访者创设合作、融洽的交谈气氛。一旦良好的人际关系建立起来,就可以进行一些正式的、核心的、敏感的研究性问题的提问了。对于那些易于使访谈对象感到尴尬、不自在、或困难的问题,应尽量放到访谈结束前提出。

提问的方式也是多种多样的。究竟采用哪种方式应视研究问

第六章 学前教育访谈研究

题本身的性质、访谈双方的年龄、性别、职业、受教育程度、社会地位等具体情况、访谈双方的信赖关系和相互喜欢的程度、以及访谈的具体情境和场合而定。如与幼儿谈话时,谈话的语言用词应使幼儿易于理解,态度应亲切,使儿童感到舒适,并能引起儿童的兴趣。对胆小的孩子要给予鼓励,但对正式反应,不应有暗示和偏向。即便是儿童答出了理想的答案,也应尽量对任何回答作出相似的反应。总而言之,提问的方式应适合受访者的身心发展程度、知识水平和谈话习惯,遵循口语化、生活化、通俗化和本土化的原则,尽量用对方能听懂的语言进行交谈。

在提问时还应注意以下几点:(1)严格按照访谈设计中的问题编排顺序提问;(2)严格按照访谈设计中的每个问题的原话进行提问;(3)避免对访谈对象进行引导;(4)交谈应尽可能在轻松、愉快的气氛中进行,要使受访者感到舒适、无拘束;(5)提问时应注意倾听对方的交流内容,并作必要的回应;(6)要善于把握谈话过程,使对方离题的话重新回到本题,或中止对方冗长而不得要领或自我中心式的谈话内容;(7)在提问中应不时地鼓励对方,以保持访谈对象的积极性;(8)在交谈过程中,既要重视语言信息的交流,又要重视非言语信息的内容,注意观察对方的行为、动作和表情,并在评价和解释谈话内容时加以综合考虑。

2. 追问

在实际访谈中,有些受访者的回答不够完整、残缺不全;或含混不清、模棱两可;或过于笼统;或答非所问时,就需要访谈者对此进行进一步的追问。所谓"追问"指的是访谈者就受访者前面所说的某一个观点、概念、语词、事件、行为进一步进行探询,将其挑选出来继续向对方发问。追问可以帮助访谈者进一步了解受访者的思想,深挖事情发生的根源以及发展的过程,是开放式访谈中不可缺少的提问手段。在追问时,应注意如下一些问题和策略:

(1)注意追问的时机和深度。一般来说,追问不要在访谈的开始阶段频繁进行。访谈初期应是双方建立关系的重要阶段,访谈者应尽量给对方自由表达自己思想的机会,不要急于就自己感兴趣的问题进行追问。如果访谈者发现自己对一些具体的细节不十分清楚,希望对方加以澄清时,可以即时进行追问。但如果访谈者希望追问的内容涉及重大的概念、观点和理论时,可先将其记录下来,待访谈后期再进行追问。这样可使访谈进展自然、顺畅。访谈者在追问时还要考虑到受访者的感情、性格等个人特征、访谈双方的关系以及访谈问题的敏感程度等因素而做到适度。

(2)访谈中最忌讳的追问方式就是:访谈者不管对方在说什么和想什么,只是按照自己事先设计的访谈提纲逐个问题地问下去,强行将自己的访谈计划施加对方,影响访谈的自然进行。

(3)要做到适时适度地进行追问,访谈者必须全身心地倾听对方谈话。在倾听时,应对对方使用的语词和态度保持高度的警觉,发现重要的语词、线索等及时记录下来,并在适当的时候进行追问。

(二)倾听的技术

访谈中的"听"既是一门综合的技术,又是一门艺术,它不仅需要访谈者有意识地学会一些"听"的技能,而且需要心与心之间的交流。访谈者在倾听的过程中应注意:

1. 访谈者应积极地关注受访者的谈话内容和心理变化,不仅要倾听对方所发出的声音和语调,而且要设法体察对方那些没有说出来的意思,包括隐含在对方所说话语中的深层意义。

2. 访谈者还应有感情地(移情地)去倾听对方的心声,应该意识到他所面对的不仅仅是一个"信息提供者",而且是一个活生生的、有感情的人。因此,访谈者要调动自己所有的触觉和情感去感受对方,去积极主动地、有感情地与对方交往。只有这样,访谈的双方才能就共同关心的问题进行深入的、建设性的探讨。

3. 访谈者不要轻易打断受访者的谈话。一般说来,受访者在

第六章 学前教育访谈研究

说话时通常有自己的动机和逻辑,即使有些回答可能已经偏离了主题,但仍有坚持表白自己的需求。只有在他们的这种内心需要得到满足以后,才会愿意就访谈者认为重要的问题进行交谈。因此,访谈者需耐心地倾听,不要轻易打断对方的谈话。

4. 除了倾听受访者的言语表达以外,访谈者还要特别注意倾听和容忍沉默。在访谈中,出现访谈者沉默的原因有很多,如认真思考、无话可说、有意拒绝、溜号等。访谈者应细心观察受访者当时的行为表现,判断对方沉默的原因,尽可能地扩大自己对沉默的容忍能力,耐心等待,并根据具体情况再做出相应的反应,而不要为了打破沉默而立刻发问。

(三) 回应的技巧与策略

在访谈过程中,访谈者不仅要主动提问题、认真地倾听,而且还要适当地做出回应。"回应"指的是在访谈过程中访谈者对受访者的言行做出的反应,包括言语反应和非言语反应。访谈者做出回应的目的在于使自己与受访者之间建立起一种对话的关系,及时地将自己的态度、意向和想法传递给对方。访谈者的回应不但直接影响到受访者的谈话风格和谈话内容,而且在一定程度上限定了访谈的整个结构、运行节奏和转换规则。

在回应的技巧与策略方面,访谈者应注意如下一些问题:

1. 访谈者对受访者的回应方式可以多种多样。访谈者既可以采取像点头、微笑、"对"、"嗯"等认可的方式;也可以用与自己有关的经验或经历,如"我曾经也是……"来做回应;或是采用重复和鼓励对方的回应方式,如"是吗!","您说得非常在理"等。不同的回应方式收到的效果不同。

2. 访谈者在回应对方时,应尽量避免采用一些现成的大道理或专业性的一些理论来评说受访者的谈话内容,如"用弗洛伊德的观点来看,你一定是……";访谈者应尽量避免高谈阔论。

3. 访谈者在回应对方时,还应注意恰当的时机。一般而言,回应的时机应该使受访者感到自然、及时,使访谈程序顺畅。当受访者的回答已经离题较远时,访谈者可采用适当的回应技术将其谈话的范围重新拉回来。如"您说的这些内容十分有趣,不过我还想知道的一个问题是……"。

4. 访谈者回应对方时,应做到及时、恰当和移情。受访者只有在感到访谈者在积极地关注和倾听自己的内心世界的时候,他才有可能真正意义上地敞开心扉,访谈者也才可能真正走入受访者心灵的深处。

(四) 访谈中的记录

一般来说,在访谈过程中通常都需要作记录。这种访谈现场式的记录包括两种方式:一是笔录;二是录音记录。访谈对象是否对现场记录产生顾忌,取决于具体的访谈内容和访谈对象的个性特征。因此,在访谈前,访谈者应向受访者说明访谈的目的和意义,打消受访者的心理顾虑;并承诺对研究结果加以保密,或保证材料整理完之后,将录音抹掉等;在征得受访者同意之后,便可以进行正式访谈记录。尽管现场笔录可提供较为翔实的访谈材料,但如果访谈者总是低头忙于记录的话,可能会使受访者感到自己没有得到足够的关注,同时记录也可能分散受访者的注意力;另一方面访谈者也很难从对方的表情动作等非言语性的表达中获得重要的信息。为了弥补笔录的这种局限,录音记录则很理想,但录音记录后通常需要花费时间进行重新整理,工作量也十分巨大。补救的方式可以是两人一起访谈(其中一人专门访谈,一人专门记录)或采用速记、简记的方式。

在记录的过程中,应注意以下几个问题:

1. 访谈者应周密计划访谈记录方式及行为编码的类别。这样做可使访谈结果准确、统一、省时和便于整理。同时也有利于谈话本身的自然进程,不影响谈话的气氛和双方的亲密关系。

2. 访谈者在记录时,应尽可能详细地记录。不仅记录受访者

第六章 学前教育访谈研究

回答的非限定问题和限定问题的附加说明等言语性信息,而且还要记录当时受访者的一些非言语的信息和具体的背景,这些资料对随后的分析相当重要。

3. 记录过程中,访谈者不要试图去用自己的语言来对访谈内容进行总结和概括,或改正对方的语言。

4. 记录应围绕访谈的主题进行,当对方回答离题时,访谈者可停笔,以等待的方式看着对方或寻找适当的回应方式来中断当前的话题。

5. 记录过程中,为避免受访者注视访谈记录而影响访谈质量,访谈者应与受访者保持一定的距离。

6. 在记录的同时,注意追问、倾听和回应等相关的问题和技巧,以保证访谈顺利进行。

7. 访谈结束后应尽快整理访谈记录,对记录中的速记、简写、代码等加以复原。

(五)访谈的结束和收尾

访谈的结束和收尾工作是完整访谈过程不可缺少的一部分,无论对受访者是否需要进行再次的访谈,做好访谈的结束和收尾工作都是十分必要的。

做好访谈的结束和收尾工作应当注意如下问题:

1. 访谈者应严格控制和掌握访谈时间。时间对于访谈双方来说都是平等和宝贵的。因此,每一次访谈的时间不宜过长,一般以一、两个小时为宜。访谈者应严格掌控访谈时间,按预定的访谈时间开始,并力争适时地结束访谈。

2. 访谈者要善于察言观色,在适当的时机结束访谈。一般来说,访谈应在良好的气氛中进行,如果访谈已超过了事先约定的时间,受访者已面露倦容,访谈的节奏变得有点拖沓,访谈的环境正在往不利的方向转变时,访谈就应适时结束。

3. 访谈者应尽可能以一种轻松、自然的方式结束访谈。访谈者在即将结束访谈时,可有意给对方一些语言和行为上的暗示,表示访谈可以结束了,促使受访者把自己的想法尽快表达出来,使访谈在良好的气氛中结束。如访谈者可问对方一些问题:"您对今天的访谈还有什么看法?"或"您今天还有其他什么活动安排吗?"访谈者也可做出准备结束访谈的某些姿态,如开始收拾材料、录音机或合上笔记本,或简单地看一眼钟表等动作。

4. 访谈结束前,访谈者应检查谈话内容是否有遗漏,以免事后难以弥补。

5. 最后,访谈者应向受访者的合作和帮助表示感谢。表达谢意不仅是科研道德的一种要求,而且能为以后的进一步研究奠定基础。

(六)访谈结果的整理和编码

这一阶段的工作主要包括以下几点:

1. 访谈者应尽快把访谈笔录中速记、简写或替代的符号恢复原状,或把访谈的录音资料转写成文字资料;以免由于时间拖延而引起访谈记录的某些遗忘、辨认困难等问题的产生。

2. 浏览转写的材料,并确定要编码的主题。编码对于分解文本材料,对特定问题或主题信息进行组织和分类具有很大的作用。

3. 将编码结果进行定量定性分析。

第四节　学前教育访谈研究的评价

一、访谈研究的优点

由于访谈研究能深入地探讨学前儿童及个体的内心想法,包括他们的情感体验、认知和行为规范;并能对受访儿童对客观世界和相关事件的意义建构和解释有所了解,因此,它对于以人作为研究对象,尤其是学前教育科学,具有特殊重要的意义和优势。

1. 访谈研究有利于对学前儿童的心理和教育问题进行深入

第六章 学前教育访谈研究

广泛的探讨。与其他研究手段相比,访谈研究具有其独特的功能。通常,观察研究只能看到或听到被研究者的外显行为和言语,很难准确地探究他们的内心世界;而与此不同,访谈研究却可以深入到受访者的内心世界,了解他们的思想观念、主观动机、情感等心理活动。因此,它可适用的研究课题范围较广,如兴趣爱好、对某现象的判断及理由、行为的动机、家长对孩子的教养态度、教师的教学方法与教学经验等等。通过结构和非结构的访谈,不仅可获得现时的资料,而且可收集到过去的资料;既可用于定量分析,又有助于定性的分析研究;既可用于检验假设和理论,又可用于提出假设和理论。总之,与其他收集资料的方法相比,访谈可对研究的现象获得一个比较广阔、整体性的视野,并从多角度对人的心理活动和教育规律进行比较深入、细致的探讨。

2. 访谈研究具有较大的灵活性。访谈研究可根据访谈对象和访谈过程的具体情况,灵活地采取各种访谈类型,有针对性地、有效地收集资料。如访谈者可根据访谈问题的性质和访谈对象的特点灵活地选择结构访谈、半结构访谈和非结构访谈,在谈话的内容和方向上有所控制,既让受访者自己用自己的语言和概念表达自己的观点,同时又掌握着谈话过程的主动权,有利于发挥双方的主动性和创造性;当受访者的回答含糊不清、态度不明确时,访谈者可让其详细解释说明;当访谈对象说出研究者事先未预料到的、有价值的内容时,访谈者可根据情况进行进一步的追问,以探讨深层的内涵。

3. 访谈研究所收集到的资料具有较高的可靠性。由于访谈研究通常采用的是面对面的直接访谈,这种面对面交谈可使访谈者有充分的机会观察对方的反应。通过谈话,可用鼓励的方式刺激访谈对象将过去经验逐渐谈出来,使访谈者获得宝贵资料。对谈话过程中产生的疑问和误会也可及时发现,及时加以解释和追问,因而使访谈获得的资料更为真实和可靠。例如,某研究者通过谈话调查家长对幼儿的家庭教育方法。研究者预先准备好了记录表格,把家庭教育方法分成不同的类型,如体罚、物质奖励、暂停某些权利、关禁闭、恐吓、放任、说理、口头表扬等。谈话中,有一位母亲说她用说理的办法对待儿子的某些行为,为慎重起见,访谈者并没有简单地在记录表中"说理"一项作标记,而进一步询问说:"可举个例子谈谈,您是怎样说理的吗?"那位母亲答道,我叫他把手伸出来,我也伸出手,对他说:"看!我的手比你的手大,对不对?我用我的手打你,比你用你的手打我更疼,对不对?所以说你最好照我说的话去做。"根据这位母亲的谈话内容研究者最终选择"恐吓"这一项目作了记录。这一实例说明,访谈研究可弥补问卷研究的某些缺陷。问卷评定通常采用间接作答的方式,研究者很难了解填写者的问题和当时的某些具体想法与反应。同时访谈研究因有严格的设计程序和实施技巧要求,使其获得的研究资料的可靠性得以保证。

4. 访谈研究的适用范围较广。访谈研究由于是访谈双方通过口头交谈的方式来获取研究资料的,因此,它适用于一切具有口语表达能力(思维正常)的不同文化程度的访谈对象。与问卷研究相比,访谈研究的适用对象更为广泛,如访谈对象可以是文盲、半文盲或因种种原因而不能书写的人,问卷研究则很难做到。对于幼儿来说,由于各方面能力的限制,访谈研究更具有它的优势。

5. 访谈研究具有较问卷研究更高的回收率和有效率,研究者能保证使访谈研究中的所有问题都得到回答,提高被试回答的有效率。

二、访谈研究的局限

1. 访谈研究相对于其他研究手段,花费的时间、精力和物力都较多。访谈时由于当场记录会分散受访者的注意力,同时也影响访谈者的对谈话内容的倾听和对访谈问题的进一步思考,影响到访谈的质量。因此,常常采用当场录音,再将录音材料转换成文

第六章　学前教育访谈研究

字材料加以整理的办法,这一过程不仅相当费时,而且有时也会因不同的方言和口音而使访谈者感到困难。在访谈研究中,有时会需要聘请访谈人员并对其进行培训,需要印制大量访谈说明材料、提纲和表格等,准备充足的磁带、电池、纸张等,有时还需支付一定的劳务费和差旅费等,所有这些都需要花费较多的财力、物力和人力。

2. 访谈研究结果的可靠程度受谈话执行者的能力、水平、态度等限制。访谈者的非言语暗示、或对于问题的不同提法或记录方法,或者没能掌握必要的访谈技巧,态度生硬,不礼貌,以及访谈者的主观偏见、价值取向等,均可导致访谈结果的误差。因此,访谈者应经过访谈技能技巧的培训,遵循研究者对访谈人员的要求,严格按照访谈的设计程序实施,对所有受访者采取一视同仁的态度,最好用标准化的指导语,不加入任何主观性评价。

3. 访谈研究所获得的资料难以量化。一方面,由于访谈对象文化程度不同,可能对问题的理解不同,而访谈者对问题的解释也可能不同,访谈的这种灵活性的特点会造成问题的表述缺乏标准化。另一面,访谈结果缺乏量化的指标,一般只能以某一答案出现的次数、百分比作为指标。访谈对象的回答有很大的差异,答案可能很多,也很难以定量计算。研究结果量化的困难使研究难以作出精确的结论和推广。

4. 访谈研究尽管有很大的适用范围,但并不是所有研究问题都适宜采用访谈技术。由于访谈通常是面对面进行的,不具有匿名性。因此,对于访谈对象比较敏感、不愿回答的属于个人隐私和态度的问题,不宜进行访谈;如若强制进行的话,可能使访谈对象中止访谈或不作真实回答,影响访谈效果。一些无法用语言表达的情感、体验、社会关系变化、动作变化或心理过程等资料不能用访谈法取得的,可借助其他方法(如观察法、测量法、实验法等)来获取。

5. 访谈研究受环境、时间和访谈对象情绪状态制约,以及访谈对象思考问题时间短等特点的影响。这些问题也会在某种程度上影响到访谈结果的有效性,从而制约了访谈研究的使用。

附:访谈研究实例摘选

1. 谈话目的

调查父母如何对待儿童的侵犯性行为,以及父母对男女孩子侵犯性行为的态度是否一致。

2. 准备工作

(1)将父母对侵犯性行为的一般控制方式分为三类:严格制止;放任纵容;有时制止,有时放任。必要时可设计更多的类型。

(2)设计谈话时所提出的问题,使之能达到获取所需资料的目的,并现实可行。

(3)预试,即先找少数父母试问每个问题,看问题是否明确,措词是否恰当,是否易于理解,会不会产生误会等。

(4)根据预试结果,修改访谈计划,制定记录表格,与谈话对象取得联系,约定或排定谈话时间与顺序。

3. 谈话内容及可能的反应选例

访谈者:"有些父母认为男孩子应当学会保护自己,不受别人侵犯;也有些父母认为,男孩子应学会自我控制,避免与人打架。你怎么看这个问题?"

受访者:"嗯。我看这儿附近有些孩子挺够呛,常见有打架的。我们小时候可不允许这样的。"

(由于受访者并未答到点子上,故未能提供可以记录的反应。)

访谈者:"哦。嗯……现在有些父母觉得男孩应学会自卫,保护自己不受侵犯;也有些父母却认为男孩应学会自我控制,不要和别人打架。你对这个问题怎样认为呢?"

受访者:"我认为,孩子们应多学会一点自我控制。老是打

第六章 学前教育访谈研究

架,有危险,又让人看了讨厌。"

（受访者这次讲出了自己的态度。如果我们预先规定了一个记录系统,如规定"不要打架"记为"0"分;"反击"记为"2"分;二者之间的中间状态记为"1"分的话,那么此位受访者父母的反应应记为"0"分。)

[资料来源：王坚红编:《学前儿童发展与教育科学研究方法》,人民教育出版社,1992年,124~125页。]

思考练习题

1. 什么是访谈研究？它有哪些特点？
2. 访谈与日常谈话有哪些区别？
3. 结构性访谈、半结构访谈和非结构访谈的涵义是什么？
4. 访谈研究设计的一般程序有哪些？应注意哪些问题？
5. 访谈研究的优缺点是什么？

第七章 学前教育实验研究

本章讨论的主要问题

一 学前教育实验研究概述
　　学前教育实验研究的概念
　　学前教育实验研究的特点
　　学前教育实验研究的原则
二 学前教育实验研究设计模式
　　单因素实验设计
　　多因素实验设计
三 学前教育实验研究的种类
　　实验室实验与现场实验
　　前实验、准实验与真实验

　　学前教育实验研究是学前教育科学研究最主要的方法之一，在学前教育科学研究中占有重要地位。学前教育观察研究是学前教育科学研究最基本、最普遍的方法，任何收集资料的方法都离不开对事物的观察，但单纯的学前教育观察研究法只能收集教育过程的表面现象资料，收集事物在自然状态下呈现的资料，无法完全摆脱无关因素的影响，很难深入探讨事物的因果关系。而学前教育实验研究可以弥补其不足。学前教育实验研究可以通过控制自变量与无关变量，探讨自变量（实验变量）与因变量（教育效果）之间的因果关系，探讨教育与人的发展的本质规律。如，探讨非智力

第七章 学前教育实验研究

因素对智力因素的影响,探讨幼儿进行科学小制作与其好奇心的关系,探讨自主教育对提高幼儿教育质量的影响,探讨整体教育改革对幼儿的全面发展的作用等等,都应通过实验研究方可得到确切的答案。学前教育实验研究为学前教育改革提供理论依据,是当前深化学前教育改革,提高学前教育质量的重要手段,是促进学前教育理论发展的重要途径。不仅广大理论工作者要正确掌握学前教育实验研究,就是广大学前教育工作者也应该掌握学前教育实验研究。本章旨在介绍学前教育实验研究的涵义、特点与原则,在此基础上,进一步介绍一项典型的实验设计,即单因素实验设计包括提出研究假设,确定研究变量;选择被试,进行分组;安排实验程序;制定记录表格,拟定整理分析实验结果的方法。最后介绍各种学前教育实验研究方法。

第一节 学前教育实验研究概述

一、学前教育实验研究的概念

学前教育实验研究是在合理的控制条件下,有计划地逐步操纵实验变量,观测与这些实验变量相伴随的现象的变化,探究实验因子与反应现象之间的因果关系的一种科学研究方法。学前教育实验研究必须在理论假设的指导下,在学前教育实验中,控制无关变量,操纵自变量,观测因变量,在一定的时间内,将收集到的教育效果资料进行比较分析,反复验证,揭示学前教育的因果关系,揭示教育与人的发展的规律。如杨丽珠采取教育现场实验,探索趣味游戏对幼儿自控能力发展的影响。研究结果表明,趣味游戏能够促进幼儿自控能力的发展。在研究过程中发现,不同年龄组影响幼儿自控能力发展的游戏类型有所不同,于是但菲、杨丽珠用事件取样法观察幼儿游戏活动中的自控能力表现,探索适合于不同年龄阶段幼儿自我控制发展的游戏类型和比例。依据不同年龄阶段适合于幼儿自控训练的游戏类型及比例,每个年龄阶段编制10种游戏作为实验因子。从两所幼儿园分别随机抽取小班(3~4岁)、中班(4~5岁)、大班(5~6岁),6个实验班,6个对比班,共360人,对6个实验班幼儿训练其自控能力。研究结果表明,促进幼儿自我控制能力发展的游戏类型具有年龄特征。在研究中注意无关因素的影响,对实验班和对比班的幼儿进行自控能力的同质性检验;实验班和对比班教师教育素质、能力水平大致相当;其他教育内容一样,唯有实验班实施促进幼儿自控能力发展的游戏,结果实验班幼儿自控能力高于对比班幼儿,其原因不言而喻,学前教育实验研究可以探究事物因果关系。再如,牛卫华、张梅玲进行的《小学生空间数学能力发展的实验研究》,研究者提出数量关系和空间关系是小学数学教材中两大重要内容,而传统认为数学能力结构中的基本因素是儿童对数量关系和其他数字材料的概括与推理,忽略了空间关系。现代认知心理学认为数学能力如同智力一样,儿童数学成绩的差异是由于他们具有不同的信息加工系统以及拥有不同数量及种类的知识。目前有的智力研究比较侧重于空间能力,把对空间图形的认知推理作为排除文化因素影响的智力的良好指标,那么研究和测量儿童的数学能力也可以从儿童解决空间问题入手。鉴于这样的理论假设,研究者试图通过考察不同年龄儿童在解决一系列空间问题时的表现,来研究小学生空间认知发展的一般规律,为全面评估儿童的数学能力提供依据。研究者随机选取的被试是小学一、三、五年级的儿童,每个年级设有实验班和普通班。实验班使用的是《现代小学数学》教材,这套教材是以刘静和为首的课题组成员,从70年代末开始,经过多年的努力,与广大教师一道开展了小学儿童数学认知发展的大量研究,在研究儿童数概念、类概念、乘除概念等概念基础之上,系统地探讨了儿童对部分与整体关系概念的认识的发展,总结出部分与整体关系认识的12项指标,从而进一步明确提出以"1"为基础标准,

第七章 学前教育实验研究

揭示数以及小学数学上的部分与整体关系作为主线来重新构建现行教学大纲范围内的小学数学知识结构,以塑造儿童良好的认知结构的心理学思想。为贯彻这一思想,研究者深入到教学实践,编写了《现代小学数学》教材。从 1981 年至今,研究者在全国 28 个省市,建立了 2500 个实验班,反复实验,取得良好的效果。普通班没有使用《现代小学数学》教材。研究者向每个被试呈现实验变量隐蔽图形测验和图形的计数测验(自变量),严格控制无关变量,如呈现自变量要一样,间隔的时间、呈现的顺序要一样,光线要适宜,环境要安静,主试的态度要温和等,以观察儿童的反应(因变量)。然后将实验班、普通班学生所得成绩进行比较分析,发现,随着年龄的增长,儿童在图形的模式识别过程中由自下而上的加工向自上而下的加工转化,模式识别的方式从依照特征分析到运用拓扑的方法。实验班比普通班在隐蔽图形的识别中更多的选用自上而下的加工方式,在图形的计数上使用了更多的策略,研究者不仅探讨了小学儿童空间认知发展的一般规律,而且也验证了空间关系同样应是数学能力结构的重要因素。

二、学前教育实验研究的特点

1. 有目的地控制变量　有目的地控制变量是学前教育实验研究最本质的特点。人为地创设一定的情境,通过操纵实验变量,控制无关变量,以观察因变量的变化,这样就能客观地分析变量与变量之间的关系。如研究矫正儿童品德不良行为的因素,在实验班设置了两种教育因子,对比班不设置,实验班、对比班的儿童所处家庭环境是不一样的,如果此研究没有控制家庭因素,正好这个阶段对比班召开家长会,让家长注意纠正儿童不良品德行为,而实验班没有开家长会,所得结果实验班和对比班没有差异,是因为对比班家长也做工作造成两个班没有差异,还是这两种教育因子真的没有作用呢? 学前教育实验研究要求严格控制无关变量,这就能使研究不受外在因素的干扰,研究较为客观。

2. 能够揭示变量之间的因果关系　学前教育实验研究是在理论假设的指导下，提出实验的条件，通过变化这些条件，看一下被试的反应，通过分析这些反应，就可以概括出被试为什么有这样的反应，这些反应是怎么产生的，这些反应与实验给的条件有什么关系，由此概括出条件与反应的因果关系。例如，研究看图对小学三年级儿童写作的影响。研究者认为小学四年级以下儿童主要是具体形象思维，经常看图说话——看图写话——看图写文，就可以提高学生的观察力，逐渐将口头语言转化为书面语言，研究者让学生写采野菜，让实验班和对比班同学都参加采野菜活动，然后请美术老师将采野菜活动画出四幅图，让实验班学生看图写文，对比班学生不看图写文，这样训练一个学期，实验班学生作文明显好于对比班学生。为什么会产生这种现象（在研究中严格控制家庭影响和其他干扰）？这种教学效果的变化是由于实验条件的影响，实验班同学在老师指导下，先看图说话，将实际活动通过图片的中介，内化为自己的思维活动了，所以写作水平提高了，由此揭示了看图与写文的因果关系。

3. 能够致物以变　研究者不用被动地等待所要观察研究被试心理、行为现象的发生，而是创造条件主动地引起被试的反应，以此来考察被试的反应与条件之间的关系，探讨事物的本质联系。这样就可以扩大研究的范围与深度，使研究者在自然教育情境中难以观察到的现象也可以研究。例如，培养被拒绝幼儿的社交能力，研究者主动创设一些教育条件，以培养被拒绝幼儿的同伴交往能力，以此探讨这些教育条件与被拒绝幼儿同伴交往能力的因果关系，以便探索出培养被拒绝幼儿交往能力的途径，实验法能够致物以变。

4. 有明确的实验设计和确定的实验程序　学前教育实验研究必须有实验设计，选择被试，确定实验变量，实验材料、工具的规格，实验程序，先做什么，后做什么，每做一步的具体要求，特别是

第七章　学前教育实验研究

对无关变量的控制,只有这样才能使研究结果具有科学性。例如,桑标、缪小春进行的《幼儿对心理状态的认识》的研究,设计的研究材料有:A、彩色实验画册孙悟空故事一套;B、彩色实验画册白雪公主故事一套;C、用海绵染色制成的仿石头一块;D、小汽车盒一个,巧克力糖盒一个,小白兔玩具盒一个,它们都具有色彩鲜明、内容突出的外包装。在小汽车盒内放杯子一只,在巧克力糖盒内放铅笔五支,在小白兔玩具盒内放玩具小汽车一辆。

实验步骤为:(1) A部分与B部分实验:主试与被试一起看图册,主试以中等速度,用生动确切的语言将图册所表示的故事讲述给儿童听。看图册A或图册B的先后次序随机排列。在看完图册,确信儿童已听懂故事后,主试再用复述故事的形式,一边复述一边提问,并将儿童对问题的回答加以记录。这两部分实验主要考察被试的未知判断(如在复述到白雪公主在森林里看到一间小房子时,问儿童"在这个时候,白雪公主知道不知道屋里住的人是谁?")与错误信念判断(如在复述到孙悟空看到头箍想要拿来戴时,问儿童"在这个时候,孙悟空知道不知道这个美丽的头箍会使人头疼?")。(2) C部分实验:用海绵染色制成的仿石头块(其外表像石头块,而实际上是海绵)进行。对3岁组的被试,实验前先用准备好的石块与海绵让其辨别,让被试知道石块的名称并明确石头与海绵的区别。实验进行时,让儿童借助于眼看、手摸,主试向儿童提问:"这个东西看起来像什么(现象)?""这个东西摸起来像什么(实在)?""这个东西真正是什么(现象——实在区分)?""如果你的好朋友进来,头一次看见这个东西时,你想他会认为是什么(表征变换)?"对儿童的回答逐一加以记录。(3) D部分实验将每个年龄组被试等分为三组,分别用巧克力糖盒(装铅笔),小白兔盒(装小汽车)、小汽车盒(装杯子)做实验。先让儿童猜一猜盒子里装的是什么?再让他弄清楚盒子里装的东西与他想的并不一样,然后提问:"如果你的好朋友进来,头一次看到这个盒子,你想他会认为这盒子里装的是什么(表征变换)?"(4)追踪实验与控制组实验:第一次追踪实验在4个月后进行,A、B、C部分不变,D部分三组被试加以轮换。第二次追踪实验在第一次追踪实验后3个月进行,A、B、C仍保持不变,D部分再加以轮换。控制组实验在实验组做第一次追踪实验时同期进行,其所用材料与步骤同实验组。如果在研究中对甲被试先做A,再做B,再做C部分研究,而对乙就先做C,再做A,再做B,在追踪实验中,对甲被试第一次追踪实验在4个月后进行,对乙被试则在3个月后进行,这样对每一个被试实验程序不一,每一个被试所得到的实验变量就不一致,所得结果就不客观。所以实验法严格按照实验程序进行研究,它的研究设计要求是非常严格的。

三、学前教育实验研究的原则

(一)确定变量关系

在一项实验中,必有三种变量:自变量、因变量和无关变量。任何一项实验,都是根据研究目的,操纵自变量,使其对被试产生反应,控制无关变量,使它们保持恒定,观测因变量以便揭示自变量与因变量之间的因果关系。

(二)取样和分组原则

1. 取样原则　取样在量与质上都要有代表性。研究个别问题,取样每组为30人即可;研究带有普遍性问题,人数要更多一些。取样要考虑被试的年龄、性别、文化背景、被试心理水平,使样本能真正代表全体,使结果具有真实性和全面性。实验班和对比班被试必须要具有同质性,也就是两组被试要相似,这样得出的结果才比较可靠可信。例如,研究发现学习和接受学习对儿童发散思维的影响,如果实验前,实验班和对比班儿童没有进行同质性考验,实验班学生采取发现学习,对比班儿童采取接受学习,实验结束后,比较两班儿童,这种差异是由于不同的学习方式造成的,还是由于原本实验班儿童就好于对比班儿童呢?说不清楚,所以,在

第七章 学前教育实验研究

选取被试时,特别要考虑两个班学生水平要一致。取样的方法要采取科学随机抽取样本,主要有三种,简单随机取样,等距随机取样和分层随机取样,具体内容见第二章,第四节。

2. 分组原则　分组原则是(1)便于体现实验要求;(2)有利于限制无关因素的影响;(3)用尽可能少的实验次数取得最大效果。

(三) 分组种类

实验分组的种类一般有三种:

单组:同一组被试先后接受所要研究的自变量的影响。例如,贺宗鼎对儿童自觉纪律性形成过程的研究就是采用单组比较,研究者在一所小学一、三年级分别选了两个纪律差班,设计的自变量即教育因子是①组织学生参加建立小工厂(制刷)活动及每周一次的劳动;②结合学习任务,组织各种活动,如组织参观解放军上课和操练,并接受解放军的训练等;③开展红旗评比活动,对学生纪律等方面的点滴进步给予及时表扬,巩固进步,促进学生对自觉纪律的认识,逐步转化为行为习惯等。经过一年的实验,对一年级和三年级遵守纪律情况前后进行比较,发现这两个班从纪律差班转化为较好的班级。其中一年级纪律优良生实验前占37%,实验后占43%,纪律差生实验前占33%,实验后占5%(见图7-1)。三年级优良生实验前占36%,实验后占62%,差生实验前占16%,实验后占5%。

单组比较的优点是被试不变,避免了不同被试造成的差异,缺点是同一组被试先后实验,会带来练习误差、疲劳误差。

等组:把被试按相似条件分成两组或几组,分别接受自变量的影响,等组可以是两组也可以是三组或更多组。例如,研究自主性对幼儿认知发展水平的影响,我们选取两个等组,一组为实验班,让幼儿进行自主活动,如绘画自主等;一组为对比班,按照常规进行,然后对实验班与对比班进行比较,差异显著,说明自主性确实

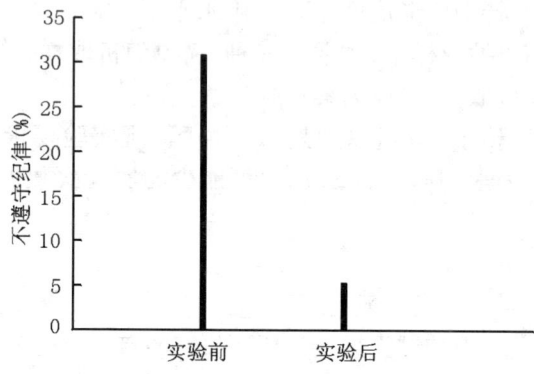

图 7-1 单组比较图式

能促进幼儿认知的发展,见图 7-2。

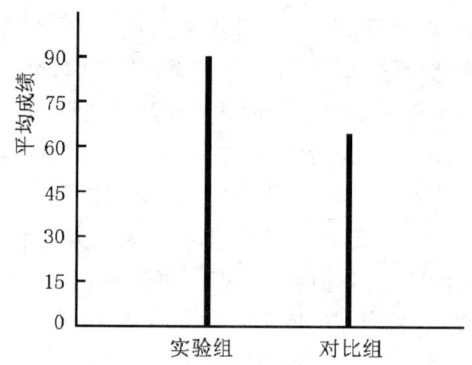

图 7-2 等组比较图式 Ⅰ

等组也可以是三组以上,如研究不同教育方法对培养大班幼儿为集体做好事的影响,为研究方便起见,设置两个实验班,一个对比班。一个实验班是精神奖励:让被试每周评比总结一次,对好人好事进行口头表扬,并指出做好事的意义;另一个实验班是物质奖励:让被试每周总结一次,对做了好事的学生发给小书签等物品一件;对比班只是一般号召,没有其他具体措施。结果表明儿童做

第七章 学前教育实验研究

好事的行为是随教育方法的变化而变化,见图 7-3。

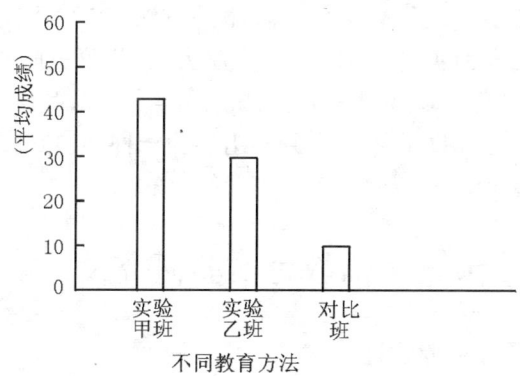

图 7-3 等组比较图式 II

等组比较的优点是可以避免单组比较中的学习误差和疲劳误差,缺点是由于不同组,被试尽管做同质性考验,但不可能完全相等。

轮组:以不同的顺序,使各组被试轮流接受所要研究的自变量的影响。例如,研究分散记忆(A)和集中记忆(B),这两种不同记忆方法对学生记忆的影响。设置两个实验组,一组先做 A 再做 B,二组先做 B 再做 A,然后进行综合分析。这样既可以消除单组学习误差的影响,也可以消除等组因人员不完全相同的弊端。如果研究三种不同教学方法对学习成绩的影响就可以设置三个实验组,用轮组的办法进行实验,见表 7-1。

表 7-1 轮组分配表

实验分组＼实验顺序	I	II	III
一组	A	B	C
二组	B	C	A
三组	C	A	B

表 7－1 中 A、B、C 是三种不同教育方法,实验第一阶段,实验一、二、三组分别实验 A、B、C 三种不同方法;实验第二阶段,实验一、二、三组分别实验 B、C、A 三种方法;实验第三阶段,实验一、二、三组分别实验 C、A、B 三种方法。这样既可以得到单组实验三种不同方法的结果,也可以得到等组实验三种不同方法的结果,还可以综合起来比较,以避免单组和等组弊病。

第二节 学前教育实验研究设计模式

一、单因素实验设计

（一）单因素实验设计的内容

任何一项典型的单因素实验设计都应包括以下内容:根据研究目的提出假设,确定研究的自变量,控制无关因素,选择被试和进行分组,拟定实验程序,安排实验条件,草拟记录表格,确定整理分析实验结果的方法。

例如,探讨兴趣游戏与学前儿童智力发展的关系。首先提出假设,游戏是学前儿童的主导活动,兴趣游戏有趣,易吸引幼儿,幼儿具有情绪性,喜欢的就做,不喜欢的就不做,加之良好的情绪体验有利于儿童智力发展。所以,兴趣游戏幼儿喜欢做,在做的过程中,逐渐将外界教化的内容逐渐内化为儿童的认知结构,促进儿童智力的发展,鉴于这样的假设我们就认为此研究有意义。进而确定研究的自变量,自变量是 9 个兴趣游戏,因变量是儿童智力反应,用智商表示。设实验班和对比班,各 30 人,实验前用比奈量表测查每个被试,然后进行 Z 检验,$P > 0.05$,说明实验班与对比班儿童智力相似,具有同质性。然后在实验班,每周搞两次兴趣游戏,每次进行 30 分钟,然后进行 5 分钟小结,每次都要对 8 个儿童进行个案记录,一个学期每个儿童至少记 8 次。在进行过程中,一定要严格控制无关变量,如实验班、对比班教师要一致,学习其他

第七章 学前教育实验研究

课程要一样,不能给实验班单独进行智力游戏外加学习内容。实验班进行兴趣游戏时,要求要一致,活动进行 30 分钟,自始至终要一样,还要控制实验班、对比班家庭因素等等。实验一个学期,对比班按正常教学进行,半年后再用比奈量表测查实验班和对比班,然后进行 Z 检验,$P<0.05$,说明实验班儿童智力优于对比班儿童智力,这是一项只有一个自变量的单因素实验设计。

(二)单因素实验设计模式

实验设计模式是实验设计的主要部分,传统的实验设计模式多指单因素实验设计模式。单因素实验设计模式是将一种自变量(自变量可有两个以上层次)用一组或多组实验形式,进行最有效的实验过程安排。幼儿教师最常用的实验程序设计有以下四种。

1. 单组单因素一个层次实验设计模式　这是研究者对一个实验组的被试先进行前测,再施加一个层次的一种自变量,然后进行后测,再对实验前和实验后被试反应比较,进行差异显著性检验,以确定自变量与因变量的关系,见表 7 - 2。

表 7 - 2　　单组单因素一个层次实验设计模式

组　别	前　测	实验变量	后　测
实验组	✓	✓	✓

例如,研究自主性教育,对于提高幼儿独立性的影响,研究者安排了一个实验班。实验前,对实验组被试测试独立性水平,然后在教育实践中对实验班儿童进行自主性教育,实验进行一年。实验结束后,对实验组幼儿独立性水平进行测试,然后比较前后两次测试成绩,以考查自主性教育对幼儿独立性发展的效果。这是一个因素的自变量,没有其他层次的变化,故此是单组单因素一个层次的实验程序设计。

这种实验程序操作比较简单,不用考虑实验班与对比班的教师、学生的同质性,只是教师在自己的班里进行即可,但是这种程序没有比较,随着实验时间的推移,儿童年龄在增长,心理水平、知识技能在发展,只用实验后与实验前做比较,不能完全肯定实验结果是实验变量造成的,或许是年龄因素所致。

2. 单组单因素两个层次实验设计模式　这是研究者对一个实验组的被试,先进行前测,再施加一个层次的一个自变量,然后进行第一次后测,再施加第二个层次的同一种自变量,再进行第二次后测,将第一次后测与第二次后测进行差异显著性检验,以确定自变量与因变量的关系,见表7-3。

第七章 学前教育实验研究

表 7-3　单组单因素两个层次实验设计模式

组　别	前　测	实验变量	后　测
实验组	√	√ 甲 √ 乙	√$_1$ √$_2$

例如，研究接受学习与发现学习，哪种教学方法对于幼儿创造力的发展更有作用。研究者安排一个实验班，先测验实验班幼儿创造力水平，然后在教育实践中，教师用接受学习的方法进行教学，进行一个半月后，对实验班儿童进行第一次创造力水平测试；接着再进行一个半月的发现学习教学，再对实验班儿童进行第二次创造力水平测试，将第一次测试与第二次测试进行差异显著性检验，就可以确定哪种教学方法更有利于创造力水平的提高。接受学习和发现学习都属于教学方法，是一种因素的自变量，但这种自变量有两个层次，故此是单组单因素两个层次的实验设计模式。

此种程序操作起来也较简单，但是第一次实验变量中，也就是接受学习教学影响也可能波及到后面的学习，以影响第二次测试容易偏高，这也就是练习误差。

3. 等组单因素一个层次实验设计模式　这是最常用的一种实验设计模式。研究者选取实验组与控制组，先同时对实验组和控制组被试进行前测，然后再对实验组施加一个层次的一种自变量，控制组不施加实验变量，然后同时对实验组和控制组进行后测，将实验组后测与控制组后测进行差异显著性检验，以确定自变量与因变量的关系。见表 7-4。

表 7-4　等组单因素一个层次实验设计模式

组　别	前　测	实验变量	后　测
实验组	√$_1$	√	√$_1$
控制组	√$_2$		√$_2$

例如,前面所提到的兴趣游戏对幼儿智力的影响,研究者就是安排一个实验组,一个控制组,先测验实验组与控制组被试的智力,然后在教育实践中,对实验组施加兴趣游戏教育因子,控制组不外加兴趣游戏,按正常教学程序进行,最后,同时对实验组和控制组进行差异显著性检验,以考查兴趣游戏对幼儿智力发展的作用。兴趣游戏是一种自变量,并且没有层次上的变化,故此是等组单因素一个层次的实验程序设计。

此种程序,因为实验前同时对实验组和控制组被试进行智力测验,经差异显著性检验证实两组儿童智力没有差异,然后对实验组施予兴趣游戏教育因子,对控制组不施加,这样在后测中实验组儿童智力优于控制组,究其原因,很清楚地看到,实验组儿童智力的发展是由于兴趣游戏的作用。因为其他因素都一样,这种研究结果可信,但也要注意实验组与控制组毕竟不是同一组被试,毕竟会有差异,所以,实验前一定要做同质性检验。

4. 等组单因素两个层次实验设计模式 这是研究者对两个实验组分别施加同一种自变量的两个层次的实验变量,实验前对两个实验组做前测差异显著性检验,实验中,对实验1组施加甲层次的一种自变量;对实验2组施加的同一种自变量的乙层次,实验后再对两组进行后测差异显著性检验,以确定自变量与因变量的关系,见表7-5。

表7-5 等组单因素二个层次实验设计模式

组 别	前 测	实验变量	后 测
实验组$_1$	√$_1$	√甲	√$_1$
实验组$_2$	√$_2$	√乙	√$_2$

例如,前面提到的接受学习和发现学习,哪种方法更有利于提高幼儿的创造力,研究者也可采取此种设计程序。选用两个实验组,首先进行幼儿的创造力前测,做差异显著性检验,然后在教育

第七章　学前教育实验研究

实践中,对实验1组施加接受学习的教育因子,对实验2组施加发现学习的教育因子,最后对两个实验组进行创造力水平的测验,再进行差异显著性检验。结果表明,发现学习优于接受学习,说明发现学习更有利于幼儿创造力的发展。接受学习和发现学习都属于教学方法,但有接受学习和发现学习两个层次,本实验又是两个实验组,故此为等组单因素两个层次的实验程序设计。

此种程序设计因为实验前对两个实验组进行了前测,并且无显著性检验差异,说明两组被试创造力水平相当。然后实验1组做接受学习教学,实验2组做发现学习教学,经显著性检验两组教学效果呈显著性差异,实验2组创造力水平优于实验1组儿童,为什么会产生这种差异?很清楚地可以看到是发现学习教学方法优于接受学习教学方法,结果可信。但此种程序是两个实验组,被试不一,两位教师的教学态度、能力又不完全一样,难免会影响教学效果,产生误差,因此,在进行教学实验时,一定要对教师进行严格训练,端正科研态度,控制无关变量,使教学效果较为客观。

二、多因素实验设计

多因素实验设计程序与单因素实验设计程序是一样的,只是多因素实验设计的自变量:不是一种,而是两种或两种以上。多因素实验设计是操纵两个或两个以上自变量,以探讨每个自变量对因变量的影响,自变量之间的交互作用及其对因变量的综合影响。

多因素实验设计最简单的是在一个研究中有两种自变量,每种自变量有两个层次。例如,研究幼儿以伙伴形式玩一种玩具时呈现不同时间(5分钟、30分钟)是否会影响男女幼儿随后自己模仿玩该玩具的时间。这个实验有两个自变量:呈现时间和性别。呈现时间分两个层次:5分钟和30分钟;性别也分男、女两个层次。这样就要分四个实验组,两组在不同时间内考察男孩模仿行为,两组在不同时间内考察女孩行为,所得结果见表7-6,表7-7。

多因素实验研究,我们可以逐一的分析自变量的影响。从表7-7可以看出在不考虑性别因素时,伙伴玩一种玩具呈现5分钟,幼儿随后模仿玩该种玩具的时间为7.15分钟,伙伴玩一种玩具呈现30分钟,幼儿随后模仿玩该种玩具的时间为19分钟,可见从时间自变量看呈现时间长,儿童模仿的时间增加,不考虑时间自变量,男孩模仿的时间为13.3分钟,女孩模仿的时间为12.85分钟,差异不大,可见幼儿模仿玩该种玩具的时间,主要受伙伴玩一种玩具呈现的时间影响。

第七章 学前教育实验研究

表7-6　　　　　　　　　模仿的时间

	呈现时间	（分钟）
	5	30
男	3	15
	8	20
	2	18
	6	30
	9	22
	4	23
	5	21
	5	20
	5	20
	6	24
女	9	20
	11	18
	12	21
	10	15
	8	17
	7	17
	10	19
	9	12
	6	15
	8	13

表7-7　　　　　　多因素实验设计模拟实验

属性变量		实验变量		
		5分钟	30分钟	
男	$\bar{X}$	5.3	21.3	13.3
	S	2.002	3.76	8.55
女	$\bar{X}$	9	16.7	12.85
	S	1.732	2.794	4.61
	$\bar{X}$	7.15	19	
	S	2.632	4.037	

我们不仅要分析各自自变量的影响,还要分析自变量的交互作用对因变量的影响。如果有交互作用,男女幼儿模仿行为会因呈现时间的不同而有差异,也就是说男孩模仿行为图线与女孩模仿行为图线会有交叉,在呈现短时间里,女孩模仿行为高于男孩,在呈现长时间里,男孩模仿行为高于女孩(见图7-4),可见男女性别与呈现时间产生交互作用,男女性别无法单一构成主要影响力,要受到呈现时间的制约。这一研究结果与对两个自变量单一考虑结果是不同的,这正是多种自变量相互作用对因变量综合影响的独特效应。

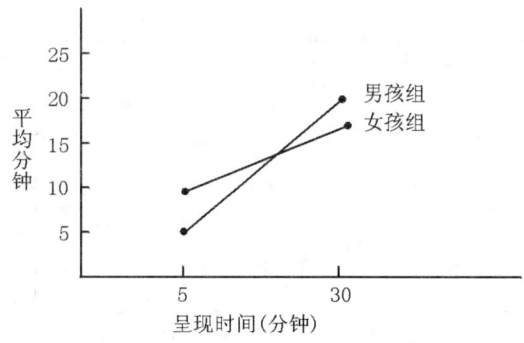

图7-4 两种自变量交互作用模式图

在多因素实验研究中,两种自变量有可能无交互作用,见图7-5。

图7-5显示将小学生的阅读训练推迟到六年级,对智商较低和较高的学生,都不会影响其初三毕业的阅读能力。我们可以借助图形来估计变量之间是否存在交互作用。如果线与线之间是平行的,那么变量之间不存在交互影响实验结果,如果线与线之间有交叉,那么变量之间存在交互作用。

第七章 学前教育实验研究

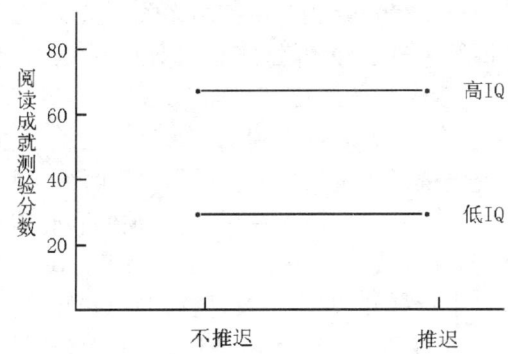

图7-5 两种自变量无交互作用模式图

第三节 学前教育实验研究的种类

一、实验室实验与现场实验

根据实验场地的不同,可把实验分为实验室实验和现场实验。

（一）实验室实验

实验室实验是在实验室内或模拟生活环境高度控制的实验场地操纵自变量,控制无关变量,探究自变量与因变量的关系的研究。

例如,研究刺激物的大小与儿童完成视觉空间作业成绩的关系。研究者设计了一种自变量,即让儿童在复杂的几何图形里找出镶嵌在其中的隐蔽的简单图形,如从 ▱ 找出 ⌐ 来。从研究目的出发,这种自变量有 2 个层次,刺激物大的一套和刺激物小的一套,每套图形 25 张,设置 AB 两个实验组,各 30 人,A 实验组试验大刺激物,B 实验组试验小刺激物。研究者将被试带到实验室,逐一向被试呈现 25 张卡片,每次向儿童呈现一张,每张卡片呈现 15 秒,让儿童在 15 秒内指出嵌入的简单图形,以观察儿童的反应,每正确指出一张得一分。严格控制无关变量,两组实验的主试应是同一人,两组被试条件一样,实验室安静,光线适宜,做实验时对每一个被试呈现卡片的顺序、时间都要完全一样。研究结果经差异显著性检验表明,大刺物有利于儿童完成视觉空间作业。

再如,研究电视对儿童的影响。设置 AB 两个实验组,A 组儿童观看电视的内容是:一群孩子在玩娃娃,他们和娃娃在一起非常友好,给娃娃穿衣服,喂娃娃饭,给娃娃看病等。B 组儿童看另一组电视:一群孩子玩娃娃,非常不友好,有的把娃娃丢在地上,还用脚使劲地踩,有的打娃娃。看完电视后,研究者分别把 A、B 两组儿童带到已经准备好的屋子里,屋子里模拟儿童生活环境,放有桌子、椅子,桌子上放有娃娃等,观察可见,A 组儿童和娃娃非常亲密,B 组儿童却不然,玩玩就打娃娃了,甚至把娃娃扔在地上,使劲用脚踩,由此说明电视对儿童有很大的影响。

实验室实验,可以严格控制变量,能够较为精确地探讨自变量与因变量的函数关系。但正因为实验室控制条件过于严格,而学前教育科学本身又是极其复杂的由多因素组成的系统工程,所以很可能把多因素的交互作用给抹煞了,而影响了被试反应的真实性。

(二)现场实验

学前教育科学研究的现场实验是在真实的教育情景中,尽可能地操纵自变量,控制无关变量,以探讨自变量与因变量的因果关系。

例如,研究 6 岁儿童是否可以入小学,以年龄为自变量,设置六个 6 岁儿童实验班和六个 7 岁儿童对比班,每班 40 人,男女各半,实验班和对比班儿童条件基本相似,实验在正常教学中进行,所受教育一致。一年实验后,以对学校生活的适应,学习负担,语文和算术学习成绩四个指标,对实验班和对比班进行比较。在初入学阶段,6 岁儿童掌握知识的速度及适应学校生活能力等方面

第七章 学前教育实验研究

不如7岁儿童,但一学期后,这种差异逐渐减少,但无统计学意义,表明6岁儿童已具备入小学的基本能力,可以入学。

现场实验是在自然真实的教育情景中进行,不像在实验室里人为的控制条件,这样研究的对象是真实的事件,所反映的教学效果也是真实的,教育过程中多因素的交互作用也不至于给完全控制掉。所以,现场实验比实验室实验能够提高研究的外部效度。现场实验研究,虽然在自然情景中,但它要严格控制操纵自变量和无关变量,比现场一般的观察又能保证研究的内部效度。像青浦县教学改革实验,就设了实验班、对比班,操纵了教育因子,尽可能控制了无关变量,因此所得研究结果是较为真实可靠的,可以推广和应用。现场实验和实验研究一样,操纵自变量、控制无关变量,所以能够揭示自变量与因变量因果关系。青浦县的数学教学改革,因为选取实验班与对比班,实验班施加教学改革措施,对比班按一般教学方法进行,控制其他无关变量,如实验班对比班学生一致,教师教学水平一致等。最后实验班学生教学质量高于对比班学生,说明教育因子起作用,这样就揭示了教学改革措施与提高学生教学质量的因果关系。现场实验既要尽量控制各种变量,又要保持现场的自然性、真实性,但现场实验的无关变量太多,不可能完全控制,如教师的教学态度,教学水平就不可能完全一样,所以,我们在给研究下结论的时候一定要谨慎,要注意研究结果的客观性和科学性。

二、前实验、准实验与真实验

根据不同的实验设计,系统操纵自变量的程度和内外效度的高低,可把实验分为前实验、准实验和真实验。

(一)前实验

前实验是无法随机分配被试,不能有效地控制无关变量,误差高,效度低,往往不能说明因果关系。常被称为"非实验设计",但它毕竟具有实验研究的最基本要素——实验因子和测量。如研究一种教学方法对提高教学质量的作用，选取一个实验组，对此做了前测，然后施以这种教学方法，再做后测，用后测和前测比较，以此来说明实验变量与因变量的关系。这种研究，虽然经前测和后测比较，能够看出发展，但从前测到后测要经历一个实验过程，年龄的增长，也可能会提高后测的效应，所以，很难就确切地说明后测教学效果的提高是这种教学方法所引起的。

（二）准实验

准实验是无法对被试进行随机取样，一般按现存班级进行实验，能对一部分无关变量进行控制，无法完全控制无关变量。这种方法非常适合现场实验，现场实验是在现实的教育情景中进行，较为真实，外部效度好，但教育情景因素多，无关变量多，在这种情况下，如何最大限度地保证实验的内部效度，准实验能解决此问题，但在下结论时一定要谨慎。

（三）真实验

真实验能够随机抽取与分配被试，被试具有同质性，能够系统操纵自变量，严格地控制无关因素。内部效度高，能够准确地揭示自变量与因变量的因果关系，实验室实验一般属于真实验，但由于真实验控制因素过于严格，而学前教育科学本身又是多因素的，所以使用此方法有一定的局限性。

第七章　学前教育实验研究

思考练习题

1. 学前教育实验研究的概念与特点是什么？
2. 简要说明学前教育实验研究的原则。
3. 何谓单组比较、等组比较？其各自的优缺点是什么？
4. 一项典型的单因素实验设计主要包括哪些内容？
5. 举例说明单因素实验设计的四种模式。
6. 学前教育实验研究包括哪几种类型？

第八章　学前教师、家长评定问卷研究

本章讨论的主要问题

一、学前教师、家长评定问卷研究概述
　　学前教师、家长评定问卷研究的概念与特点
　　学前教师、家长评定问卷研究的形式
　　使用评定问卷研究应注意的问题
二、学前教师、家长评定问卷的编制
　　问卷的一般结构
　　问题的编制
　　回答方式的编制

　　观察研究是在日常生活、学习中观察被试的所作所为,获取的资料丰富,但无关变量较难控制,且不易量化;实验研究严格控制条件,变化自变量,收集被试的反应资料,资料获取的过程较为客观,但自变量一般只有一至两个,不易设定太多的自变量;而问卷研究可以把研究课题分解为若干个项目(变量),再拟成具体问题,编成标准化问卷,发给被试(包括研究对象的评定者——家长和教师),让被试回答,或评定者对被评定对象的行为进行评定回答。鉴于幼儿有限的言语表达和认知能力,在有关幼儿的研究中,通常大量地采用熟悉幼儿的家长和教师对幼儿的心理品质进行问卷评定的方法。它虽然不如观察研究了解儿童行为反应那样具体细致,也不如实验研究控制条件那么严密,揭示自变量与因变量之

第八章 学前教师、家长评定问卷研究

间因果关系那么透彻,然而,它却可以获得多因素的有关学前儿童的行为反应资料,客观真实,具有良好的生态效度,而且取样大,代表性强。封闭式评定问卷设定选择答案,便于量化统计,在电子计算机广泛应用的今天,能将大量多因素资料进行统计,更显示出评定问卷研究的省时、省力、高效的优点,它是学前教育科学研究中较为实用的一种方法。随着计算机软件的开发,如结构方程的引入,评定问卷研究将发挥更大的作用。本章旨在介绍评定问卷研究的特点、形式,评定问卷的一般结构,以及如何编制评定问卷,使用评定问卷应注意的问题等内容。

第一节 学前教师、家长评定问卷研究概述

一、学前教师、家长评定问卷研究的概念与特点

(一)学前教师、家长评定问卷研究的概念

学前教师、家长评定问卷研究是研究者把要研究的主题分为详细的纲目,拟成简明易答的问题,编制成标准化的问卷;然后由熟悉幼儿的教师或幼儿家长针对问卷中的题目逐一对幼儿展开评定,从而获得有关幼儿心理与教育的信息;最后再由研究者根据收回的答案,进行统计分析,验证理论和得出结论的一种研究方法。例如,宋辉、杨丽珠(2000)在研究儿童自我控制能力发展的研究中,就采用了教师评定问卷的方法,制定了适合于幼儿教师评定的儿童自我控制问卷,根据研究者的理论建构确立了儿童自我控制的六个维度:抑制冲动、抵制诱惑、延迟满足、坚持性、自觉性、监督与调节,并采用五等级评定方式具体编制了38个项目,后经因素分析抽取出自我控制包含四个因素结构(自制力、自觉性、坚持性、延迟满足)。研究者还通过此评定问卷,考察了幼儿自我控制能力发展的年龄特点和性别差异。

（二）学前教师、家长评定问卷研究的特点

1. 多因素测试　　评定问卷是将研究的课题分为若干个维度（特质），然后再根据这些维度拟出具体题目编制成评定问卷，让熟悉儿童的教师或家长对儿童的特质进行选择评定。它不像实验室实验，控制一种自变量，观察儿童的反应，而是给出多种因素刺激，评定被试的反应。如自我控制评定问卷（内容见 194～197 页），研究者在每个维度上拟定了若干个项目，教师就可根据这些具体项目多方面考察儿童在自我控制方面所表现出的个体差异。

2. 标准化程度较高　　评定问卷研究严格按照标准化测试的设计程序编制问卷，研究课题的若干特质是通过理论建构获得的。一般有三种建构方式：理论推导方式、因素分析方式和实证标准方式，然后再根据这些因素或特质编题。试题是否可信有效，要经过信度、效度检验。评定问卷实施十分严格，一般应明确此项研究的目的和意义，对教师或家长进行问卷评定方面的培训，加强教师和家长的责信观念，确保教师和家长在对儿童进行评定时做到客观和真实。由于评定问卷研究能够测试众多的被试，并可以进行量化的统计处理，从而保证了评定问卷的可靠性、准确性和科学性。

3. 收集资料时间短、样本大　　由于评定问卷在编制时多采用多等级的选择式题目，教师和家长可以根据儿童的实际情况进行选择，即省时、又省力；评定问卷也可同时大面积地发放，以获得广泛的被试取样和数据资料，使样本具有代表性。例如，刘文、杨丽珠在研究我国儿童的个性结构时，就采用幼儿个性的教师评定问卷（100 个题目），并在全国 10 个城市进行了大面积的取样，获得了大量可靠的数据，也使研究结论更能代表我国儿童的实际特征。

二、学前教师、家长评定问卷的形式

（一）开放式评定问卷

1. 开放式评定问卷的概念

第八章 学前教师、家长评定问卷研究

开放式评定问卷是在问卷上只提出问题,不列出答案,让评定者根据被试的实际情况作出回答。这是一种结构不明确的问卷形式,评定者在回答问题时不受限制,可以根据自己对此问题的理解和观察作出回答,充分体现了评定者本人的主体性、独特性和创造性。这种问卷形式既简单、又真实、易于进行定性分析,但较难作出定量统计分析。例如,研究儿童自我控制能力的发展,研究者在编制教师评定问卷中,先广泛地征求幼儿教师的意见,向她们提出了一些开放式的问题,如"请你描述出本班级中自我控制能力表现强和表现弱的儿童(各2名,男女各半)的具体的典型行为和特征"。通过这种开放式的问题,可以充分发挥广大幼儿教师的积极性和在工作中的实际经验,并在短时间内获取有关儿童自我控制的大量真实表现和行为情境,为进一步拟定封闭式的问题提供了有益的资料。

2. 开放式评定问卷的功能

开放式评定问卷适合于研究者在说不清或难以预料回答结果的初始研究阶段,经常用于预测性研究。例如,有人在探讨幼儿个性结构时,就采用了开放式评定问卷,请幼儿园的教师写出幼儿个性较好、一般、较差几种类型的个性特点和典型行为表现,并用中文词汇来描述最能说明幼儿之间个体差异的典型个性特征。通过幼儿教师的描述,研究者可以获得大量有关幼儿个性特征的描述和典型的行为表现,为进一步拟定幼儿个性教师评定的封闭式问卷打下了基础。由于开放式评定问卷不受限制,评定者可随意发表自己的见解,这对于研究者发现问题、收集定性分析资料,进行深入研究有重要意义。

(二)封闭式评定问卷

1. 封闭式评定问卷的概念

封闭式评定问卷是在问卷中不仅仅要提出问题,还要提供可选择的答案,限制回答的方向和数量,让评定者(家长或教师)在

限定的选择答案中评定有关幼儿的实际情况。例如,评定儿童的生活自理能力,可让家长在"餐具使用技巧"一项中对幼儿的表现选择其中的一条作为评定结果:

  正确和熟练地使用筷子和调羹 6
  能用筷子挟和传递食物 5
  能用筷子进食、溅出很少 4
  能用筷子进食、溅出很多 3
  能较熟练地使用调羹 2
  只能用调羹进食,溅出很多 1
  用手抓进食或必须喂 0

然后,根据家长的评定情况作出有关自理能力的相应评分。

2. 封闭式评定问卷的优缺点

封闭式评定问卷是结构明确的问卷形式,它是按照统一、严密的设计和固定的结构来进行研究,其优点表现为以下几点:

(1)能够解决多因素复杂问题。封闭式评定问卷是多因素的实证测验,它将复杂的问题分成若干项目或特质,从多因素的角度来研究复杂的问题,这对于由多因素组成的心理与教育科学研究十分有利。如研究幼儿独立性发展问题,可采用封闭式的评定问卷,从自立、自制、自主三个维度综合地考察独立性的发展。

(2)样本大有代表性。封闭式评定问卷可以对不同地区的众多被试进行评定,大样本的资料对于总体的估计十分有意义,而且资料可获典型性和代表性。因此,它可以描述一般的带有普遍性规律的问题。

(3)客观真实。封闭评定问卷通常是由熟悉幼儿的家长或教师填写的,目的是为了了解有关幼儿的一些身心发展和教育方面的信息,而幼儿园和家庭是幼儿成长的两大重要的生活环境,在这两种真实、自然的环境中,由熟悉他们的成人在基于大量观察实践的基础上所作出的评定,必然能反映出儿童的真实面貌,获得的资

第八章 学前教师、家长评定问卷研究

料比较客观,具有良好的生态效度。

（4）简单易行,省力、省时。封闭式评定问卷是结构十分明确的问卷,只要求评定者在限定的选项上做出选择判断即可。研究者只要将问卷发放给评定者,并对评定人员进行必要的简单培训和说明,讲明研究的目的和意义,就可以具体的实施。因此,评定问卷研究是相对省时、省力、省费用的一种研究手段。

（5）标准化的问卷,便于统计。封闭式评定问卷设计较为严密,遵循标准化问卷制定的程序和要求,评定者在对幼儿进行评定的项目内容上客观统一,作答方式一致,实施过程严格按照指导语的要求,计分统一。量化的计分结果,使统计处理工作变得简单而快捷。

封闭式评定问卷也存在着一定的缺点和不足,主要包括：

（1）缺乏灵活性。封闭式评定问卷的问题项目和选择项目方式固定,评定者只能以此做出选择和回答,如果几种选择项目都不符合评定被试的特点和现实的话,评定者也只能选择一个稍微适合被试的答案,难于表达被试的独特真实特点。

（2）缺乏指导性。封闭式评定问卷测试一般都是间接进行的,评定者有时对评定项目的理解会与研究者的想法不尽相同,或是对某些问题不够清楚等,在进行评定时有时不能及时得到研究者的指导和解释说明,从而影响到问卷的作答效果。

（3）缺乏深入性。封闭式评定问卷只是评定者选择适合被试的答案,在适合被试的选项上做出标记,研究者只能从评定者反馈的资料中获得有关是什么(what)和怎么样(how)一些具体事实的一般性材料,至于为什么如此(why)的问题,则很难做出判断,较难进行深入研究。

（4）容易受到社会因素的影响。封闭式评定问卷是结构明确、非伪装的测验,测验的目的较为明显,评定者(尤其是家长)在评定自己的孩子时,往往容易向好的方面回答,总是认为自己的孩

子不错，容易产生衡量标准上的偏差；或是为了迫于社会规范的压力，而选择社会比较认可的行为模式，从而造成社会性反应误差。例如，在一次为弱智儿童进行的社会适应量表评定工作中，一位唐氏综合症儿童的母亲对其孩子在社会适应能力上所作出的评定达到了近130分，属于具有相当良好的社会适应能力，而这一结果与其智力落后的事实是相违背的。在母亲的眼中，孩子的某些弱点往往容易被忽视。再如，在调查家长对孩子的态度时，温和比冷漠更具社会认可性质（更符合社会规范），故有些人即使实际上对孩子并不温和，也常选择"温和"，而非"冷漠"作为自己的答案。

（5）容易受评定者主观性的影响。由于评定问卷是由评定者（教师或家长）填写，收集的是教师和父母对幼儿的反应资料，而不是被评定对象直接的自陈报告，因此，容易受评定者主体对于问题的看法和对幼儿的了解的主观性的影响，不同的评定人（如父亲和母亲、不同的教师）对幼儿的评定可能会有不一致的评定结果，在一定程度上会影响到研究的结果。

三、使用评定问卷研究应注意的问题

评定问卷研究能在短时间内收集大量的多因素的实证资料，并运用计算机将大量的数据在较短时间内统计分析，操作简便易行，被研究者普遍认为是学前教育科学研究中较为实用的有效方法之一。近年来，随着计算机统计软件的开发与应用，越来越多的人开始重视评定问卷研究的运用，通过探索性因素分析和验证性因素分析，使问卷的结构编制在理论上更加严密和具有科学性。但由于评定问卷自身存在着不足和局限，以及使用者在操作时的不谨慎，往往会造成很大的失误，不能正确地反映研究者的初衷和问卷研究的本质，因此，在采用问卷评定研究时，应注意以下一些问题：

1. 问卷项目要有针对性，源于幼儿的实际生活。只有与自我相关联(self – relevant)的事物，才能引起人们对它的关注和兴趣。

第八章　学前教师、家长评定问卷研究

教师和家长评定问卷的项目一定要使评定者感到问卷内容与自身的经验有关(如,家长和教师应感到所问的问题适合儿童的现状,并能够在家庭和幼儿园的实际环境中直接观察到,或有可能触及到的一些事件)。问卷项目如果脱离了幼儿的生活实际,会使家长和教师感到一片茫然,不知如何作答,这样会大大降低问卷的效度。

2. 问卷项目组成要标准化。评定问卷的设计要按照标准化测试的原则,编制问卷。首先要进行研究课题的理论建构,在此基础上再拟定具体题目;具体题目要有确定的内涵,用词要准确,不能似是而非;然后需要经过专家进行内容效度等方面的鉴定、初始的预测和项目筛选等程序,最后组成正式问卷。

3. 问卷项目数量应适中。评定问卷研究容易受到社会变量的影响,因此,同一因素可多出一些题目,这样既可以检验被试在行为反应上的一致性,同时又可在一定程度上避免反应倾向。但同时也应注意适当控制题目的数量,一般应在一个小时左右的时间使评定者完成问卷的填答,占用太多的时间容易使评定者产生厌倦、不够耐心、敷衍等情绪,从而影响到问卷的回收效果和真实作答。通常问卷以 50~100 个项目为宜。

4. 封闭式问卷与开放问卷相结合。由于在封闭式问卷中,评定者只能依据研究者确定的题目,在相应的选项中进行选择作答,评定者无法进行深入的描述、记录和说明,因此,封闭式问卷只能了解是什么,而不能解释为什么;只能进行量的分析,而不能深入进行质的分析。所以,在一项具体研究中,可将二者结合起来使用。

5. 问卷题目在编制时应注意避免社会系统误差。评定问卷由于容易受到社会认知因素的影响,评定者(尤其是家长)容易偏向好的、积极的一面,造成社会性误差。为避免此类误差的产生,问卷一般不要求被试署名。这样家长可以比较真实的反映自己孩子

的一些实际情况和对教育机构的真实意见和想法。

6. 问卷的试题应做到公平、公正。即问卷评定所涉及的所有被试都不会因性别、社会规范等因素的差异而引起不公平。如,让家长评定孩子是否喜欢足球这一体育项目,这对于女孩来说有明显的性别差异,家长有时很难作出判断。

7. 正式评定问卷制定前,要进行预测和信度、效度的检验。尽管封闭式问卷是在开放试问卷基础上产生的,但作为编制者毕竟会渗入个体的主观性。因此,开始制定的问卷必须要经过预测,将那些不适合的题目去掉。另外还要进行信、效度检验,直到确认问卷可靠、有效,方可进行大规模的问卷评定研究。否则,如果问卷不具备良好的测验指标的话,即便是实施了,所获得的结果也会受到很大的质疑,最终事倍功半,徒劳无益。

第二节　　学前教师、家长评定问卷的编制

一、问卷的一般结构

$$问卷的一般结构 \begin{cases} 标题 \\ 前言 \\ 指导语 \\ 问题及选择答案 \\ 结束语 \end{cases}$$

标题　是对研究课题的高度、简洁概括的反映,它既要与研究内容一致,又要注意对被试的影响。

前言　是对研究的目的、内容的扼要说明,以引起被试回答问题的热情,消除顾虑,达到合作愉快。

指导语　主要是用来指导评定者如何评定问卷,注意事项,有时还附有例题,以帮助评定者理解问卷评定的方法与要求。指导语一定要简洁明了,用词恰当,便于理解,否则一张废卷就等于流

第八章 学前教师、家长评定问卷研究

失了一个被试。

问题及选择答案 这是问卷的主体部分。问题是表达问卷的核心内容,编拟问题必须要具体、清晰、客观、可操作、通俗易懂、是评定者所熟悉的事情。问题可采用开放式问题和封闭式问题两种形式。开放式问题只提出问题,而不提供选择答案,评定者可以根据题意自由进行回答。封闭式问题不仅提出问题,而且还要提供选择答案。封闭式问题要按照标准化测试严格设计题目与答案,答案要准确,要符合实际,贴近生活,便于评定者选择。

结束语 是问卷的最后部分,包括两方面内容,一是提出几个开放性问题,让评定者深入自由地回答有关问题,在量化的基础上进行质的分析,加深对问题的认识;或者让评定者对本研究提出建设性意见。二是对评定者参与合作表示感谢。结束语可根据问卷的需要可有可无。

下面以宋辉、杨丽珠有关幼儿自我控制发展水平教师评定问卷为例,来具体说明问卷编制的一般结构。

[标题]

幼儿自我控制发展水平教师评定问卷(城市版)

[前言]

自我控制是个性心理中自我意识的重要组成部分,是个体良好的个性品质之一,也是21世纪新型人才必备的一个重要的个性品质。幼儿期正是其个性、社会性发生、发展的关键期,探讨幼儿自我控制的发展水平及特点,以便根据幼儿的具体情况展开进一步的、有针对性的培养和干预实验,以提高幼儿的自我控制能力,使之成为幼儿个性中的良好品质,具有重大的理论和现实意义。

此份问卷的研究目的在于了解和研究幼儿自我控制的发展水平及特点,希望各位老师给予大力的支持,根据幼儿的真实表现,认真填写问卷,以便使我们能够获得真实而客观的数据资料。

[指导语]

请各位教师根据下列叙述来评价儿童,看一看句子中的内容与您要填写的这名儿童的实际情况是否相符,并在恰当的数字上画圈。如果完全不符合,即他根本不是这样,圈1;如果不太符合,即他基本上不是这样,圈2;如果有点符合,即他有时这样,圈3;如果比较符合,即他基本上是这样,圈4;如果完全符合,即他总是这样,圈5。由于回答不存在对与错,所以请各位老师根据儿童的真实实际情况进行回答。回答时注意不要串题,不要漏答,并填写好幼儿及评定者的一般情况。衷心地感谢您的大力合作!

[问题及选择答案]

幼儿园名称: 　　班别: 　　评定者姓名:
幼儿姓名: 　　性别: 　　出生年月:
评定日期:

1. 游戏中当老师说玩具不够了,能等一会儿再玩的小朋友可以多玩一会儿时,他选择等待。　　1 2 3 4 5

2. 在角色游戏中,当自己的角色被要求长时间不动时(如木头人、站岗的小兵等),能较长时间保持不动。　　1 2 3 4 5

3. 当老师不在时,在游戏中也能遵守游戏规则。　　1 2 3 4 5

4. 当发现自己的行为违反了日常规范时,能马上改正。　　1 2 3 4 5

5. 对教师禁止做的事,能控制自己不做。　　1 2 3 4 5

6. 在接受教育活动时,能注意力非常集中地

第八章 学前教师、家长评定问卷研究

听老师讲述。 1 2 3 4 5

7. 老师告诉小朋友每做一件好事就可以得到一朵小红花,得到3朵时老师可以给他一件玩具玩;如果能不要玩具,再坚持得2朵小红花,就可以自己挑一件玩具玩,他选择再坚持。 1 2 3 4 5

8. 当老师要求做一件他不感兴趣的乏味工作时,能坚持较长时间。 1 2 3 4 5

9. 老师讲话时,不插话。 1 2 3 4 5

10. 当老师开始讲话时,能停下手中正在做的事去听。 1 2 3 4 5

11. 几个小朋友都想玩橡皮泥,可只有一块,老师说能等到明天玩的小朋友可以得到两块橡皮泥玩,他选择等待。 1 2 3 4 5

12. 绘画或书写时,老师要求坐姿端正,他能保持正确坐姿很长时间。 1 2 3 4 5

13. 老师要求听故事时保持安静,老师离开时他也能做到。 1 2 3 4 5

14. 在意识到自己犯了错误时,能主动承认错误并改正。 1 2 3 4 5

15. 当正在做自己喜欢做的事被制止时,能马上停止。　　　　　　　　　1 2 3 4 5

16. 当意识到自己提出的要求要等待一段时间后才能得到满足时,他能等待。　1 2 3 4 5

17. 当他许诺做自己力所能及的事时,能自觉地履行。　　　　　　　　　1 2 3 4 5

18. 知道做什么事不好(如打人不好),并能控制自己不做。　　　　　　1 2 3 4 5

19. 举手回答问题时,能等到被叫到自己名字后才回答。　　　　　　　　1 2 3 4 5

20. 午睡时,老师要求不要说话,当别的小朋友与他说话时,能不予理睬。　1 2 3 4 5

21. 在玩需要排队等候的游戏时很有耐心。　　　　　　　　　　　　　1 2 3 4 5

22. 中午上床后,能自觉地午睡,不需要老师监督提醒。　　　　　　　　1 2 3 4 5

23. 知道做什么事老师会表扬(如讲礼貌),便努力去做。　　　　　　　1 2 3 4 5

24. 别的小朋友带来新玩具,可老师要求上课时不准看,他就能做到不看。　1 2 3 4

第八章 学前教师、家长评定问卷研究

25. 在接受教育活动时,能将简单的故事或画册内容听/看到最后。	1	2	3	4 5
26. 游戏结束后,能自觉地把玩具整理好。	1	2	3	4 5
27. 游戏中,当受到其他小朋友的攻击时,能找老师解决,不以牙还牙。	1	2	3	4 5
28. 在玩排队等候的游戏时,玩完后能自觉地排在队后。	1	2	3	4 5
29. 能清楚地知道自己的行为是否与老师的要求相符。	1	2	3	4 5
30. 玩定点投掷游戏时,老师要求至少投中一个,他总是投不中,但能坚持投掷很长时间。	1	2	3	4 5
31. 无论老师在不在场,都能自觉地完成老师交给的任务。	1	2	3	4 5
32. 与同伴相处融洽,小朋友愿意跟他玩。	1	2	3	4 5
33. 当老师提出一个不需要抢答的问题时,他总能思考一会儿,然后再得出答案,正确率较高。	1	2	3	4 5

34. 遇到自己开始做不好的事时,能坚持,直

到做好为止。	1	2	3	4	5
35. 在无人监督的情况下,做事也很有秩序。	1	2	3	4	5
36. 当大声唱完一首歌,老师再让小声唱时,他就能小声唱。	1	2	3	4	5
37. 对老师要求完成的工作,即使不喜欢,也能坚持完成。	1	2	3	4	5
38. 自觉地遵守幼儿园的各项行为规则。	1	2	3	4	5

[结束语]

各位老师在您填写问卷的过程中,您是否感到某些问题的情境或表述有些不妥,或不太适合,或者还存在着哪些问题,请您提出您的宝贵意见,以便我们在以后的修订工作中及时地加以考虑和改正。问题和建议:

1.

2.

3.

再一次衷心地感谢您的大力合作!

二、问题的编制

(一)明确问题的变量——建立理论建构

编制问卷的第一步是建立理论建构。理论建构是研究者对研究问题的总体构想,具体说就是所研究问题包含哪些变量,及变量间的相互关系。研究者可以从理论和实际两个方向入手,将两者有机地结合起来,从而获得问卷的理论建构。随着数学和计算机科学的发展,多元统计方法迅速发展,其中因素分析技术在化简数

第八章 学前教师、家长评定问卷研究

据结构、获得变量基本结构方面应用较为广泛,因此被广泛地应用到问卷的编制过程中,为问卷的编制、标准化提供了科学的依据。获得问卷的理论建构一般有三种方式:

第一,理论推导方式:从一个或若干个概念入手,找出与这些概念相联系的明确的行为、态度、价值观念等方面的表现。具体说就是通过查阅国内外的相关文献资料,尤其是同类或相关的测量和问卷资料,从而明确研究课题所包含的变量、变量的涵义及具体的行为表现。例如,泰勒(Taylor)在研究焦虑问题时,首先定义什么是焦虑,界定焦虑的建构,再请临床心理学家从 200 个描述焦虑状态的题目中挑选出符合此建构的题目,用这些选择出的项目,泰勒建立了她的显相焦虑量表(MAS)。

第二,因素分析方式:将实际中收集到的资料进行归纳,或理论归纳为若干个项目,以此测试为数众多的被试,找出相关的项目,抽出主要因素,每一种因素代表一个特质,依此编制问卷。卡特尔的 16 种人格因素量表就是典型的例子(16PF)。

第三,实证标准方式:研究者用一个问卷(仅仅是一系列的项目)在不同类型的被试组中测试,每一组被试可能在某一方面为大家所公认的与别组被试不同,然后通过被试的回答,研究者将那些把不同被试组别区分开来的项目保留下来,用它们制成问卷。著名的明尼苏达多相人格调查表(MMPI)就是基于这种原则建立起来的。

研究课题的理论建构建立以后,也就是你所要测量的变量明确以后,就要针对这些变量编制问题。在编制具体问题时,要特别注意编制的问题与所反映的变量的操作定义的性质相一致。例如,研究幼儿自我控制的发展水平,经理论推导自我控制含有抑制冲动、抵制诱惑、自觉性、坚持性、延迟满足、监督与调节六个维度变量。因此,问卷中具体问题的编制也应符合这六个变量内涵的要求。

（二）选择问题排列的方式

具体问题拟好之后，如何将各个问题组合成一份问卷，直接关系到问卷研究的实施过程，影响到问卷的回收率和有效率。在具体排列问题时，应注意以下原则：

第一，在时间顺序上，进行问题排列方式的设计时，可按照由近及远，或由远及近的时间顺序。对于有时间顺序的问题，应该依次排列，有连续性。

第二，在内容顺序上，问题的排列一般应遵循由浅到深、由易到难的原则，把容易回答的、人们感兴趣的问题放在前面，把不容易回答的或人们生疏的问题放在后面，这种排列方式容易让被试接受并愿意合作。

第三，在类别的顺序上，设计问题的排列顺序时，一般遵循的顺序是人口学资料问题、实际行为性问题和态度性问题。

此外，在问题排列方式设计时还应注意一些特殊问题。例如，排列问题时，应将那些用来检验信度的在性质或内容上相同的配对问题，有顺序的分隔开来，放在不同的部位，以考察被试在这些问题上是否回答得一致，防止被试随意填答。再如，问题的排列应设法避免反应倾向或定势心理的出现。有些被试在填写问卷时，往往不根据具体的问题内容，而采取一种特定的反应倾向，如回答时一律圈"1"或"A"，造成这种倾向的原因可能是由于问卷的题目内容及文字表述不妥；或是因为问题相似且表述形式相同。因此，在排列问题时，应当在遵循上述原则的前提下，适当地对某些问题进行随机排列，避免反应倾向或心理定势的出现。

三、回答方式的编制

回答方式的设计和编制也是问卷编制中的一个重要环节。设计好问题的回答方式，不仅有利于被试或评定者的回答和填写，而且有利于对结果的处理和分析。回答方式有许多形式，具体如下：

第八章 学前教师、家长评定问卷研究

（一）选择式

1．单项选择　是让被试或评定者在几种答案中选出一种合适的答案。例如：

你的孩子起床后是怎样整理床铺的？

（1）孩子自己叠被子，整理床。

（2）基本上或者有时候自己整理。

（3）大人整理。

（4）完全不整理。

2．多项选择　是让被试或评定者在多种答案中自由选择几种。例如：

对你的孩子，有没有感到为难或担心的事，请在下列项目中有几项划几项。

1．饭量很小　　　　　2．挑食很严重

3．不听父母的话　　　4．非常任性

5．经常发脾气　　　　6．懦弱、胆怯

7．做事拖沓、磨磨蹭蹭　8．经常生病

9．体质很弱　　　　　10．太肥胖

11．不愿意交朋友　　　12．不太和别人说话

13．没有兄弟、姐妹　　14．欺负小朋友或小孩子

15．有坏朋友　　　　　16．被朋友欺负

17．经常说谎　　　　　18．不遵守纪律

19．成长很慢　　　　　20．不会学习

21．没有做事的欲望　　22．走坏道

（二）排序式

排序式是让被试将列出的答案按照一定的标准排出顺序。例如：

请将下列词语按你喜欢的程度排出顺序，最喜欢的排为1，其次为2，依次类推。

爱国主义、勇敢、金钱、漂亮、真理。

(三)量表式

将问题答案列出等级,让评定者在自己认为适当的地方打上记号,打"√"或划"○"。例如:

当举手回答问题时,能等到被叫到自己名字后才回答。

             1 2 3 4 5

说明:[1]——完全不符合;[2]——不太符合;[3]——有点符合;[4]——比较符合;[5]——完全符合。

(四)是否式

让被试在两个相反的答案或"是"和"否"之间必选一种。例如:

1.你是男孩还是女孩?

(1)男孩(　　)　　(2)女孩(　　)

2.你的孩子是独生子女吗?

(1)是(　　)　　(2)否(　　)

(五)填空式

让被试在主试给的具体问题之后填上自己的答案,例如,研究儿童需要倾向性的发展,可让儿童将自己最需要什么填入(　　)内,以此来了解幼儿的需要发展情况。

(六)自由回答式

给被试提出一个问题,让被试自由回答,不受限制。例如,刘阳美、杨丽珠研究大连市幼儿教师素质现状时,问幼儿教师,"你认为当代理想幼儿教师的模式是什么？教师就可以自由回答的方式来进行回答。

除了上述的几种回答方式外,回答方式还可以设计成表格式、图画式、矩阵式等方式。综上所述,可以看出,问卷的回答方式与问题的内容、答案有关,与定量定性分析有关。选择式、排列式、量表式、是否式更适于定量分析;填空式、自由回答式更适于定性分

第八章 学前教师、家长评定问卷研究

析。在编拟回答方式时,要综合考虑问题的种类、内容、答案以及结果的定性定量分析,制定出科学而有效的问卷。

思考练习题

1. 评定问卷研究的概念与特点是什么?
2. 评定问卷研究有哪几种形式?各自的优缺点是什么?
3. 使用评定问卷研究应注意哪些问题?
4. 如何编制问卷?
5. 说明回答方式有哪些种类?
6. 评定问卷研究的一般结构有哪些?

第九章　学前教育文献研究

本章讨论的主要问题

一、学前教育文献研究概述
　　学前教育文献研究的概念
　　学前教育文献研究的意义
　　学前教育文献研究的优缺点
二、学前教育文献研究的原则与方法
　　学前教育文献研究的原则
　　搜集学前教育文献的方法
　　鉴别学前教育文献的方法
　　学前教育文献的分析、综合与运用

　　在学前教育科学研究中,既有定量资料的收集、定量分析,也有定性资料的收集和对资料的定性分析;既有对现场教学、教育活动经验的概括和总结,也有对教学、教育活动的历史分析与研究;既有严密控制的实验研究,也有利用文献资料进行细致的比较、分析和概括。文献资料一方面是记载和保存社会活动的重要手段,同时也是后人获得知识、间接学习的材料。可以说,文献研究是一种既古老,又富有生命力的科学研究方法,在学前教育科学研究中具有特殊的意义和作用。本章将就学前教育文献研究的概念、意义、文献研究的优缺点、原则、文献资料的种类、搜集文献的方法、鉴别文献的方法以及如何对文献资料进行分析、综合与运用等问

第九章 学前教育文献研究

题进行阐述。

第一节 学前教育文献研究概述

一、学前教育文献研究的概念

（一）文献的概念

文献一词，在古代是指经典和书籍以及有知识的人所讲的话。随着时代的发展和进步，文献的内涵也发生了变化。现在，人们一般把文字、图像、符号、声频、视频等手段记录人类知识的物质载体，或者说是以一定的方式将人类知识记录于一定的物质载体之上的某种东西，称之为文献。

（二）学前教育文献研究的概念

学前教育文献研究是指搜集、鉴别、整理有关的学前教育文献资料，摘取与学前教育研究课题有关的内容和信息，并通过对文献的研究形成对学前教育事实和规律的科学认识的一种方法。

二、学前教育文献研究的意义

学前教育文献研究作为一种相对独立的研究方法，它不仅能用于研究历史，认识过去，而且也能用来研究现状、预见未来。对于科学研究工作而言，它更是一项重要的研究手段。一般来说，研究者在研究工作前期的准备过程中经常需要用到文献法，查阅和研究与课题相关的文献；在课题确定之后，还需要了解相关的信息以熟悉研究的现状并使研究过程更趋有效，可以说，文献研究贯穿于研究过程的始终，为研究的各个环节提供有益的参考。

除了为研究提供内容参考外，文献研究还具有下列多方面的意义：

1. 有助于研究者更具体地限制和确定研究课题及形成假设；

2. 有助于研究者对有关研究领域的情况有一个系统、全面的认识和了解；

3. 提供一些可能对当前研究有用的研究思路及方法,搞好研究设计;

4. 对研究方案提出一些适当的修改意见,以避免预想不到的困难;

5. 把握在研究中可能出现的差错;

6. 为解释研究结果提供背景材料。

总之,研究文献对整个研究过程各个阶段工作的顺利完成和提高研究水平都有重要作用。

三、学前教育文献研究的优缺点

(一)学前教育文献研究的优点

1. 文献研究没有时空的限制。人们可以从古今中外的极其广泛的文献中,搜集到与研究课题有关的资料。这一优点,是其他研究方法所不可比拟的。

2. 文献研究比较客观和真实。文献资料不会因研究者不同或研究者的主观偏见而改变,它始终是一种稳定的存在物。这就为研究者客观地分析一定的社会历史现象提供了条件。

3. 文献研究较方便、经济、效率高。文献资料一般集中存放在档案馆、图书馆、研究中心等地方,随时可以进行查阅,受外界干扰较少,所花费用主要是车费和复印费等。因此,这种研究方法较为方便和自由,费时少,效率高,费用低。

4. 文献研究摆脱了个人研究的局限性。对于特定的研究者来说,个人获得第一手资料的范围总是有限的,而文献是许多人形成的资料,涉及范围广,从而克服了研究者亲身实践的局限性,扩大了视野,并能进行全面的分析和概括。

(二)学前教育文献研究的缺点

1. 文献资料所反映的事实往往带有倾向性,与客观实际之间存在一定的距离。因为,任何文献资料都是一定时代和社会条件的产物,它必然会受到那个时代的局限性和个人认识水平的制约,

第九章 学前教育文献研究

所反映的事实只能是近乎于实际的情况。

2. 文献资料具有不完全性,且难于排除非真实成分。文献对于研究者来说,总是一种不完全的资料,很难把所需的文献找全、找齐。同时,某些文献还不免带有个人偏见与虚假成分,给文献的鉴别工作带来较大的困难,需要花费的时间也较多。

3. 文献研究获得的结论往往是通过事实判断、归纳、演绎等逻辑分析和推导手段而形成的,较为注重理论研究,是否是客观现实的真实写照,还需借助其他较为客观的研究方法和手段来证实。

第二节 学前教育文献研究的原则与方法

一、学前教育文献研究的原则

学前教育文献研究是研究工作的基础,研究结果的准确性和价值的大小,以及研究过程是否顺畅,都有赖于文献研究工作的情况。为了充分发挥文献研究的作用,应注意遵循以下原则:

1. 文献搜集的有用性 文献搜集的目的是为了应用,不具备对研究课题有用的知识,就失去了搜集的意义,这是搜集文献中最重要、最基本的原则。

2. 文献搜集的完整性 要使研究工作达到预期的目的,就必须用积累的方式,系统地、连贯地搜集完整的文献,内容要尽可能丰富完整。早年的、近年的、国内的、国外的、专业的、非专业的、直接的、间接的等等文献资料都要搜集,从多侧面提供信息。

3. 文献搜集的新颖性 当代科技的发展日新月异,研究发现、发明付诸实现的时间周期不断缩短,这就要求人们尽量了解与课题有关的各种新资料、新信息、新动向,搜集有预见性的情报信息,只有这样,才能提高科学研究的时效性和科研成果的实用性。

4. 鉴别文献的可靠性 要及时鉴别资料的真伪,认真搜集同真实情况最为接近而极少偏差的信息资料,以保证研究工作的真实性和可靠性。

5. 文献积累的科学性　搜集到的文献资料既多,又杂乱,这就需要对研究文献资料进行有目的的分类、整理,逐步使文献资料条理化和系统化。

6. 文献研究的批判性　教育研究文献都有其自己的研究角度、方法、结果。因此,需要研究者在阅读时,应带有某种程度上的批判性,进行批判性的阅读。通过这种批判性阅读达到对研究文献的进一步理解,以便使研究结果更有说服力。

二、搜集学前教育文献的方法

文献研究的搜集工作包括查阅文献和积累文献两个部分。

（一）查阅文献

1. 文献的种类及来源

在学前教育研究中要完成查阅文献的任务,幼儿教师必须了解到哪里去找文献,研究文献有哪些。教育研究文献是以记载、反映教育活动、人物、事件和理论为内容的文献,因分类标准的不同而有不同的文献类型。

（1）按记载事实的符号形式分类,教育研究文献可分为文字型、图像型和音像型三大基本类型。这三大类型还可以组合成文字图像型和音像图像型两大复合类型。

（2）从文献创造者与文献所反映的内容来看,教育文献可分为第一手文献与第二手文献。第一手文献指由亲自经历事件的人所提供的各种形式的材料和各种原著,如作者的论文、文字资料、会议资料、档案资料等。第二手文献是从他人那里了解到情况的人撰写和制作的,或者是对第一手文献的剪辑、摘录、综述或介绍性的述评。

（3）以文献的公开化程度可分为公开发表的文献和未公开发表的文献。在公开发表的文献中,有首次发表与转载文献之分。转载的文献有全文转载与摘录式的转载。公开发表的文献还有索

第九章　学前教育文献研究

引文献和综合性文献。索引文献是对现有文献整理后的产物,主要有作者索引和主题索引两种。综合性文献是对一段时期内发表的与某一专题有关文章的汇集或综述。未公开发表的文献分为国家文件、学校档案文献和私人文献。

文献的来源主要可从书籍(包括教科书、专著、资料性与参考性工具书)、期刊(包括专门学术性研究、大学学报、文摘杂志等)、学位论文和学术会议文献、报纸、专题文献汇编、微缩型文献和CD光盘中获得。

2. 查阅文献的流程

幼儿教育工作者在查阅文献时应遵循一定的流程,而不应东抄一下,西摘一下。下面是查阅文献的基本流程:

(1)确定与课题相关的关键内容(关键词或词语);

(2)确定合适的索引或修正、限定系统的材料;

(3)确定与研究报告有关的潜在的标题;

(4)将材料按内容或重要程度排序或分类;

(5)对包含相关的信息材料作摘要或总结;

(6)写出文献综述和完整的书目。

3. 查阅文献的方法

基本的文献查阅方法有以下三种:

(1)检索工具查找法,即利用现有的检索工具查找文献的方法。一般适用于检索工具较为齐全的图书馆或情报机构。检索工具有手工检索和机器检索(电子检索)两种。利用检索工具查找文献,可采用顺查法和逆查法两种。顺查法,即由远及近,逐年逐月按顺序查找的方法。这种方法的检准率和检全率都较高,但费时,效率低。逆查法,即由近到远,回溯而上,一边查找一边筛选的方法。这种方法适宜查找最新的文献资料,省时省力,但易漏检。

(2)参考文献查找法,也叫追溯查找法,即以文章或专著末尾所附参考文献目录为基础,追踪查找有关文献资料的方法。这种方法就是利用已掌握的与研究课题最密切相关的研究者的著作与发表的文章,在阅读其文献的基础上,通过文章所列的参考文献或引文来不断追踪查找新线索,像"滚雪球一样"逐渐扩大检索范围,来获取所需的文献资料。这种方法查找的文献较集中,有效率也相对较高,并能及时地捕捉到最新的研究成果,但所得的文献资料不够全面和广泛。

(3)综合查找法,即将前面两种方法综合起来,交替使用的查找方法。可以先采用检索工具查找法,找出所需的文献,再根据这些文献中所附的参考文献去查找相关的文献;也可以先采用参考文献查找法,查找出更早一些的文献,然后再采用检索工具查找法,去扩大查找文献的线索。如此循环交替使用两种方法,直到查找出自己所需的文献为止。此法的优点在于,当检索工具不全或短缺时,也能连续获得所需的文献资料。

在文献查找中,一般应遵循从宽到窄、由近及远、从易到难的路线。同时还应注意查寻阶段性的工作,一个阶段结束后,研究者应把手头收集的文献作一些初步的整理。有条件的话,还应利用电子资源,在有关的文献检索光盘上定期进行检索,或利用互联网来获取更广泛的信息。

(二)积累文献

积累文献是搜集文献工作的另一个方面。在通过文献搜索查出和阅览有关的材料之后,研究者就应考虑"我该如何处理这些信息?"作出的决定就是应判断这篇报告、文章的内容是否与正在研究的课题有关,如果无关,可以将它删除;如果有关就应对它进行总结,并将其保存下来,以便随时提取。

1.积累文献应注意的问题

(1)在指向性明确的前提下,文献积累在内容上应尽量做到充分而全面。所谓充分,不是指文献越多越好,而是指对完成课题而言的充分,不然可能产生两种不利于课题完成的结果:或是积累

第九章 学前教育文献研究

不足,或是积累的文献虽多,但不切题。所谓全面,要求研究者或幼儿教师不仅搜集研究课题所涉及的各方面的文献,还应注意搜集由不同人或从不同角度对问题的同一方面作出记载、描述或评价的文献。不仅搜集相同观点的文献,还应搜集不同观点,甚至相反观点的文献。研究者在搜集积累文献时,尤其需要防止自己已有观点或假设对文献积累产生指向性的影响,不要轻易否定或不自觉地忽视那些实与自己观点相应但却看似相反的材料。

(2) 在积累文献时,应特别注意第一手文献的积累。因为第一手文献是最靠近原事实的资料,最具有说服力。尽管第一手文献也存在个人的主观意向,对事实可能未作出正确的描述或评价,但相对第二手文献而言,其概率要小的多。当然也不能放弃第二手的文献,一些质量较高的综述性第二手文献同样能够提供研究者有益的信息和启发。总之,研究者在积累文献时,即要保持对各种新鲜事实、观点的敏感性,又要善于独立思考,作出合理的批判性的判断。此外,在积累文献时,还应注意对背景性和旁证性文献的积累,这些文献同样也是构成对研究课题整体把握所不可或缺的材料。

(3) 研究者应注意平时对有关信息资料的搜集和积累。如对幼儿气质研究感兴趣的教师或研究者,就可以在平日的工作实践中注意这方面的文献积累,并结合自己的工作实际积极地观察孩子,实践和验证文献所阐述的内容,作出判断,并提出自己的观点。资料的日常搜集与积累,一方面可以使研究者开阔视野,了解研究概貌,掌握研究动态;另一方面可为研究者日后的课题研究引出线索,作为选定和进入课题的基础。

(4) 积累信息时,应注意对文献信息的组织与分类。组织信息是将研究文献的问题按照一定的方式进行分组,从而得到一个明确的目录。文献分组可以使写作任务简捷化。

2. 积累文献的方法

(1)抄录式

抄录式是指把阅读文献所得的信息资料抄下来。抄录有全录和摘录两种。前者指全文抄录,如果文献全部有用,可采用这种方式,或借助复印设备将其全文拷贝下来。摘录只是将有价值的、自己需要的那部分研究资料有选择地抄录下来。在摘录时应注意摘录准确,不能改动原文,更不可断章取义,而要整段整句地摘录原文的重要论述和数据资料。同时还要做好完备的书目登记。书目登记可采用如下形式:作者、标题、出版物、出版年、卷、期、页等内容,如杨丽珠等:《少子化时代幼儿家长教育观念的研究——中日韩跨文化比较》,《学前教育研究》1995年5期。

(2)标记与批语式

标记式就是研究者在阅读研究文献时,用一些符号(着重号、问号、划线等)将文献的重点、难点、疑问、新观点等标记出来。采用此法,标记不易过多过密,否则会失去标记突出重点的意义。批语式是在所读文献的空白处写上自己对文献有关内容的见解、解释、质疑等。标记与批语的特点是简单、方便。

(3)提要式

阅读研究文献必须以适宜的形式从相关的报告中抽取信息并对这些信息加以总结。为了有效地利用研究结果,将它们贯穿到研究课题中去,就必须从报告中获得相当多的信息。因此,在阅读一份报告时,研究者应能判断出哪些信息应该记录下来。

提要式是根据研究的需要,用自己的语言对原文的基本观点、主要事实和方法、结论要点等加以概括、浓缩。一般可按原文的大致结构和顺序进行,包括下列内容:

书目登记:摘要之前往往需要一份准确和完整的书目登记。

问题:是对研究课题的说明,也可能是对假设的说明。

对象:即研究被试的情况。被试的来源、数量、男女及其他。

方法:研究是如何进行的,它包括测量和分析的方式等,即

第九章 学前教育文献研究

"方法论"。

结果和结论:结果是指发生了什么,比如一定的统计数字;结论则是指研究者如何运用结果。在一篇报告中如有很多结果和结论,最好将它们标上数字。提要的长度视文章的长度而定。

(4)札记式

札记式是指在阅读文献后,把自己的心得、体会、各种联想、批评、疑点、意见、得到的启发和收获等等记录下来。科研经验表明,札记的方式是及时记录思想火花、积累知识、提高研究水平的有效方式。为此,应善于对札记的内容进行整理和分析。

(5)综述式

综述式是对所阅读的众多有关领域的研究文献进行系统综合、概括,并对其进行评论,即对有关文献资料进行综合述评的简称。在综述文献的过程中,研究者应尽可能在综述中包含最新的信息。如果没有一份参考资料是近年来的话,其所综述的内容将受到质疑。综述内容的长短视研究报告的类型而定。

文献综述要能够全面、系统地反映国内外某一学科专业或研究专题在某一时间的发展历史、现状和发展趋势,但并不是对过去科研成果的简单堆砌,也不是简单地对某一阶段的科研作介绍。文献综述应是通过对大量资料的阅读研究,系统地加以总结,同时结合本地区当前实际与需要提出见解,从而能够为当前的教育实践与教育研究提供服务。如"我国学前教育研究现状的文献调查与评价"、"近年来我国幼儿游戏研究现状的文献综述"等。

最后,还应注意做好参考资料的编辑工作,以便使研究者对资料能够做到查有可寻。参考文献的目录一般集中于文章的最后,也可采用脚注形式,一般格式包括作者、文章标题、书名或期刊名、出版地点、出版日期及卷号、页码等内容。

三、鉴别学前教育文献的方法

搜集文献是文献研究的第一个基本环节,在完成了搜集文献的工作之后，就可以进入到对文献作出鉴别的阶段。

鉴别文献是辨别文献的真假及质量高低，其方法可分为"外审"和"内审"两类。

（一）外审

"外审"是指对文献本身真伪的鉴别。在众多的文献中存在着伪文献，但文献作伪的程度可能不同，有的是全部作伪，有的是部分作伪。在部分伪的文献中，作伪的方面也各不相同，如书名伪、作者伪、版本伪、部分章节伪等。外审就是试图辨别这些方面信息真伪的方法。

（二）内审

"内审"是指对文献中所记载的内容是否属实的鉴别。其主要方法有：

1. 文字性文献互证。如果同一个事实在不同文献中记载有矛盾，如对事件发生时间的记载不一，过程记载不一，或与事件有关的人物记载不一等，那就可能出现错误，需作进一步的核实。

2. 用实物来佐证文字性文献。前提是实物必须是真品。当文字性文献所述与实物不相符时，文献内容就可能有误或有伪。

3. 把文献描述的内容与产生文献的历史背景对照，看其是否与当时的政治、文化背景相悖，如是，文献内容则可能有伪。

4. 研究作者的生平、立场与基本思想，以此来判断作者是否可能较客观地叙述事实并作出公允的评价，以分析出作者的倾向。

综上所述，无论是"外审"还是"内审"，都是通过比较的方法来实现鉴别，目标都是去伪存真，以提高所搜集到的文献质量。在具体研究中，可根据被审文献的性质和复杂程度，采取多种方法或交错复核的方法。在鉴别文献的过程中，还应去掉一些复杂的、不清楚的及价值不大的材料。对确证后的资料需作核查，使文献更精、无误差。经鉴别核查后的文献，在撰写论文时可直接引用。

第九章 学前教育文献研究

四、学前教育文献的分析、综合与运用

学前教育文献的分析、综合与运用主要是研究者对所掌握的文献进行创造性的加工，目的在于形成对事实本身的科学认识，从而将事实应用于学前教育工作之中。

事实上，当我们阅读文献资料时，对其结果或对在研究报告中发现的其他信息的解释、分析也就已经开始了。由于各种教育研究文献在其质量及综合性方面有很大的差别，因此，研究者在阅读研究文献时，应带有某种程度的批判性，注意研究的内外部效度，并能清楚地回答如下诸问题：

1. 问题陈述是否清楚？
2. 研究假设是否明确和可检验？
3. 研究的自变量、因变量和无关变量是什么？
4. 研究变量有无明确的操作定义，恰当性如何？
5. 无关变量是如何控制的？
6. 研究方法与研究问题是否密切相关？
7. 被试取样的科学性如何？
8. 统计方法运用的适当性如何？
9. 结果和结论是否正确？

只有这样，才能对所研究的课题有充分的分析，为以后的文献资料的综合与述评奠定基础。

对文献的分析、综合与运用一般要经历一个从事实材料到理性认识，再使理性认识回到事实材料中得到检验的认识过程。这一过程要经历从现象具体到抽象规定再到思维具体的三个阶段：文献是科研对象的表象，即现象的具体；分析是局部认识对象的本质，由分析得到对事物局部片断的认识后，用理论的形式将其固定下来，叫做抽象规定；在对研究对象各部分抽象规定的基础上，不断地进行再抽象，达到理论最稀薄的境地，进而对事物形成本质的认识，这便是思维具体。思维具体来源于现象具体，但它比现象具

体更全面、更完整、更深刻地反映了研究对象。当人们对事物的认识达到了这个阶段时,也就完成了从现象到本质,从感性到理性的飞跃。

思考练习题

1. 什么是学前教育文献研究?
2. 学前教育文献研究的原则是什么?
3. 搜集文献的方法有哪些?
4. 鉴别文献的方法有哪些?
5. 什么是文献综述?文献综述时应注意哪些问题?
6. 文献资料的类型有哪些?
7. 文献研究的意义。

第十章　学前教育经验总结研究

本章讨论的主要问题
一、学前教育经验总结研究概述
　　学前教育经验总结研究的概念
　　学前教育经验总结研究的意义与作用
二、学前教育经验总结研究的步骤与基本要求
　　学前教育经验总结研究的步骤
　　学前教育经验总结研究的基本要求

　　教育经验总结是古代学者广为采用的一种教育研究方法。纵观古今中外的教育发展史，有许多教育思想和理论都来自于学者们对教育实践和教育教学经验的总结。我国古代第一篇教育文献——《学记》，就是我国两千多年前古代教育经验的系统性总结。继孔子之后的历代教育家、思想家不仅继承了这种古老的研究传统，总结出许多至今仍极具价值的教育思想和理论，而且也不断丰富和完善着这种方法，使之成为教育科学研究中，尤其是学前教育科学研究中不可替代的重要研究方法之一。

　　由于历史的原因，广大的幼儿教师和幼教工作者对教育经验总结缺乏进一步深入的研究，致使在某种程度上仍停留在原有的一般性经验总结的水平上，而且在运用的过程中存在着一定的问题，从而降低了教育经验总结的科学性和理论性水平。本章将就学前教育经验总结研究的概念、意义与作用、实际研究的步骤和具体要求作出明确的科学阐述，旨在澄清以往的模糊认识和错误做

法,进一步提高教育经验总结研究的科学性和有效性。

第一节 学前教育经验总结研究概述

一、学前教育经验总结研究的概念

所谓学前教育经验总结研究是指在不受控制的自然状态下,对幼儿教师和实际教育工作者提出的先进的教育工作经验进行科学的分析和概括,使之上升到幼儿教育理论一定高度的一种总结性研究。

学前教育经验总结研究是广大教师和幼教实际工作者在自然状态下,在日常教育工作中对先进教育工作经验进行积累并进一步作出总结,事先并没有严格的假设和实验设计方案,没有人为控制的实验和教育因子,在这一点上使它明显地区别于实验法等其他研究方法。

学前教育经验总结研究应是对先进的教育工作经验作出的总结。所谓先进的教育工作经验是指那些属于学前教育和心理学研究范畴、符合一定标准、具有一定研究和应用价值的教育工作经验。先进的教育经验应具有创新性,应是教育工作者在教育和教学实践中获得的新发现、新规律和提出的新观点和新方法;应是在实践中被初步证明是有效的,而且是被广大教师普遍接受的教育经验,具有有效性和普遍性;同时,学前教育经验也应是能够经得起时间考验并有发展前景的经验,这些经验应能预示事物本身的内在规律和合理性,具有发展性的特点;此外,学前教育经验还应具有现实性和实践性,这些经验所发现、反映和要解决的问题正是当前广大教育工作者普遍遇到的、并急于解决的现实问题,对幼儿教师的实际工作具有现实意义。例如,如何教育那些任性、撒泼、攻击性行为较强的幼儿,这是一个非常现实而棘手的问题。琚贻桐老师在教育专家的指导下,将其教育经验,总结为首先深入了解

第十章 学前教育经验总结研究

教育对象的个性特点;进而,紧紧抓住情感这条线,激发孩子爱的情感;创设情境,诱导儿童;把握教育时机,不断提高要求,并上升到爱的教育理论,在 1995 年亚太地区幼儿教育研讨会上报告。这些经验经科学总结,丰富了幼儿教育理论,对幼儿园教育工作具有指导意义。

再比如,针对幼儿学习过程中表现出的观察目的的不明确、观察行为的随意性、观察方法缺乏科学性和有效性;记忆过程中不能很好地抓住重点;思维的敏捷性和灵活性较弱等问题,有人提出了幼儿实施素质教育的过程中,应将着眼点放在让幼儿学会生活、学会学习和学会做人目标上,应使幼儿成为能力全面、人格完善、个性鲜明的全面发展的人。在学习的目标上,教育应引导儿童学会学习,帮助儿童学会学习的策略和方法。如学会观察,首先要做到指导幼儿有目的的观察。在观察之前,教师要告诉幼儿观察的任务,对于看图说话的内容,教师要一边让幼儿观察图中的内容,一边指点:在什么地方? 什么时间? 有什么东西和人物? 图中人物在做什么? 人物的动作、神态和表情怎么样? 人物之间的关系? 图片说明的意义是什么? 为幼儿指明一条观察之路;其次,要掌握正确的观察顺序和观察方法;再次,要分清观察的主次现象和透过现象看本质。总之,教师的作用应体现在方法的指导和训练上,而不仅仅是传授知识。

还需指出的是,学前教育经验总结研究是科学的总结性研究。所谓科学的总结性研究是采用科学的研究方法,对先进的教育工作经验进行严格筛选、核实、评价对比、原因分析、验证、提炼、理论概括的科学研究过程,是将感性经验上升为理性、原则和方法的一次飞跃过程。

这一点也正是科学的教育经验总结与古老的和一般性的教育经验总结根本的区别。后者虽也是对先进教育经验的总结,但它偏重于经验性总结,限于对先进的教育工作经验进行分类、整理、经验表述与概括、经验的编撰等总结性工作,带有明显的主观性和思辨性,研究的科学性不够明显。正因为如此,它常常不被专业研究者所重视。进一步深入研究学前教育经验总结将有利于把经验研究和实验研究有机地结合起来,克服理论与实践相脱节的弊端,有助于促进学前教育科学的发展。

二、学前教育经验总结研究的意义与作用

教育经验是教育研究的起点。学前教育科学仅有一百多年的历史,研究发展水平不高,主要依赖于归纳的方法产生理论和发现规律。在可以预见的将来,不会发展到用定义、公式来推断和解释教育现象,主要还是依靠经验来引出结论,阐发现象。所以,学前教育经验总结对于学前教育研究仍十分重要。重视对教育经验的总结,在总结教育经验的基础上发展教育理论,符合现代认识论、实践论的观点。

学前教育经验总结研究的意义与作用具体表现在以下几个方面:

1. 它有利于从学前教育实际出发,提高学前教育科学的研究水平。在学前教育科学研究中,经验总结虽然没有实验研究获得的结论那样精确,但却有广泛的群众基础。因为它是广大的幼儿教师和幼教工作者在自然的状态下所进行的一种科研活动,反映的是学前教育教学的本来面目和幼儿的身心发展规律。通过先进经验的总结,幼儿教师既能充实自己的感性知识,提高观察事物的敏锐性和判断力,还能够开阔视野,拓宽研究领域,在理论与实际的结合上,提高其研究水平,发表更多的研究成果。因此,幼教工作者不仅要重视对实践工作的总结,而且还要从点滴经验入手,注意经验的积累和总结提炼,在大量观察和实践应用的基础上,不断地提高自己的科研水平和教育教学技能,成为新一代既懂得教育理论,又有丰富的教学经验、热心教育和科学研究的学者型幼教工作者。

第十章 学前教育经验总结研究

2. 它有助于增强幼儿教师的业务素质,促进教育质量的提高。幼儿教师和幼教工作者的业务素质如何,直接关系到教育教学质量的提高。幼儿教师的业务素质既与她所接受的教育训练有关,也与她不断总结教育教学经验有关。善于总结经验的幼儿教师,都深知经验总结对提高自己业务水平的重要性,从而自觉地总结经验,掌握幼儿的身心发展规律和教学规律,取得良好的教学效果。

3. 幼儿教师通过经验总结和交流,不仅是对自身和他人的实践成果的肯定,而且也为与他人进行经验交流提供了机会,这也将大大地刺激和调动幼儿教师和幼教工作者的研究和工作热情。

第二节 学前教育经验总结研究的步骤与基本要求

一、学前教育经验总结研究的步骤

为了使学前教育经验总结研究得到运用,成为可以具体操作,有章可循的研究方法,就需要广大幼儿教师和幼教工作者了解学前教育经验总结研究的具体步骤和基本要求。大体上,学前教育经验总结研究经历两个阶段:第一阶段是先进幼教经验的积累和提出阶段;第二阶段是对先进幼教经验进行科学的总结阶段。

(一)幼儿教育工作经验的积累和提出阶段

这个阶段是整个研究的基础,它为以后的研究提供研究的课题和基本的事实材料。这个阶段积累的经验越详细、越可靠,也就越有研究的价值。在经验的积累和提出过程中,幼儿教师必须掌握以下四个方面。

1. 幼教经验的产生

幼教工作经验产生于广大幼儿教师和实际教育工作者,在实践中所获得的直接经验。这些直接经验有的是幼儿教师在幼教实际中发现新问题,采用新方法,解决新问题时所取得的;有的是根据社会的需要、教学改革的需要,而采取的一些教育措施。例如,在幼儿园课程改革、游戏活动的作用、幼儿教育教学活动的设计、幼儿良好个性品质的培养、幼儿的素质教育、幼儿园管理等方面,所获得的亲身感受和感性认识,即是教育者在幼教的实际中创造的新经验。南京的罗静和彭云两位老师,在实际的教学工作中,对活动延伸的问题进行了全面的分析和探讨,总结了五个层面的活动延伸:即认识程度层面的延伸、时间层面的延伸、活动形式层面的延伸、活动地点层面的延伸和提高素质层面的延伸;八种常用的活动延伸的方法:美术手段延伸法、音乐手段延伸法、语言传递延伸法、作品欣赏延伸法、游戏延伸法、实验延伸法、切身体验延伸法和展览延伸法等;并在具体运用中总结了四条应遵循的原则:服务于目标的原则、灵活运用的原则、家园配合的原则和充分利用区角的原则等。其经验总结的成果发表在全国中文核心期刊《早期教育》杂志上,供更多的教育工作者实践和推广。

2. 幼教经验的记录

广大的幼儿教师在实际中创造的新经验是十分宝贵的,需要一点一滴的积累,这就要求广大的幼教实际工作者对有价值的新经验随时做好详细的记录。幼教经验的记录要严格遵循客观性原则,力求经验的记录真实、准确,实事求是。对经验所带来的效果不要随意夸大,对实施的方法和手段不要随意篡改。一般记录的内容应包括:(1)阐述存在的问题或现象,包括问题或现象发生的时间、地点、起因、背景以及参与者的心理状态和具体表现等。(2)经验获得者对问题的分析和判断。即幼儿教师对出现的新问题和新现象所作出的思考。包括对问题产生原因的分析、对问题性质的判断,对解决问题思路的思考等等。(3)解决问题的具体方法、措施、途径。包括教师的态度、语言、具体方法、开展了哪些具体工作以及工作实施的有关情况等。(4)解决问题的实际效果。对问题或现象施加了一定的手段和影响之后,要密切地注意

第十章　学前教育经验总结研究

记录被影响者的各种言谈举止和行为表现等变化情况,有目的地进行一些个案的记录。(5)对不可控制因素影响的估计。由于人的行为变化受多种因素的影响,有些因素的影响是实质性的,有些因素的影响则是非实质性的;有些效果的产生并不一定是幼儿教师所施加影响的直接结果,有可能是受其他不可控因素的影响所致。因此,幼儿教师需对不可控因素作出大致的估计。诸如,同伴的影响、父母教养态度的影响和环境因素的影响等。幼儿教师应对此作初步的调查与了解,并明确地加以记录,以备日后参考。可见,经验的记录是经验总结的基础,只有把经验记录得真实、具体、详细,才有进一步可研究的价值。广大幼儿教师必须珍视自己获得的宝贵经验,严肃认真地做好经验的记录,为经验的科学研究提供翔实可靠的材料。

3. 幼教经验的分类

广大幼儿教师在实际工作中遇到的问题是多种多样的,积累的经验包括许多方面。因此,在总结和提出经验之前需对自己积累的经验进行类型划分。幼教经验类型划分的依据有许多种,一般可按学前儿童心理学与教育学的内容体系或研究问题的种类进行划分,也可根据经验的内容、性质和特点进行划分。经验类型划分的主要目的是为经验的科学研究提供方便,使研究的问题系统化。广大幼儿教师可根据自己经验积累的实际情况,采用适当的分类标准,在适当的时候对经验进行系统的分类。

4. 幼教经验的初步归纳和提出

当广大幼儿教师在某些方面积累了一定数量的教学和教育工作经验之后,就可以开始着手对记录的材料进行整理和归纳。在进行经验的初步归纳总结时,幼儿教师不要随意改变自己的原始经验记录以保证经验的可靠性。经验的总结材料以叙述自己的实际经验为主,附加对具体经验的解释和说明;也可以对自己的经验加以分析、概括和评价,但应与经验的叙述明显地区分开来,不要把自己的真实经验和自己的一些观点和想法混为一谈。经验的归纳和总结也要严格遵守客观性原则,实事求是地介绍自己的经验。撰写经验总结要重点突出,内容集中,不要写成工作总结或事迹汇报的形式。

写好后的经验总结材料可以通过多种途径表现出来。可以在经验交流会上交流,也可以在有关刊物上发表。经验多的可写成经验集出版发行,还可以将自己的经验材料直接交给专业研究人员进行科学的研究,最终上升到具有一定理论水平的科学的先进经验。

(二)幼儿教育工作经验的科学总结阶段

幼教工作经验的科学总结阶段是在前期幼教经验积累的基础上,对幼教工作经验进行科学研究的过程。在这个过程中,幼儿教师和幼教理论工作者一起对幼教广大教师提供的实际工作经验进行科学的筛选、验证、分析、概括,使之上升为科学性较强的一般原理、原则和方法,进而在教育实践中推广。这个阶段的科学研究工作是教育经验总结法实施的关键环节,没有这一阶段的工作,或者这一阶段的研究工作科学性不强,会使将要进行的教育经验总结回到原有的一般性教育经验总结水平上。因此,广大的专业研究人员和幼儿教师都应切实地重视和加强这方面的研究工作,只有这样才能使先进的教育经验科学总结研究真正地发挥作用。这个阶段的研究工作应做到以下几个方面:

1. 筛选先进的幼教经验,确定研究的课题与对象

先进幼教工作经验的筛选工作是对先进幼教工作经验总结进行科学研究的第一个环节。广大幼儿教师提供的教育教学工作经验不仅数量很大,而且种类繁多。然而这些经验并不一定都是符合先进标准的幼教工作经验,因此,在对教育工作经验进行科学研究之前,必须对大量的教育工作经验进行筛选。选择那些符合先进幼教工作经验标准、有研究价值且具有代表性的经验,并以此作

第十章 学前教育经验总结研究

为研究的对象。

2. 幼教经验的核实与验证

幼教工作经验的核实与验证是指采用科学的检测手段或实验方法检验与核实幼教工作经验的真实性、可靠性和有效性。这是因为,经验来源于幼儿教育教学实际的自然环境中,经验所提供的方法在实施过程中缺乏对无关变量的严格控制。因此,经验所揭示的往往是众因一果的关系,究竟哪一个因素发挥了实质性作用,经验本身无法确定,这就需要采用实验的方法来验证。另外,经验所提供的某种方法往往并不是导致结果的真实原因。譬如,某种教学方法在教学过程中使学生的学习成绩得以提高。而实际上学生学习成绩的提高可能不是因为教师采用了这种新方法,而是因为教师的教学态度或对学生的期望发挥了作用。而经验则可能认为是方法本身带来的结果,这样的经验就可能是不真实、不可靠的。如不对经验加以核实或验证的话,就会造成事实的出入。

幼教工作经验的核实与验证虽含义上稍有不同,但二者的目的是一致的,都是为了验证经验的真实性、有效性和可靠性。核实是指检查经验提供的方法和效果是否符合实际,即核查经验的真实性。验证是指采用实验的方法,考察经验所提供的方法是否真正有效,或者判定这种方法是否是导致结果的真正原因,即考察经验的有效性和可靠性。

对幼教先进经验进行核实大致包括三方面内容:第一,核实经验所提供方法的具体内容和形式。如教师在教学过程中采用了什么手段,采取了哪些具体形式,采取了怎样的态度,使用了哪些教具和材料,对儿童提出了哪些要求等。第二,核实方法的实施过程。包括时间、地点、人员、环境、背景,阶段和步骤等。第三,核实效果。包括儿童言行的转变,学习成效的变化,能力的提高,个性品质的改变等。核实的具体方法和手段是多种多样的。可以采用谈话、问卷、观察等方法核实经验所提供方法的内容和形式;可以采用录音、摄像等手段核实方法的实施过程;可以采用测验的手段来核实经验所产生的效果等。核实工作应遵循实事求是的客观性原则,最好在自然的和不被对方所察觉的情况下,由幼教研究工作人员和有经验的教师来进行。

幼教先进教育工作经验的实验验证具体来说有两种主要形式:一是较严格的实验室验证,主要用来验证经验所提供的自变量与因变量的关系。另一种是自然实验的验证。一般是通过实验班或实验校的形式,在一定范围内实施某种先进的经验,经过一段时间,观察并记录其效果。经核实与验证过的幼教工作经验可以说其科学性得到了很大程度的提高,为经验的进一步理论化和推广工作奠定了坚实的基础。

3. 查阅有关的参考资料

在完成了上述工作以后,就需要围绕经验总结的中心内容,学习有关的方针政策、教育理论,收集国内外研究动态,以及被研究对象的历史和现实资料,为科学总结经验提供可靠的参考依据。这一步骤不仅对于进一步明确经验总结的指导思想、目的、任务和方法步骤十分重要,而且能够避免盲目摸索或重复已有的成果,从而提高经验总结的功效。只有总结出新经验、新理论,才能更深一步地指导教育教学实践活动,产生更大的社会效益。

4. 制定总结计划

总结计划是总结经验过程中的构想。它包括总结的起始、程序、实施、分析综合、组织论证、成果呈现以及推广等,即总结工作进行的总体轮廓。因此,要制定出一个切实可行的总结计划,必须要明确经验总结的目的、任务与基本要求;由幼儿教师与教育理论工作者一同讨论,并提出总结的初步方案;进而组织力量,合理分工,职责分明地实施研究方案;最后,在制定总结计划时要留有余地,要充分考虑到实施计划的可行性。因为计划要付诸实践,常常会出现事前难以预料到的问题,有必要及时补充或修改原定计划,

第十章 学前教育经验总结研究

使之适应经验总结的实际情况。

5. 分析综合,将幼教经验理论化

经过科学核实与验证的幼教工作经验,已不是原始的、粗糙的、零碎的经验性材料,而是较为准确、可靠的科学证据,但科学证据——经验事实并不是理论而是理论或学说赖以建立的基础。幼教理论工作者可以在此基础上提出科学的概念或基本假设,对科学的经验证据进行严谨的分析综合,揭示经验事实的内在本质联系,解释经验发生的内部机制和原因,经抽象概括上升为一种新的学说和理论。这一过程就是教育经验总结的理论化过程,它需要幼教理论工作者富有创造性的研究努力才能完成。这一过程也符合科学研究的一般性规律,符合理论来源于实践,并进一步指导实践的辩证唯物主义思想。

6. 组织论证

经过分析综合并上升为一定的理论或学说之后,就可以写出初步经验总结的草稿、详细提纲或经验总结,邀请有关专家、领导、幼儿教师和幼教理论工作者进行论证、评价报告,集思广益,吸取真知灼见,采纳各方人士的宝贵意见。

7. 修改、定稿,形成书面总结报告

根据组织论证会提出的意见,在前期经验总结初稿的基础上,进一步查阅文献,对经验总结的内容与形式进行反复的推敲、精心加工,最终定稿,形成正式的书面报告。根据经验总结的性质,可呈报上级有关主管部门审定,或向教育专业报刊推荐发表,以获得经验总结的社会效益。

8. 推广先进经验

科学研究的最终目的是以其科学的一般原理指导其实践活动。那些经过了理论升华的幼教工作经验必然要回到教育实践中来,并在教育实践中得到进一步的检验和完善。理论来源于实践,并服务于实践,在实践中得到检验和完善,这便是学前教育经验总结法的全部过程。

二、学前教育经验总结研究的基本要求

(一) 筛选先进的幼教经验,选择总结对象要有代表性,具有典型意义

广大幼儿教师在工作实践中积累了大量的教育教学经验,这些经验是否符合教育科学,是否具有研究意义,在进行教育经验总结时,要充分考虑到这些问题,选择那些具有代表性和典型性的经验作为总结对象。

衡量经验总结对象是否具有代表性,条件有三:第一,要权衡总结的经验对象本身所提供的主要内容,是否具有广泛的接受性,能否对现实中提出的问题给予比较全面的回答或说明;第二,要以总结的先进经验为出发点,认真分析它在教育教学改革中的现实意义,能否起到典型示范作用,以点带面、推动全局;第三,经验应从实际效果来衡量,而不应人为地制造舆论,盲目估量经验的作用。

(二) 要依据客观事实,反映经验的本来面貌

在总结经验的过程中,幼儿教师不能先入为主,夹杂任何偏见,接受任何暗示;也不能在积累经验的过程中,随意改变原始的记录和数据,要把真实的经验与自己的观点区别开来。教育教学的实践活动提供了什么事实,就总结什么经验;有什么经验,就提供什么事实依据。为了提高经验总结的信度和效度,幼儿教师和幼教的研究工作者须重视对事实依据的定性与定量的综合分析。

(三) 要全面考察,注意不可控因素的影响

现代教育呈现出多规格、多因素、多结构的复杂形态,如有些教育效果可能受其他不可控因素的影响,诸如同伴交往、父母的教养态度、家庭环境、儿童自身个性特点影响等。幼儿教师必须对一些不可控因素作出必要的估计,初步调查,并记录下来,作为研究时参考。否则,缺乏系统研究的观念,就将很难考察教育实践过程

第十章 学前教育经验总结研究

的全貌,所收集的事实也只能是支离破碎的例证,不足以揭示教育内部必然的联系,因而也就没有什么普遍意义和典型价值。所以,在总结教育教学经验的过程中,全面考察就是既要了解教育的外部联系,即教育的纵向与横向之间相关因素的依赖与制约;又要把握教育的内部结构,即教育各层次之间的协调一致,合理布局,最终使教育经验总结更加条理化和系统化。

(四)要正确区分现象与本质,得出规律性的结论

幼儿教师在总结幼教工作经验时,应尽可能详细地占有资料,并在此基础上对幼教经验作出客观、公正的评价,抓住本质的东西,克服主观片面性与随意性,以得出规律性的结论。

(五)要有创新精神,摆脱旧观念的束缚

随着社会的发展,新的科学技术成果不断涌现,教育领域出现了许多新的经验。这些新的经验对于实践具有更加重要的意义。要以创新精神对这些经验加以总结,从中发掘新的观念和理论,切不可因循守旧。

思考练习题

1. 什么是教育经验总结研究?
2. 简述教育经验总结研究的意义和作用。
3. 教育经验总结研究的具体步骤有哪些?
4. 简要说明学前教育经验总结的基本要求。

第十一章 学前教育行动研究

本章讨论的主要问题

一、学前教育行动研究的概述
  学前教育行动研究的涵义与特征
  学前教育行动研究的类型与适用范围
  学前教育行动研究的优点与局限性
  学前教育行动研究的意义与启示
二、学前教育行动研究的实施
  学前教育行动研究的基本步骤
  学前教育行动研究的方法与技术
  学前教育行动研究的实施原则与注意事项
  学前教育行动研究的应用案例

  学前教育行动研究是以学前教育的具体情境中遇到的实际问题为起点，由幼儿教师和学前教育管理人员针对问题，在实际工作中边研究边反思的一种研究方法。运用这种研究方法，不但可以促进幼儿教师与幼儿的共同成长，进一步提高幼儿教师的教育教学水平，而且能够更好地激发他们的研究兴趣，增强他们的研究能力，强化其研究效果，使研究更好地为学前教育实践服务。可以说，学前教育行动研究是理论与实践结合的实践性中介，是大教育研究结构层次体系中不可或缺的一个环节。目前，学前教育行动研究正以其特有的优势再度受到广大教师与研究者的青睐，在学

第十一章 学前教育行动研究

前教育科学研究中达到更加广泛的应用,发挥着日益重要的作用。

本章详细介绍了学前教育行动研究的涵义、特征、类型、适用范围、优缺点、意义与启示,强调了行动研究的基本步骤、原则与应注意的问题,并举例说明了其实际应用。

第一节 学前教育行动研究概述

一、学前教育行动研究的涵义与特征

（一）学前教育行动研究的涵义

学前教育行动研究是指情境参与者(如教师)以学前教育情境中的实际问题为研究主题,与专家学者或其他相关人员协作,在这一情境中边研究边反思,以解决问题的一种研究方法。比如,幼儿教师在指导学前班幼儿学习活动时,发现有一些孩子不会用笔、写字姿势不正确,教师就可以以"我怎样帮助幼儿养成良好的学习习惯"为主题进行研究。在研究中一边运用适当的方法实施改善措施,一边在实施过程中反思措施是否运用得当,幼儿已有问题的改善效果如何,这种一边研究一边反思的方法就是行动研究方法。

行动研究起源于社会心理学、自然科学、组织科学和社会规划等学科,经历了从理性的社会管理到反实证方法,然后再到社会变革的历程。其先驱美国著名心理学家勒温建立了一系列行动研究的理论。20世纪50年代,经哥伦比亚大学师范学院前院长考瑞(Corry,S.M.)等人的倡导,行动研究进入了美国教育科研领域,运用范围日益扩大,教师、学生、辅导人员、行政人员、家长以及社区内支持教育的人都参与到了对教育的研究之中。然而,到60年代中期,因实证主义在社会科学领域十分兴盛,技术性的"研究—发展—传播"(RDD)模式逐步占据统治地位,行动研究曾经沉寂一时。70年代,经艾略特等人的努力,行动研究在西方社会再度

崛起,特别是在教育研究领域。进入90年代以来,由于人们越来越意识到实证研究已经不能完全解决社会问题,理论与实践的脱节问题已经成为社会科学领域的一个重大危机,而行动研究可以提供一些可行的变革社会的途径,因此这种研究方法再度受到人们的重视。

当前行动研究最主要的议题是"教师作为研究者"。如今,美国开始关注以中小学为本的、可选择的课程模式。行动研究的主题也更加广泛了,包括教师的合作——主要突出教师的自我意识和自我发展;教师的个人发展——力求挖掘每个人的潜能,以发明、改变、改造旧的结构和内容;行动研究的政治意义与教师的职业发展;教师职业生涯的个人解放——使教师得以审视现实、反思自我;改变学生性别角色观念的行动研究等等。

(二)学前教育行动研究的特征

1. 以解决问题、改进实践为目标:为行动而研究(research for action)

学前教育行动研究以幼儿教育实践中出现的问题作为研究对象(即研究课题),或间接地发展为课题,并将可能解决这一问题的各种方法作为变量,然后在研究过程中逐一地、系统地加以检验。所以研究的过程,就是解决问题的过程;研究的结果,就是问题的初步解决方案。其研究的问题或研究对象的特殊性,通常只限于本园,表现出本地区和本单位的特征。

学前教育行动研究不注重理论上的创新和发展,而是以提高行动的质量,改进幼儿园实际工作和解决现实问题为首要目标。改进现有的工作是行动研究的主要功能。它既能解决幼儿园教学实践中幼儿学习和游戏的问题,也能提高幼儿教师的教学质量和研究水平。

2. 边行动边研究,注重研究环境的现场性:在行动中研究(research in action)

第十一章 学前教育行动研究

学前教育行动研究的策略是：走出人为的儿童实验室，在真实的自然状态下的幼儿教育教学环境中"边行动边研究"，在行动中发现问题，研究问题，并根据行动的实际情况随时调整计划，完善行动，在良性的状态中解决问题。

3. 行动者既是行动研究者又是行动应用者：对行动进行研究（research of action）

在学前教育行动研究中，研究人员主要是从事学前教育工作的教师。他们是开展幼儿教育研究的主体或主力。这是由于幼儿教师最知道学前教育实践中亟待研究的问题；而学前教育问题的解决，以及研究成果的推广应用，更需要幼儿教师来操作。同时，行动研究者又是行动研究成果的应用者。这种双重角色集于一身的研究能够把学前教育研究工作与学前教育教学的实际工作密切结合起来，从而达到改进幼儿园工作方法，培养学前教育管理者和幼儿教师的思维习惯，增强幼儿教师的专业精神，提高幼儿教师的素质等诸种目的；另外，也能强化学前教育理论与学前教育实践相结合，使学前教育成果具有实际应用价值。

4. 以"共同合作"的方式进行，扬长避短

学前教育行动研究要求幼儿教师运用学前教育理论，系统的反思自己的实践；要求研究者深入幼儿教育实际，从实际中发现问题，并直接参与从计划到评价实际工作的过程，与幼儿教师一起研究他们面临的问题。所以，这一研究往往由学前教育专家、幼儿教师、学前教育行政领导、乃至幼儿及其家长组成研究小组。小组成员各司其职，经常交换意见、取长补短、共同合作。一般学前教育专家、学者主要起指导咨询作用，行政领导起保证作用，真正研究的主体是广大幼儿教师。所以，从某种角度看，学前教育行动研究也是提高幼儿教师业务水平的一种独特的在职进修方式。

5. 行动研究是一个不断扩展的螺旋过程

从学前教育行动研究的框架中可见第一个循环完了以后，进

入第二个循环,从而使行动研究的整个过程构成一个不断上升的螺旋过程。

以上我们分析了行动研究的一些特征,如果进一步把行动研究法与一般的教育研究法放在一起比较,这会使大家更清楚地认识行动研究法的特征(见表11-1)。

表11-1　行动研究与一般教育研究的区别

范围	一般研究方法	行动研究
1.需要的训练	在测量、统计学和研究方法方面需要接受广泛的训练。	由于无需严格的设计和分析,所需的统计学和研究法的训练不必很多。
2.目的	获得可普遍应用于总体内较大范围的结论;发展与检验理论。	获得能直接应用于当地小范围情境的知识;训练提高教师的研究能力。
3.课题的确定	以各种方法确定课题。研究者必须了解问题,但通常不涉及其中。	从幼儿园或学校情境中研究者所遇到的教育教学方面的困扰来确定课题。
4.假设	需要提供可操作化处理和检验的特定假设。	常常把问题的特别说明作为假设。但从理想角度看,其假设应接近正式研究所要求的严谨程度。
5.文献查阅	需广泛查阅资料,以对所研究课题的领域有充分的了解。	给教师阅读可用的间接资料,使之对所研究的领域有一般性的了解。
6.抽样	从研究总体中获得随机的或无偏见的样本。但常常难以圆满做到。	通常以学校、幼儿园或班级中的教师或儿童作为研究对象。

第十一章 学前教育行动研究

范围	一般研究方法	行动研究
7.设计	开始研究前,进行详细设计。注意维持比较所需的条件,控制无关变量。	开始研究前,按一般方式设计。研究期间,可以作出变化,看其是否有利。对条件控制和降低误差方面要求不高。
8.测量	选取最有效的测量工具。研究前要对测量工具做预测试验。	无需对测量工具做严格的检验。参与者不一定要有测量方面的许多训练。在行家的指导下进行即可。
9.资料分析	要求有复杂的分析,强调统计上的显著性。	简单的分析即可。强调实际意义的显著性而不是统计意义上的显著性。
10.结果应用	结果可以普遍应用。但由于研究人员与教师在训练和经验方面的差异所造成的沟通问题,使得许多有用的成果无法应用于实践。	结果可立即应用于研究者的工作情境中,导致持久性的改变。但其应用范围往往限于所研究的情境中。

二、学前教育行动研究的类型与适用范围

(一)学前教育行动研究的类型

学前教育行动研究内部有比较丰富的内容层次和方法类型,可以从研究的侧重点、研究的历程、参与者的反映及其参与者的不同类型几个角度对其进行分类。

1.按照研究的侧重点来分类(郑金洲,1997)

(1)行动者用科学的方法对自己的行动所进行的研究。这种类型强调使用测量、统计等科学的方法来验证有关的理论假设,实践者用科学的方法结合自己实践中的问题进行研究。研究可以是小规模的实验研究,也可以是较大规模的验证性调查。

（2）行动者为解决自己实践中的问题而进行的研究。这种类型使用的不仅仅是统计数据等科学的研究手段，而且包括参与者个人的资料，如日记、谈话录音、照片等。研究的目的是解决实践中行动者面临的问题，而不是为了建立理论。

（3）行动者对自己的实践进行批判性反思。这种类型强调以理论的批判和意识的启蒙来引起和改进行动，实践者在研究中通过自我反思追求自由，自主和解放。

上述三种类型分别强调的是学前教育行动研究的不同侧面：第一种类型强调的是行动研究的科学性；第二种类型强调的是行动研究对社会实践的改进功能；第三种类型强调的是行动研究的批判性。虽然这些类型强调的方面各有侧重，但在学前教育的实际研究中，研究者有可能同时结合这三方面的特征。

2. 从参与者对自己的行动所作的反思来分类（阿特莱奇特等人，1997）

（1）内隐式"行动中获知"。通常实践者对自己的实践知识及其来源缺乏意识，无法清楚地用语言说出来。他们的思考和行动无法分开，"我们知道的比我们能说的要多"。例如，布鲁姆（R. Bromme，1985）发现，在例行式实践行动中，一个专业的"行家"（如成功的教师）比"非行家"（如不成功的教师）在界定和解决问题时所运用的语词来得精练。因此，他认为，例行式行动不是"知识不足"的表现，而是代表了一种组织知识的方式，一种与工作任务紧密相关的知识的浓缩，"行家"在例行式行动中所表现的隐含性知识，是他们日益积累的实践性知识的一种精练的展现。"行动中获知"的研究便是对实践者日常的例行式行动的研究，通过观察和反思了解实践者的内隐性知识。

（2）"行动中反思"。西雄（D. Schon，1983）的研究发现，当一个人在行动中进行反思时，他就成为了实践中的一位研究者。这种研究者不是依靠现存的理论或技巧来处理问题，而是针对一个

第十一章 学前教育行动研究

独特的个案来建构一个新的理论。他将目标和手段视为一种相互建构的关系,根据彼此之间的需要进行相互的调整。这种研究者的思考不会脱离实践事物,他所有的决定都一定会转化为行动,在行动中推进自己对事物的探究。这种研究无需借助语言,它是以一种非口语的形式进行的,是一种针对特定情境而进行的反思式交谈(Schon,1987)。这种方法促使参与者将个人的思考转换为行动,比较不同的策略,将相同的因素提出来,排除那些不恰当的做法。这种研究还可以提高参与者将知识从一个情境转移到另一个情境的能力,运用类比法来评估知识,并在此基础上发展知识。这种方法通常发生在比较复杂的环境中,特别是当参与者的例行式做法不足以应付当前的问题时(Argyris & Schon,1974)。

(3)"对行动进行反思"。在这种研究中,参与者明白地用口语建构或形成知识,把自己游离出行动,对自己的行动进行反思。这种做法可以增加参与者分析与重组知识的能力,有意识地对自己的行动进行反思。虽然这么做减缓了参与者行动的速度,干扰了他们例行式行为的流畅性,但催化了他们对自己行动的细微分析,有利于他们规划变革(Cranach,1983)。同时,将参与者的内隐知识明朗化(特别是口语化)可以增加他们知识的可沟通性,是他们所属职业发展的必然要求。将实践性知识语言化,不仅可以帮助参与者应付更加复杂的社会问题,而且可以帮助他们与其他人进行沟通,从而使知识得以传承。

3. 从参与研究的成员成分不同来分类(阿特莱奇特等人,1997;郑金洲,1997)

(1)合作模式:在这种研究中,专家(或传统意义上的"研究者")与实际工作者一起合作,共同进行研究。研究的问题是由专家和实际工作者一起协商提出的,双方一起制定研究的总体计划和具体方案,共同商定对研究结果的评价标准和方法。

(2)支持模式:在这种类型中,研究的动力来自实际工作者,他们自己提出并选择研究的问题,自己决定行动的方案。专家则作为咨询者帮助实际工作者形成理论假设,计划具体的行动,评价行动的过程和结果。

(3)独立模式:在这种研究类型中,实际工作者独立进行研究,不需要专家的指导。他们摆脱了传统的研究规范的限制,对自己的研究进行批判性的思考,并且采取相应的行动对社会现实进行改造。

4.从研究成员的多少来分类

(1)单个教师独立进行的行动研究;

(2)联合性的行动研究。分为三个层次,依次是:协作性的行动研究(理论工作者与教师合作);幼儿园范围内的联合行动研究;幼儿园内外的联合行动研究。

单个教师的行动研究的特点是规模小,研究问题范围窄,具体易于实施,但力量单薄,很难从事深入的、细致的、说服力强的研究。协作性行动研究的特点是可以发挥多个教师的集体智慧和力量,但可能在理论的指导方面较欠缺。幼儿园内外的联合性行动研究是学前教育专业研究人员、幼儿教师、政府部门、幼儿园行政领导等组成的较为成熟的研究队伍从事研究。这是较为理想的行动研究,它的特点是有专业人员参加,有较强的理论指导,研究力量大,能充分的发挥领导、教师和研究人员的协同作用。学前教育行动研究的适用范围主要适用于解决学前教育实际问题而不是理论问题的研究,以及中小规模而不是宏观的实际研究。它针对学前教育的实际情境而进行,从实际中来又到实际中去。具体表现为:学前教学研究改革实施;学前课程中小规模的改革研究;幼儿教师职业技能训练,提供新的技术和方法;幼儿园管理评价;对已确诊的学前教育问题所施行的改革措施,如入园困难儿童的教育措施,儿童不良心理行为的矫正,幼儿教育或幼儿园环境因素的变革等。

第十一章 学前教育行动研究

(二) 适用范围

学前教育行动研究一般适用于下列研究范围:

1. 在学前教育教学过程中将新的改革措施引入固有的体系中,使之得到创新。

2. 作为职业训练的手段,提供新的技术和方法,提高幼儿教师的职业分析能力和自我意识。

3. 在特殊情况下,对已确诊的问题加以补救,或使环境因素得到改善。

4. 对学前教育课程进行中、小规模的研究与改革。

三、学前教育行动研究的优点与局限性

(一) 学前教育行动研究的优点

1. 适应性和灵活性

学前教育行动研究简便易行,较适合于没有接受过严格教育测量和教育实验训练的幼儿教师采用。行动研究容许边行动边调整方案,不断修改,经过实际诊断,增加或取消子目标。实验条件的控制比较松缓,注重实际的教育环境,较有利于在教育这样复杂的研究现象和领域内进行。

2. 评价的持续性和反馈及时性

学前教育行动研究强调评价的持续性即诊断性评价、形成性评价、总结性评价贯穿整个研究过程。反馈的及时性从两个方面看:一是及时反馈总结,使教育实践与科学研究处于一动态结合与反馈中;二是一旦发现较为肯定的结果,便立即反馈到教育实践中去。

3. 较强的实践性与参与性

学前教育行动研究与学前教育实践紧密联系。行动研究紧紧围绕着学校的实际问题进行分析、研究和行动。参与性体现在典型的行动研究中,研究人员由专职研究人员、行政领导和第一线的教师联合构成,研究人员直接或间接地参与方案的实施。

4. 多种研究方法的综合使用

在较成功的行动研究中，可汇集多种研究方法的作用。理想的行动研究法应是多种科学研究方法的灵活和合理的并用。

(二) 局限性

由于学前教育行动研究是一边行动一边进行研究，所以在实际研究中，不可能严密控制条件，容易影响结果的准确性、可靠性。因此，研究者在得出结论时一定要十分谨慎。

四、学前教育行动研究的意义与启示

(一) 学前教育行动研究的意义

1. 为反思型教师教育思潮的兴起做了很好的前期方法论准备和实践探索工作

行动研究作为一个术语产生于20世纪30年代的美国。进入50年代，行动研究的思想被引入到教育领域，并在美国风靡一时。到了70年代以后，行动研究进入了一个新的发展阶段，已经成为一场声势浩大的国际性运动。它强调实践者在实际的情境中进行研究，并将研究结果在同一个情境中进行应用。在目的上"行动研究意在帮助实践者省察其自身的教育理论与其日常教育实践之间的联系；意在将研究行为整合进教育背景，以使研究能够在改进实践中起到直接而迅捷的作用；并且力图通过帮助实践者成为研究者，克服研究者与实践者之间的距离"。行动研究的贡献在于，它使越来越多的教育工作者接受了哈贝马斯(J. Habermas)的观点：科学概括出来的知识，并不能直接驱使社会实践，还必须有一个"启蒙过程"，以使特定情境中的实践者对自己的情境有真正的理解，并做出明智而谨慎的决定。它使人们感受到每个教育、教学情境的丰富性和独特性，意识到实证主义的普遍化理论对教育实践的指导的不可靠性、不充分性。它通过实践者在特定的情境中对自己的自省研究而与当代教育研究的其他形式相区别开来。这一方面是为了提高参与者对社会和教育实践的理解，另一方面是

第十一章 学前教育行动研究

为了提高进行教育实践活动的环境的合理性和正确性。在方法上,行动研究主要采取自省的计划、实施、观察和再思考,这一螺旋型循环方式。行动研究之所以能够在欧、美、澳、日教育界再度蓬勃发展,形成一个新的热潮。究其原因,一是在逐渐专业化的教师发展进程中,要求教师对他们自己的实践要在调查的基础上进行研究;二是行动研究吸取了教育研究和评价中的"新浪潮"方法的有益之处(如个案研究方法、现场教学等)。这些方法的共同之处就是把参与者置于整个教育研究过程的中心。此外,教育行动研究者所认定的"目标"就是教育实践,他们认为实践是实践者明智和谨慎行为的根源,实践者要对实践活动做出明智的判断。他们在研究中所采取的方法主要有观察、分析等方法,并且这些方法建立在自我反思螺旋过程的概念基础上。反思型教师教育思潮之所以能在20世纪80年代兴起,其中很重要的原因是源于行动研究为其所做的铺垫。行动研究与反思型教师和教师教育最根本的关联就在于它使得教学中的反思走向系统化。反思型教师教育者正是看到行动研究具有反思这一特征,他们将其引入自己的研究中去,在此基础之上,构筑了自己的理论体系。如有的研究者以行动研究螺旋模型为基础,创造了反思型教学模型,有的则以行动研究作为培养未来教师与教师反思型思维的方法。可以说,行动研究为反思型教师与教师教育运动做好了前期方法论上的准备和实践探索工作。

2. 是学前教育理论与实践相结合的实践性中介

由学前教育实践者开展的行动研究包括了实践者对学前教育实践的变革和对这一实践情境理解的发展两个方面,它为实践者确立了一个把理论与实践、实践者与研究者内在联系起来的理想模式。学前教育行动研究的实质就是广大幼儿教师在实践中通过行动与研究的结合,创造性地运用学前教育理论研究和解决不断变化的学前教育实践情境中的具体问题,从而不断提高专业实践水平的一种研究类型和活动。因此,以教师为主体的行动研究,既是实践的,又是理论的;既有教师教育实践对教育理论的批判,又有教育理论对教育实践的问诊和反思;从而使学前教育实践具有较强的理论吸纳能力,有效地促进学前教育理论与实践的良性循环、转化和发展。

  3. 是大教育研究结构层次体系不可或缺的一个环节

  大教育研究的结构层次关系大致可以表述为如下的双向往来的链形结构:基础理论研究←—→应用研究┊←—→行动研究←—→实践。以虚线为分界,把整个研究结构划分为理论研究与实践研究两个范畴,行动研究是其中一个必不可少的中间环节,它同应用研究一起,共同构成了从理论到实践和从实践到理论的直接往复机制。

  4. 教师参与学前教育的教学改革,教育改革更彻底

  以往的学前教育改革措施,很多由行政手段或某些专家学者提出,尽管也做出了大量的调查研究,由于缺少第一线实践的试验,很容易造成与学前教育实际脱节的问题。如果幼儿教师能够参与到教学改革的确定活动中,肯定对教学改革有积极促进作用,这样可以避免由于官僚主义所造成的工作失误与损失。

  幼儿园进行教学改革,幼儿教师应该是行动主力。但是以往的许多教育研究方法都需要幼儿教师具备较高的理论研究水平,而且实验条件需要严格控制,加之幼儿教师工作任务繁重,因此,许多教师不愿意参加到如此严密的教学改革实验中来。行动研究不需要教师掌握高深的理论,实验条件不需要严密控制,并且目的是解决幼儿教师实际工作中需要解决的问题,加上专家的理论指导,使教师具有参加研究的积极性。由于教师的积极参与,就使教育改革更加彻底和深入。

  5. 使教育研究方法产生变革

  对于一个课题,采用"假设——调查——分析——结论"是常

第十一章 学前教育行动研究

规的研究方法。这种研究确实提出了许多建设性的意见,但是研究完了也就结束了一切活动,真正的问题仍无法解决。原因在于研究方法上只是对已有假设结论的论证,而这种论证由于缺少第一线教师的参与,很多流于形式或走过场,无法真正触动教育深层的问题。行动研究的引入就能弥补这一缺憾。

6. 沟通幼儿园、家庭与社会

行动研究允许外界人士监察行动的实施,并提供指导意见。特别需要幼儿家长的积极配合与合作,幼儿家长很了解幼儿在幼儿园外的情况,幼儿教师根据家长的反馈信息,结合幼儿在园的情况,对每个幼儿实施有效的个别化教育,使每个幼儿都得到健康发展。幼儿园方面也可以通过与幼儿家长的沟通,了解他们对幼儿园教育与管理的要求,积极改进幼儿园的工作,以适应社会的需求。教育管理部门和社会各界人士监察幼儿园的行动研究,可以了解其实施的意义,并给以大力支持。

7. 为广大幼儿教师提供大量的实际工作经验案例

幼儿教师将行动研究中的大量解决实际问题的经验总结出来,这将是他们相互学习与交流的很好的素材。他们可以通过阅读和观摩总结出来的大量案例,丰富自己的教学经验,充实自己的业务素养,完善自己的个人发展,借鉴他人的经验与教训,少走弯路,更快地成长为有经验的幼儿教师。

8. 是提高幼儿教师教育教学水平的有效途径

研究表明:教师的知识结构包括本体性、条件性和实践性知识三个方面。其中,实践性知识对提高教师的专业实践水平常常具有决定性的作用。事实上,教师的专业实践是"技术"模式和"行动研究"模式的复合体,它既是一种工具性和技术性活动,又是教师在实践中不断作出"思考"的行动研究过程。可以说,教师在教学实践中开展的行动研究,既是教师最有效、最实在的培训和学习方式,又是教师专业自主性的积极表现形式。对教育、教学的质量评估很有借鉴意义。

（二）对学前教育研究的启示

1. 坚持应用性，不能学术化

这是对学前教育研究目的的定位。应用性的目的是指教师的研究要解决自己的实践问题，提高自己的教育质量；学术性的目的是指通过揭示和传播教育的一般规律，发展教育科学，指导其他教育的实践。行动研究法就是倡导应用性目的的研究形式。

幼儿教师是实践工作者，这就要求他们要积极开展应用性研究，针对幼儿教育实践，从学前教育内容、方法、手段和组织形式等方面进行改革和创新，提出新方案并付诸实施。从而真正地解决学前教育研究与实践相脱离的难题。

要促使学前教育研究的应用性，关键是正确评价幼儿教师的研究活动。首先，要高度重视应用性研究，可以说应用性研究既是实现学前教育理论终极价值的有效途径，又是学前教育理论繁荣的沃土。其次，要以实践效果作为根本标准评价幼儿教师的实践活动。只要幼儿教师的教育教学活动方案有新颖性，能够提高教学质量，就应肯定其研究成果，而不应以其是否成文或是否发表为标准。

2. 坚持高尚性，不能庸俗化

这是对学前教育研究动机的定位。高尚性动机是指教师开展研究是为了体验创造性工作的乐趣和奉献社会的幸福，为了在平凡而崇高的育人事业中发挥自己的潜能，实现自身的价值。庸俗化动机则指教师开展研究是为了评职称，长工资，职位晋升，应付考核等个人名利。行动研究法之所以能够全面复兴，原因之一就是倍加关注教师研究动机的高尚性。

事实上，教师只有产生了高尚的研究动机，才会具有内在的研究动力，才能自觉而持久地投入研究，并创造出真正的研究成果。庸俗化动机只能使研究成为名利的代价，教师体验的是痛苦而不

第十一章 学前教育行动研究

是创造的快乐和幸福,其创造性受压抑,潜能难以得到发挥,研究质量难以保证,研究难以坚持不懈。要促使学前教育研究的高尚性,首先,社会和幼儿园等机构要尽量满足教师的现实物质需求,关心教师的精神生活,充分尊重教师,为他们产生自我实现的高级精神追求提供条件。其次,社会和幼儿园要对那些不计名利,投入教育研究,从而提高教育质量的行为,给予大张旗鼓的表扬和奖励,以引导教师进行研究。

3. 坚持通俗性,不能神秘化

这是对学前教育研究方法的定位。其实,教师开展教育研究的方法就是他们解决具体教育问题,改进教育实践效果的方法。其操作程序基本上遵循行动研究的几个步骤:(1)发现教育问题。(2)分析问题,找出原因。(3)制订解决问题的方案。(4)实施方案。(5)反思方案的实施效果。(6)开始新的研究。

要促使学前教育研究的通俗性,关键要牢记研究的应用性目的,并且不以学术标准评价其研究成果。

4. 坚持自主性,反对依赖性

这是对学前教育研究中幼儿教师与专家关系的定位。在行动研究法的兴起阶段,教师与专家是合作关系,教师的研究自主性有限;在衰落阶段,教师受专家的约束和控制,没有研究自主性;在复兴阶段,教师和专家是协作关系,教师具有充分的研究自主性。

之所以强调教师研究过程的自主性,是因为在由专家主持,教师参与的研究中,教师实际上并没有开展研究,而是为专家服务,只不过在服务过程中教师可以学到更多的研究技能和先进的教育思想理论。而在合作研究中,虽然教师具有一定的研究自主性,但问题在于:一方面,这种合作研究难以持续。由于专家有其自己的专业方向,学术目的和理论任务,这就决定他们不能总是与教师一起研究,总是着眼于教师的具体问题的解决。另一方面,这种合作研究难以广泛。目前我国有1000多万中小学教师,而教育专家不过数万,所以绝大多数教师没有合作研究的机会。

教师自主开展研究并不等于说他们不需要专家的指导,而是说这种指导应具有服务性、咨询性,教师寻求指导的方式也多种多样,譬如,邀请专家来校做专题报告或现场咨询;亲自拜访专家;通过电话、信函与专家联系;借助图书、报刊、电子音像资料等媒体寻找专家的理论指导等等。

从幼儿园方面说,要促使教师研究的自主性,首先,应为教师提供宽松的研究环境和正确的研究导向。鼓励教师充分发挥主体性,大胆创新,锐意改革;引导教师少进行勉为其难的学术性研究,多开展力所能及的应用性研究,通过提高教育质量实现自身价值。其次,应为教师提供必要的物质条件。在研究过程中,教师需要一定的资料、设备,需要约请专家或外出交流学习等,幼儿园应在物力、财力和时间等方面尽量予以支持和满足。最后应加强对学校教研组的领导和管理,充分运用教研组这一"教师研究共同体"为每一位教师开展自主性研究提供随时随地的帮助。

第二节 学前教育行动研究的实施

一、学前教育行动研究的基本步骤

（一）勒温的四环节模式

勒温认为行动研究是一个包括计划——行动——考察——反思(检查行动结果)的循环圈(Lewin,1948)。勒温提出的"螺旋式研究模式",在70年代以后得到了埃里奥特、埃伯特(Ebbutt,1983)、凯米斯和麦克纳等学者的支持、充实、修正和完善。

（二）埃里奥特的行动研究模式

埃里奥特将行动研究的运作模式表现为逐步深入和反思修正的一系列步骤(见图11-1)。在埃里奥特的模式中,特别受到重视的有三点。第一,对事实进行分析并作出解释。勘察不仅体现

第十一章 学前教育行动研究

行动研究"反思"的特性,而且要修正行动计划。第二,每一次勘

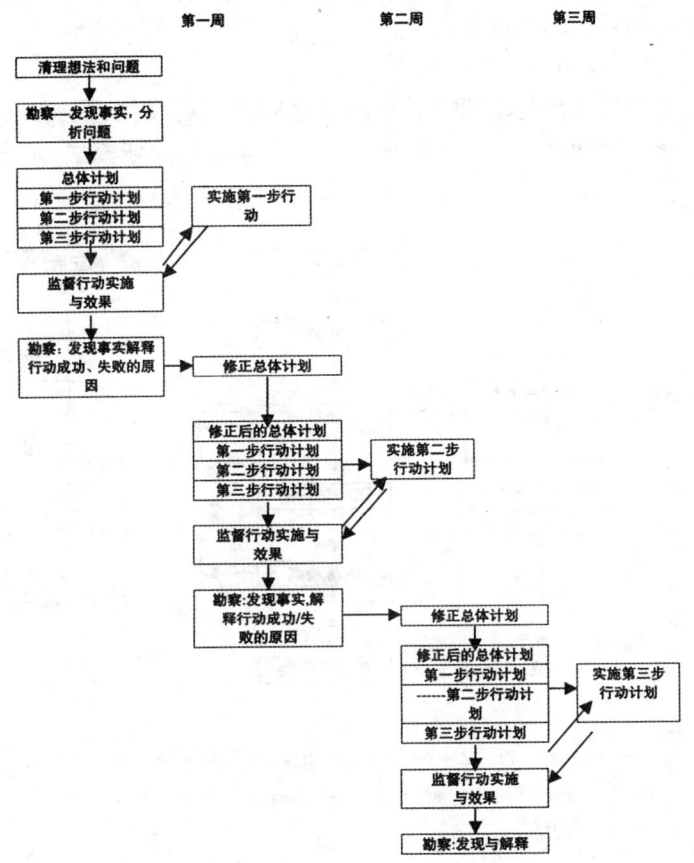

图 11-1 埃里奥特的行动研究模式
资料来源:Elliott,1981

察后,都可以修正总体计划,而不仅仅是以后的几个行动步骤的计划。第三,为模式增进了"监督"这一环节。"监督"的内容包括行

动者的主观态度、努力程度的变化、行动者在遇到意外阻力和困难时表现出的机智和应急措施,以及行动对象和背景在行动作用下的变化和对行动的反作用。

(三) 埃伯特的行动研究模式

埃伯特强调行动研究各个环节之间的及时反馈,强调依据反馈调整行动的开放性。他提出了一个引人注目的新模式(见图11－2)。

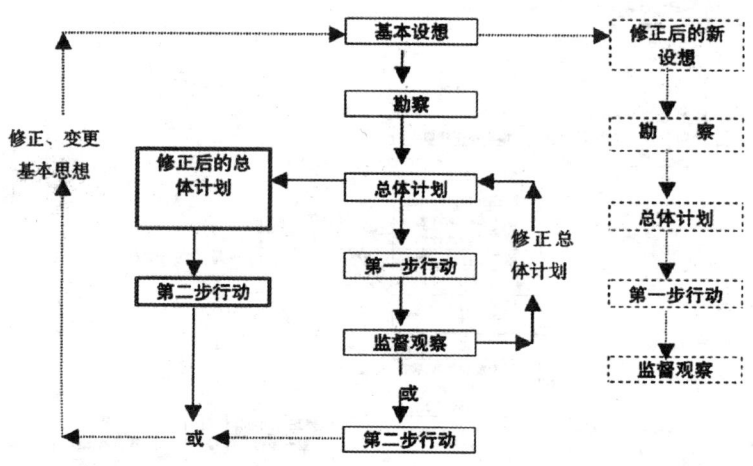

图11－2 行动研究一般操作程序模式

资料来源:Burgess,R.(ed.).1985.Issues in Education,Lewes,Falmer,p.163.

(四) 迪金大学的行动研究模式

近几年来,在欧美教师中更为流行的可能要数"迪金大学行动研究模式"(见图11－3)。这个模式是由凯米斯以及他在澳大利亚迪金大学(Deakin University)的同事麦克泰格特(R. McTaggart)等人设计的。这一模式将勒温提出的"勘察"环节和埃里奥

第十一章 学前教育行动研究

特提出的"发现事实"和"分析解释事实"两方面的要求,重组为"观察"和"反思"两个环节,使行动研究的各个环节更为明了,更便于操作。行动研究是由若干个螺旋形行动研究循环圈构成的。每一个圈中又都由相互联系并具有内在反馈机制的四个环节构成。这四个环节分别是计划、实施计划、观察、(相当于"勘察"、"发现事实")和反思(包括"分析"、"解释"、"评价"等)。

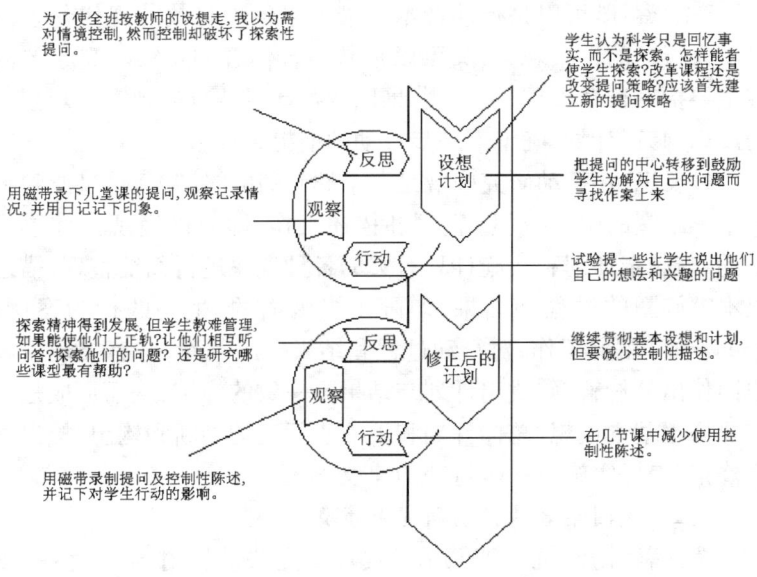

图 11-3 迪金大学行动研究模式

资料来源:McTaggart, R. Kemmis, S. , etc. (1982). The Action Research. Planner. 2nd Ed. Victoria:Deakin Univ. Press.

1. 计划:这是行动研究的第一个环节,需要完成三方面的工作;(1)理清行动研究者的困境,提出明确的研究课题。(2)考虑解决问题的设想。(3)计划的制定既要包括行动的"总体计划",又要包括每一个具体行动步骤的计划方案,尤其是第一、第二步行动的方案。计划应是灵活、开放的,是实验性的、允许修正的。

2. 实施:即实施计划,是按照目标和计划作出行动。它是建立在理解基础上的有目的、负责任、按计划采取的实际步骤。实施计划的行动是在自然的状况中进行的,因此必须重视实际情况变化,重视实施者对行动及背景的逐步加深的认识,重视其他研究者、参与者的监督观察和评价建议。

3. 观察:既可以是行动者本人借助于各种有效的现代化手段对本人行动的记录观察,又可以是其他合作者的观察。观察的内容主要指对行动过程、结果、背景以及行动者特点的观察。观察成为反思、修正计划、确定下一步行动的前提条件。

4. 反思:在行动研究中既是一个螺旋圈的终结,又是过渡到另一个螺旋圈的中介。(1)整理和描述工作,即对已经观察和感受到的、与制定计划和实施计划有关的各种现象进行归纳整理,描述出本螺旋圈的过程和结果,勾画出多侧面的、生动的行为案例;(2)评价和解释工作,对行动过程和结果作出判断,对有关现象和原因作出分析解释,找出计划与结果不一致的症结,从而形成是否需要修正基本设想、总体计划和下一步行动的判断和构想,提出怎样修正、怎样实施下一步行动的建议。

(五)我国学者的行动研究七步骤

贾馥茗、杨深坑(1995)在《教育研究法的探讨与应用》一书中,将行动研究分为如下七步骤:

1. 发现问题　发现教育实际工作中的问题,这有赖于教师的职业敏感性和责任心。

2. 分析问题　对问题予以界定,诊断其原因,确定其性质和范围。

3. 拟订计划　计划中要考虑研究目标、研究方法和步骤、研究人员任务的分配、研究假设、收集资料的方法等。

4. 收集资料　应用有关方法,如观察、问卷、测量、访谈等,系

第十一章 学前教育行动研究

统地收集资料。

5. 批判与修正　依据所获资料,评判修正原计划中缺失之处。

6. 试行与考验　着手试行,并在试行之后,不断收集各种资料,以改进现状,直到有效地消除困难和解决问题为止。

7. 提出报告　根据研究结果,写出完整的研究报告。

二、学前教育行动研究的方法与技术

学前教育行动研究所采取的具体方法和技术应该根据研究者所要解决的问题来决定,在行动研究中,可以运用所有已知的定性的和定量的观察技术、记录技术和数据资料采集分析技术。可能唯一例外的就是控制实验方法。

（一）行动研究的方法与技术分类

麦可纳在其《课程行动研究:反省参与者的方法资料手册》一书中,对世界各国行动研究中采用的方法技术作了详细的分类和阐述。

1. 观察陈述方法

（1）陈述数据收集

（2）参与性观察

（3）校内班内观察

（4）轶事记录

（5）简单个案报告

（6）分析性备忘录

（7）个案研究

（8）日记/日志

（9）现场记录

（10）暗中行为记录

（11）照片

（12）音像记录

（13）检查表
（14）个人行动登记
（15）交互行动分析
（16）定量分析评定
2．非观察性调查及自我报告技术
（17）态度量表
（18）问卷调查
（19）主要对象访谈
（20）方案设计技术
（21）履历分析技术
（22）环境条件记录
3．情境分析与问题解决方法
（23）困境分析
（24）压力分析
（25）内容分析
（26）文献分析
（27）个人用时分析
（28）社会距离分析
（29）场景分段分析
（30）行动探究讨论
（31）脑力激荡
（32）问题调查
（33）小组协作
（34）中立主席
4．批判反省与批评技术
（35）三角分析
（36）四边比较
（37）同事评议

第十一章 学前教育行动研究

（38）讲座反馈

（39）课业笔记

（40）师生评价表

（41）课程评议

（42）发言评价

（43）批判性试验

（二）有关方法的技术的简介

在上述技术方法中,多数是教师们已经了解的或者常常无意识或有意识地运用的,但有一些则是教师们还比较陌生但值得试用的。下面就有选择地介绍几种。

1. 参与性观察

参与性观察是研究人员在行动研究中经常运用的一种技术。观察是否具有参与性是根据观察者是否"介入"被观察人的行动来决定的。"介入"被观察人的行动是"参与性观察",反之就是"非参与性观察"。"参与性观察"的优势在于,不仅能观察到被观察者的行动方式、行动的时间背景等,而且还能通过"参与",了解甚至分享被观察者采取行动的原因、态度、努力程度、行动决策依据等。"参与性观察"可以被定义为:研究者通过参与被研究者社会群体的生活来进行的观察研究活动。如何进行"参与性观察",归纳起来有以下几条:

（1）确定主题。即确定被观察的内容以及进行观察的目的。主题要明确、具体,具有易观察性。

（2）协商进入参与状态。要认真参与一项工作或活动并不容易,除非受到被观察者的主动邀请,在其他情况下,参与者都要通过协商,并获得学校主管部门、教师和同学的同意和信任。

（3）确定被观察的群体、人群和范围,并尽可能地了解他们,了解怎样才能迅速成为他们中的一员。

（4）细心观察,做好记录。包括参与观察者在进入这个群体时这个群体的情境状况、研究假设以及是谁告诉他们的,怎样告诉的,参与观察者参与后有关行动的人员、态度、事件、职责有了哪些变化。记录尽可能用多种手段。有意的访谈、随意的交流、笔记、音像记录、日记等都是有益的办法。

(5) 描述研究情境。用文字、图表说明情境,如在观察班级组织时就可以记录描述班级的排位情况及原因。

(6) 分析数据资料。数据资料有两类:一是进入这个情境前已存在的资料,如有关教师学生的履历、学业成绩等;二是进入观察后收集积累的资料。分析最基本的内容包括内容分类及频率,如教师上课时用的语词分类、各类语词的复现频率,对认识教师的讲话风格就极为重要。

(7) 结束观察。在完成一轮或一项观察任务时,要向情境中的成员表示感谢,保证按进入群体时协商的要求使用已获资料。

(8) 撰写观察报告。完成观察后应写出报告,最好的报告方式是个案报告,以便充分、真实地反映观察的各个方面。

(9) 传播结果。不能经受公众批评的研究是无益的,所以完成的观察报告一定要尽快交参与者和有关公众评判。

2. 简短的个案报告

简短的个案报告经常被用来报告"参与性观察"结果以及一阶段行动研究工作的结果,是有关人员进行讨论的基础。个案报告要说明地点、参与人、时间、主题、过程等内容,也可以写出需要进一步探讨研究的问题。

3. 暗中观察

暗中观察又称"试样记录"(specimen record)或者"行为流编年记录"(stream-of-behavior chronicles)。这种研究由一系列对人类行为流的谨慎记录组成,然后对行为流进行分段、分流、分析、解释。它要求对被试的观察在自然状态下进行,所以心理学中往往用单面视窗来观察。在行动研究中,此种技术经常被采用。研

第十一章 学前教育行动研究

究者可以请一位同学或教师"暗中观察"记录另一位同学或教师在某一段时间中的行为;也可以请听课教师"暗中观察"某些人的某几种行为;还可以自己观察记录教师或儿童的一些行为流,更可以请几个人同时对一个对象进行不同角度的"暗中观察"。

4. 内容分析

内容分析也是行动研究中经常运用的一种技术。其目的是深入探究内容包含的深层意义。它可以是对一部电影、一段录像、一个行动内容的分析,但教师常用的是对教材内容的分析。在内容分析时,要注意以下几点:

(1)明确内容领域。即研究的学科、年级、范围(教材、辅助材料、其他书画、音像资料)。可由进行行动研究的某一个人、几个人、或研究人员分头阅读后协商确定。共同意见达到70%以上,才能最后确定。

(2)写出经过认真讨论后确定的内容分类,并进行编号。还要确定分析的层次,如词语、主题、特性、所占空间等。

(3)对所获资料进行定量分析,至少计算出频率、比例。

(4)检验内容与目标、要求、风格等方面的联系,并据此提出分析者的意见和判断。

5. 参与者之间的道德协议的制定

在每一个行动研究项目确定之时,就首先要商定参与研究各方需要承担的道德义务,建立一个各方认可并能自觉遵循的"道德框架",规定深入现场、采集资料的方式,规定原始资料管理的办法,规定资料使用扩散的对象、目的、时限和发表方式。只有这样,参与研究的"局外人"与"当事人"密切合作,相互信任,才能确保行动研究的成功进行,并取得预期的效果,行动的质量才能得到改善和提高。

三、学前教育行动研究实施的原则与注意事项

（一）原则

运用学前教育行动研究应遵循以下原则：

1. 行动

行动研究是不断的行动，要从行动中发现问题，研究问题，解决问题。要从一系列的行动中，逐渐提高学前教育、教学工作的水平，逐渐改善原有状况。

2. 合作

行动研究常称为合作性的行动研究。它要求从事相同工作的人共同研究，特别是本单位的人员共同研究。有时也可以要求本地其他幼儿园的人员共同研究。家长、幼儿及社会有关人士也可以是合作研究的对象。

3. 弹性

行动研究是解决实际问题的方法。只要有利于问题的解决，一切预定的计划均可改变。在行动研究中要随时根据实际情况的需要及可能，确定要解决的问题，提出解决问题的假设，并制定研究计划。死板地坚持原定计划不变是有害的。

4. 不断考核或检讨

行动研究要利用多种方法与工具，不断考查工作的结果，收集各种情况改善的证据，测量研究对象发展的程度。在每一个行动之后，都要予以考核或检讨，以便随时修正行动，促成问题的妥善解决。

（二）注意事项

1. 认真选择课题

研究课题的选择要把握住两个标准：（1）避免选择自己实际上"无能为力"的课题，诸如"家庭的社会—经济地位与幼儿学业成就之间的关系"，相反"我应该怎样帮助幼儿形成良好的生活习惯"才比较合适。（2）课题应该与改善行动联系在一起。例如"教

第十一章 学前教育行动研究

师用什么评语有助于鼓励儿童独立思考、积极参与活动"。

2. 建立有道德义务的协作关系

参加行动研究的人员应该首先建立有道德义务的协作关系。行动研究的合作各方必须明确各自的权利、利益和义务。由于行动研究往往深入到当事人的行为、感受和态度,参与各方不能协商达成协议,研究就可能中断或出现纷争,影响今后的继续合作。因此,行动研究者一定要注意每个参与者、每个教师的认知能力、反省意义以及他们的权利、利益、义务在研究过程中的影响,并且坦诚直率地告诉每一位参与者。

3. 具体计划、详细观察、认真记录、持续研究

行动研究的计划要具体,观察记录要细致,并有持续性。计划的具体要求包括:(1)明晰的研究目的,即探究问题的明确性。比如"儿童学习英语过程中易犯的错误"这一研究目的,就可以更明确地表述为"儿童学习英语过程中易犯错误的分类"。这样不仅可以罗列易犯的错误,还可以对易犯的错误进行分析。(2)计划中不仅要有明确的目标、步骤,而且要规定相应的研究方法措施。比如,不能简单地说"研究中运用访谈观察研究",而应该指出在哪些阶段使用哪些观察方法,在哪些阶段对哪些对象做什么样的访谈(结构性的、半结构性的、还是非结构性的)。在观察的细致和持续性方面,关键有 2 条要求:(1)观察的多视角性,即用不同的观察技术,请不同的观察者,对某一教育群体或情境做观察,并做好结构性的和轶事性的记录,以便为分析和结论提供坚实的基础。(2)持续性,要注意被观察群体或情境的变化,比较研究前、研究过程各阶段以及研究后的变化。在此方面,观察记录和反省对观察者最有帮助。

4. 选择最佳报告形式

由于行动研究的性质不是从广泛的教育情境中获取普遍的规律,而是着眼于某一教师、幼儿园或群体的某种行为的研究,因此,

许多研究者认为"个案研究报告"是最有效的报告形式(Elliott, 1991)。它即可以为研究者本人、合作伙伴、同事这些当事人报告结果,并为今后的研究工作留下依据,而且还能帮助局外人全面了解解决某一问题、某一成功方法的背景、过程、条件等资料,使局外人能在其他情境中思考、反省自己的问题,并从"个案报告"中获得启示。规范的个案报告包括:

（1）主意——对问题的看法的产生和变化。

（2）在"主意"的制约下,行动的计划、步骤。

（3）计划行动的实施程度,以及如何应付未曾预想的情境、事件。

（4）预想和未预想的行动结果。

（5）收集资料、认识行动和行动结果的方法技术。

（6）研究中的伦理道德问题和解决办法。

（7）研究者与被研究情境的关系,研究者与他人的合作。

（8）研究的过程和结果。

（9）对研究结果的反思。

四、学前教育行动研究的应用案例

案例1:

这里,以"促进幼儿教师自身教学活动指南"为例,说明行动研究在学前教育研究中的具体运用。

（一）确定问题

A 请列出您期望改进的教学中的3至5个问题:

1

2

3

4

5

B 作为职业教育工作者,您的重要问题是否都在您可以解决

第十一章 学前教育行动研究

的范围之内？假如是您自己无法解决的问题，请替换为您自己可以解决的问题。

C 按问题的重要性排列顺序，并依次写下前三个问题：

第一重要问题：

第二重要问题：

第三重要问题：

D 选择其中一个问题，用于研讨会的行动研究理论活动。下列问题可以帮你做出合适的选择："我当前教学中什么问题能在最大程度上使最多的儿童获益？"

E 陈述您所选择的重要问题，并解释为什么目前它对您十分重要？

（二）寻找解决途径

A 通过回答下列三个问题开始寻找解决途径：

1. 我（们）对问题了解些什么？
2. 关于这个问题我（们）需要知道什么？
3. 怎样寻找解决途径？寻找解决途径可以包括请教同行、查阅参考书、研究电脑软盘上的教学案例、参加培训和计划构思等。

B 您所发现的其他解决方法是什么？

1.
2.
3.
4.

（三）应用解决途径

A 其他解决方法中哪一种最合适？

B 实施这个解决方案需要什么（资金、设备、材料等等）？

C 什么时候，在什么情况下您可以运用这个解决方法？

（四）分析结果

A 您期望得到什么样的结果？良性结果包括在下列方面的改

变:态度及观点、实践活动、思维方式、兴趣、参与程度、学习积极性、知识范围和技能。

B 您将怎样为结果收集信息？可能的收集方法包括图片摄影、录像摄影、写观察日记、督促儿童记录在您指导下进行的工作、调查活动、以及测试等等。

C 您怎样分析所收集的信息？可行性的分析包括将图片或录像片段进行分类、整理日记和工作记录题目、将调查结果按涉及您自己的具体问题进行分类。

D 怎样解释所收集到的信息？具有解释机制的方法包括从不同角度展示并解释图片或录像片、用图表及文字来说明所进行的活动的数字数据，以及它们对您最初的问题所构成的意义。

（五）理论发展

A 您对于自己的实践有哪些看法上的转变？

B 在您将来的实践中会有哪些方面的变化？

C 通过参加这次的行动研究活动，您有什么能与其他教师分享的好主意？

D 您怎样与其他教师分享您所得到的启示和所萌发的见解？

案例2：运用行动研究方法研究"怎样培养大班与学前班儿童的学习习惯"。

（一）确定问题

A．列出您认为大班与学前班儿童学习习惯培养的几个主要内容。

1

2

3

4

B．您认为这项内容哪些是您可以帮助与指导的？假如有您

第十一章 学前教育行动研究

自己无法提供指导的内容,请替换为可指导的内容。

  C. 按内容的重要性依次排列顺序。

  D. 选择其中最主要的三个内容与全国教师研讨。在研讨中修改,使研究课题更切合幼儿园实际。

  E. 陈述您的选题,并解释研究的重要意义。

(二)寻找培养途径

  A. 通过回答下列问题寻找培养途径:

  1. 我(们)对这一问题(指学习习惯培养)了解些什么?

  2. 关于这个问题我(们)需要知道什么?

  3. 怎样寻找培养途径?(可通过请教专家、同行、查阅文献资料、研究已有教学或有关案例,参加培训与计划、构思等。)

  B. 您所发现的其他培养方法是什么?

1

2

3

4

(三)实施培养方法

  A. 其他培养方法中哪一种最合适?

  B. 实施这个培养方法需要什么(资金、设备、材料等等)?

  C. 什么时候、什么情况下您可以运用这一培养方法?

(四)分析结果

  A. 期望的结果是怎样的?如幼儿在学习态度、积极性、兴趣、学习持续时间、读写姿势等方面的进步。

  B. 收集资料与信息:包括图片、照片、摄像、写观察日记、督促幼儿记录、调查、测试等方式。

  C. 分析信息与数据:包括将图片、照片、摄像片段进行分类、整理日记和记录项目,将调查与测试结果分类。

  D. 解释资料与信息:从不同角度、结合心理学与教育学的相关理论,运用图表及文字阐明研究的结论及提出建议。

(五)理论的发展

A. 您对自己的实践有哪些观念上的改变?

B. 您计划在将来的实践中有哪些变化?

C. 通过这次行动研究活动,您有哪些观点可与大家共享?

D. 您通过什么方式与大家共享您的见解?(可发表论文、网上交流、召开研讨会等)

思考练习题

1. 学前教育行动研究的概念与特征是什么?
2. 学前教育行动研究有哪些优缺点?
3. 简要说明学前教育行动研究的类型。
4. 举例说明学前教育行动研究的意义。
5. 建立有道德义务的协作关系的必要性何在?
6. 结合实际阐述学前教育行动研究的实施原则与注意事项。
7. 针对本园工作设计一个学前教育行动研究计划。

第十二章 学前教育统计分析研究

本章讨论的主要问题：
一、学前教育统计分析研究概述
　　学前教育统计分析研究的概念
　　统计分析的基本内容
　　统计分析的作用
　　统计分析的局限
二、学前教育描述统计研究
　　集中量数
　　差异量数
　　地位量数
　　相关量数
三、学前教育推论统计研究
　　总体参数估计
　　假设检验
　　单侧检验和双侧检验
　　常用的检验方法
四、学前教育多元统计分析
　　多元方差分析
　　因素分析

在前面的章节中，我们已经介绍了学前教育科学研究中各种收集资料的方法,当我们用上述方法收集到大量的研究数据之后,就需要对这些数据进行定性和定量的分析。研究结果的定量分析可以帮助研究者从复杂纷乱的数据中抽出规律性的结论、信息,进而使研究者能够深刻地理解、全面地描述、准确地推断和预测研究对象及其发展变化的规律,使之成为研究者提出或验证假设、建构理论的依据。统计学就是这样一门关于收集、整理、分析由实验或调查所取得的数据资料,以及根据这些资料所传递的信息进行推断的科学。学前教育统计分析就是将数理统计的原理和方法用于学前教育科学研究的定量数据分析,是从事学前儿童发展与教育科学研究必不可少的工具,它已成为衡量现代教育科学研究水平的一项重要指标。

　　本章将简要介绍学前教育统计分析研究的概念、基本内容、统计分析的作用和局限;着重阐述学前教育统计分析的两大主要内容:描述统计和推论统计;重点介绍四种统计量(集中量、差异量、地位量和相关量)的涵义和用法,推论统计中的总体参数估计,假设检验中几种常用的检验方法;最后,还就学前教育涉及的多元统计分析的有关内容加以简要的介绍。

第一节　学前教育统计分析研究概述

一、学前教育统计分析研究的概念

　　统计就是数数或总括起来加以计算的意思。具体地说,统计学是一门关于收集、整理、分析由实验或调查所取得的数据资料,并根据这些资料所传递的信息进行推断的一门科学。

　　学前教育统计分析研究就是依统计原理对观察、调查、测验和实验等研究方法所收集到的学前教育数据资料进行整理、计算、分析解释和统计检验的方法。它是数理统计的原理和方法在学前教育科学研究领域的具体应用,是从事学前儿童发展与教育科学

第十二章 学前教育统计分析研究

研究必不可少的工具,它已成为衡量现代教育科学研究水平的一项重要指标。

二、统计分析的基本内容

学前教育科学研究中的统计分析可分为描述统计、推论统计和实验设计三个主要部分。

(一) 描述统计

描述统计主要研究如何整理、分类和简化由实验或调查得来的大量数据,描述数据的全貌以表明研究对象的性质。内容主要包括数据的初步整理和数据集中趋势、离散趋势的度量以及数据在数组中地位和数据之间相关的度量等方面,其目的在于使纷繁的数据清晰而直观地反映研究对象,以利于进一步的统计分析。

(二) 推论统计

推论统计主要研究如何利用局部的(样本)数据资料信息,推论全局(总体)的情形。内容主要包括总体参数特征值的估计和假设检验两部分。假设检验又分为参数假设检验和非参数假设检验。

(三) 实验设计

任何一项严谨的科学实验研究,在实验以前都要对研究的步骤、被试的取样方法、样本容量的确定、实验条件的控制、以及对结果的统计分析方法的选择等等作出严格的设计。实验设计的目的在于使研究者能科学地、经济地以及更有效地进行实验。

上述三方面内容,不是截然分开的,而是密切联系的。描述统计是推论统计的基础,推论统计是带有预测性质的统计分析方法;描述统计只对数据进行一般特征的描述分析,若不进行进一步的推论统计分析,就不能深刻地揭示统计结果的意义。描述统计与推论统计二者都是在良好的实验设计下获得的数据基础上进行的,因此,实验设计的优劣是决定统计分析成功与否的关键。当然,一个好的实验设计也必须符合统计分析方法的要求。

三、统计分析的作用

将数学方法向所有学科渗透已成为现代科学的一个显著特点。科学发展的历史昭示我们：能否在一门学科的研究中用数据说明问题，将涉及其科学水平的高低。早在100多年以前，马克思对科学研究的数学方法就给予了很高的评价，认为一门科学只有在成功地运用了数学之后，才算达到了完善的地步。费孝通同志也曾说："怎样运用数据和我们的科学水平有关。停留在用生动和突出的事件来说明问题这样的水平是危险的。"(1982)因此，要提高学前儿童发展与教育领域内的科学研究水平，提高科学预见的可能性和精确度，定量的统计分析应受到重视。

（一）统计分析是学前教育科学研究的重要工具

教育与心理科学发展的早期阶段，定量分析很少被运用于研究之中，许多研究者仅仅是从个人的经验出发，用哲学、逻辑思辨的方法获得研究结论。随着数学和统计科学的蓬勃发展，当今的数学已开始向综合分析的方向发展，模糊数学、图像识别、聚类分析、突变论等数学领域的知识与方法逐渐地应用于教育与心理科学之中，从而促进了学前教育科学与数量化的统计分析之间的联系，为学前教育科学研究的现代化、科学化和数量化提供了重要的工具。此外，近年来随着计算机科学和系统科学观的发展，使学前教育科学研究中的大样本、多因素、多变量的研究成为可能，特别是计算机专用统计软件包，如SPSS（社会科学统计软件包）的开发和使用，更使得学前教育科学研究中的多元统计分析的功能得到充分发挥。目前，统计分析已成为学前教育科学研究的一个重要工具。

作为教育科研的一个重要工具，统计分析可为学前教育科学研究提供一种清晰的、形式化的描述。例如，某4岁儿童体检结果如下：身高109厘米，体重19.6公斤，这名儿童的身体发育是否符合正常标准呢？运用统计分析的方法，该儿童身高和体重与同年

第十二章 学前教育统计分析研究

龄儿童的标准身高和体重(假设:总体平均身高为 102.1 厘米,标准差为 4.2 厘米;总体平均体重为 15.6 公斤,标准差为 1.75 公斤)进行对比,并计算出该儿童身高和体重在其同龄儿童中所处的位置($Z_{身高} = 1.64$;$Z_{体重} = 2.28$),就可判断出身高和体重是否符合标准或超出标准(根据幼儿园对儿童身体达标的控制规定,儿童生长发育在 $\pm 2\sigma$ 之内即符合标准,超出 $\pm 2\sigma$ 即为发育异常),即该儿童身高符合标准,体重超过标准。可见,统计分析可以使问题的分析清晰、科学而准确。

此外,统计分析也是进行解释和科学预测的重要方法。统计分析对数据进行整理、描述和分析,寻找变量之间的关系或规律性,确定变量之间的相关或因果关系类型等,这就是对教育和心理现象的解释。研究者根据数据、统计资料,运用逻辑思维方法,可对教育和心理现象今后的发展趋势做出估计和判断,使研究者发现直觉难以悟察的规律,这就是科学的预测。对教育和心理现象的描述、解释、预测和控制是教育与心理科学的目的,而这必须借助定量的统计分析方法才能完成。

(二)统计分析有助于研究者科学研究能力的发展

统计分析有助于训练研究者科学的思维方法和习惯,养成严谨、认真的科学态度。同时,运用统计方法处理研究资料,遵从学术规范,不仅易被学术界接受,而且可与国际间的科研接轨,并进行国际间的交流。因此,现代的学前教育科学研究的结果通常以统计分析的方式呈现出来,不懂得统计分析,不仅难以理解他人的研究进展,妨碍研究者去汲取他人的先进经验和研究成果,也会限制科学研究水平的提高,影响研究者的研究成果,有可能使他们在现代教育科学面前,成为"半文盲"。

(三)统计分析是学前教育科学研究人员、教师、家长以及幼儿保健医生了解儿童身心发展规律,积极开展教育现场实验,促进学前教育科学发展的重要手段统计分析不仅是学前教育科学工作者进行调查和教育实验的重要工具,也是幼儿教师、家长和幼儿保健医生了解、判断儿童身心发展特点,及时进行干预、矫治和教育的重要依据。例如,统计测量学专家以及发展心理学工作者利用统计分析的原理,将大量儿童的身心发育资料进行系统的调查和统计分析,就可确定出不同年龄发展阶段上儿童发育的正常指标。幼儿保健工作者利用这种正常儿童的发育标准就可对儿童的身体发育指标进行测算,从而及早地发现儿童在智力以及身体发育上的特殊情况。幼儿教师可利用统计分析对自己的教学和科研进行评估和比较,最终得出科学、准确的结论。所有这些工作都离不开统计知识的掌握和运用。

四、统计分析的局限

尽管统计分析方法是学前教育科学研究的重要工具,但是不可以工具来代替研究,那种认为"统计万能"的思想不仅是片面的,而且是错误的;也不能以是否运用了统计分析来作为评价某项研究结果科学性与精确性的唯一标准。正确地认识统计分析方法的作用与局限,二者同等重要。统计分析的局限具体表现为:

第一,统计分析往往是对真实总体即现实的概率估计,它具有一定的误差范围,并非绝对的精确。比如说,在置信水平 $P=0.95$ 的前提下,某幼儿园两个大班(一个为实验班,一个为控制班)儿童之间在自信心水平上存在着差异,这也同时表明:两个总体之间实际上不存在差异的可能性还有 5%,即表明实验班儿童自信心水平优于控制班儿童的结论,其错误的可能性为 5%。

第二,不能仅仅因为运用了统计方法就认为是科学的,这里还存在是否正确运用的问题。统计方法中的某些理论性假定条件常常被运用者所忽视,致使结论的精确性难以判定,或者反而产生错误的结论。因此,统计方法的运用是有条件的,正确恰当地运用统计方法,依赖于使用者对各种统计技术的要求、条件、用途及与之

第十二章 学前教育统计分析研究

相联系的正确的特定公式等的了解掌握和适当选择。否则,便是无效的,可能造成表面上的"数量化"、"统计化",而实质上的滥用和误用,导致结论失真。这种为求科学化而适得其反的例子,在学前教育科学研究中并不鲜见,应引以为戒。

第三,统计上的显著性,有时并不能真正代表教育与心理科学意义上的显著性。大凡实验研究者,都希望得到显著性差异的结果,说明实验条件产生了有意义的结果,而认为不显著的结果则说明实验无效。这里所谓的显著性差异,意味着在统计意义上承认差异的存在,但由于在一些具体研究中,研究的内部效度偏低,所测量的东西不能真正揭示研究现象的本质,或由于统计分析本身的检验能力不够理想,这种统计意义上的显著性差异,便不能等同于教育或心理意义上的实际差异。

第四,学前教育与心理现象中尚有许多方面仍无现成的材料可作为参数来加以检验;统计推断在有些方面还不够有力;对某些方面的特征资料还缺乏可靠的统计手段;还有许多重要的实验设计和统计推论中的问题有待解决。总之,统计技术尚不够完善,还不能完全适合于当代学前教育科学研究的需要,还有待于进一步的发展。

第二节 学前教育描述统计研究

在学前教育科学研究中,当研究者实施了研究设计,并收集到大量的研究数据后,首先进行的就是对研究数据的初步整理,如统计分类和制作统计图表等。经过初步整理过的数据资料,其基本的特征和性质虽也能粗略而直观地反映出来,但要对数据进行深入科学的统计处理,进一步揭示和表现一组数据的种种特征,就必须通过具有描述特性的各种统计量数来表达(统计量有时也称统计指标),主要的统计量有:集中量数、差异量数、地位量数和相关量数。本节将就这些统计量的涵义、意义和计算方法加以详细介绍。

一、集中量数

集中量数是反映一组观测数据集中趋势的统计量。它是一组数据分布的集中趋势的量数的表达。代表着一组数据的典型特征和研究对象的一般水平,也是真值的最好代表值。常用的集中量主要有:算术平均数(均数)、中位数、众数等。

集中量是一个很重要的统计量。在人们的日常生活经验中,经常会用到集中量的统计指标,比如我们拿到一份某班级的某科成绩单,略看一下,就能够做出判断,"这个班成绩还可以,大多数人都在 80 分左右"。这里的"大多数"的概念就是一个反映集中情况的语言描述,而数值 80 就可以说是这一典型特征的集中代表值。再如,我们想了解一下 4 岁儿童的身高有多高?我们不能只从个别孩子的身高来判断,我们需要做大量的测量工作,如果测量 1000 个 4 岁儿童的身高,就会得到 1000 个身高的数据,那么究竟用哪一个数据来代表 4 岁儿童的真实身高呢,就需要采用集中量数来加以表示,通常我们采用这 1000 人的平均身高来作为 4 岁儿童的身高代表,这就使我们对 4 岁儿童身高的了解有一个科学依据,集中量在反映儿童心理特征上有着广泛的应用。

(一) 算术平均数

算术平均数(Mean)是平均数的一种,由于它使用的广泛性,一般都直呼其为平均数或均数。只有当它与其他平均数如几何平均数、调和平均数、加权平均数等相区分时,才特别称之为算术平均数。因此,本教材中如不作特别说明,所指的均数或平均数一律为算术平均数。平均数一般用字母 M 表示,如果平均数是由 X 变量计算的,就记为 $\bar{X}$。

1. 算术平均数的概念和特性

算术平均数是指所有观测数据的总和除以总个数 N 所得的

第十二章 学前教育统计分析研究

商。用符号 M 或 $\overline{X}$ 表示。其数学公式可写作：

$$\overline{X} = \frac{\sum X}{N} = \frac{X_1 + X_2 + \cdots\cdots + X_N}{N}$$

式中：$\overline{X}$——均数（读作 X 杠）；

X——变量（数据）；

$\sum$——表示数据相加求和的符号，读作 $Sigma$（西哥马）；

N——观测数据的个数（或次数），一般总体次数用 N 表示，样本次数用 n 表示。

$\sum X = X_1 + X_2 + X_3 + \cdots + X_N$，$\sum X$ 的完整写法是 $\sum_{i=1}^{N} X_i$，表示 $i = 1, 2, 3, \cdots\cdots N$ 所有观测值 $X_1, X_2, X_3 \cdots X_N$ 连加的总和。本公式 $\sum X$ 是简写法，意义不变。

平均数具有如下主要特点：

① 离差之和等于零。所谓离差是指变量与均数之差，一般用小写 x 表示，即 $x = (X - \overline{X})$。离差值有正、有负、有零，故离差之和等于零，即 $\sum x = \sum (X - \overline{X}) = 0$，若不等于 0，该均数必有计算错误。

② 变量加减一个常数 C，其所得均数等于变量的均数加减该常数 C

$$\frac{\sum (X \pm C)}{N} = \frac{\sum X}{N} \pm C$$

③ 变量乘除一个常数 C，其所得均数等于变量的均数乘除该常数 C

$$\frac{\sum (C \times X)}{N} = C \times \frac{\sum X}{N}$$

④ 两列变量之和的均数等于两列变量的均数之和

$$\frac{\sum (X + Y)}{N} = \overline{X} + \overline{Y}$$

⑤ 当观测次数 N 趋近无限大时，均数趋近真值 μ，即：$N \rightarrow \infty$

时,则均数 $\overline{X} \to \mu$。由此说均数是真值的渐进、最佳估计值。

平均数的这些特点或性质,是推演计算平均数其他公式的基础,在其他的一些统计公式中,亦常用到平均数的这些性质。

2. 算术平均数的计算方法和应用

(1) 用基本公式求平均数

当一组数据数目不多时,可采用基本公式计算,即:

$$\overline{X} = \frac{\sum X}{N} = \frac{X_1 + X_2 + X_3 + \cdots X_N}{N}$$

例如:现有一组实验观测数据:25,27,28,27,25,29,30,34,32,33。根据公式计算如下:

$$\overline{X} = \frac{25 + 27 + 28 + \cdots\cdots + 33}{10} = \frac{290}{10} = 29$$

那么这一组数据的算术平均数就是29。

(2) 用假定均数求平均数

如果当原始数据数目以及每个观测数据的表面值(即数字)很大时,应用基本公式计算较麻烦。在这种情况下,采用假定均数的方法可以简化计算。这种方法是根据平均数的第二个特点演变而来的,它首先从原始数据中找出一个接近于均数的数值,我们将它称为假定平均数,用符号 AM 表示;然后再将每一个变量与这个假定均数相减,使数据的表面值减少,计算出差数的平均数;最后将计算出的结果加上假定均数这个常数,即可得到原始数据的平均数。用公式表述为:

$$\overline{X} = AM + \frac{\sum x'}{N}$$

式中:AM —— 假定均数;

　　　x' —— $X_i - AM$;

　　　N —— 个数(次数)。

假定平均数,原则上可根据表面数值的大小任意设定,但其值

第十二章　学前教育统计分析研究

以越接近平均数越好。我们仍利用上例中的数据,用假定均数来计算平均数,过程如下:

假设 $AM=27$

X_i	25	27	28	27	25	29	30	34	32	33
$X_i - AM$ (x')	-2	0	1	0	-2	2	3	7	5	6

$\sum x' = 20 \quad \overline{X} = 27 + 20/10 = 29$

用假定均数法求平均数,有助于我们更好地了解均数的基本公式和特点,同时也使计算过程得以简化。

3. 算术平均数的优缺点

算术平均数具备一个良好的集中量数应具备的一些条件:

(1)反应灵敏。观测数据中任何一个数值或大或小的变化,甚至细微的变化,在计算平均数时,都能反应出来。

(2)确定严密。计算平均数有确定的公式,不管何人,在何种场合,只要是同一组观测数据,所计算的平均数都是相同的,不凭主观确定。

(3)简明易懂。平均数的概念简单明白,容易理解,具有较少的数学抽象性。

(4)计算简单。计算公式只是用简单的四则运算。

(5)符合代数方法的进一步演算。不但平均数的计算过程应用代数方法,而且还可用平均数作进一步的数学演算。例如求离差 x,以及以后将要介绍的方差等等。

(6)较少地受抽样变动的影响。在进行观测时,样本大小或个体的变化,对计算平均数影响很小。

算术平均数也存在一些缺点,并在一定程度上限制了它的应用,这些缺点包括:

（1）易受极端数据的影响。由于平均数反应灵敏，因此数据中若出现极端数据（或大或小），就会影响到平均数。在人们日常生活中，也常会看到在一些大型的比赛中，评委常采用去掉一个最高分和一个最低分，然后再计算选手的最后得分情况，这种办法实际上就是为了减少极端数值对真实估计值的影响。

（2）若出现模糊不清的数据时，无法计算平均数，因为计算平均数时需要每一个数据都加入计算。例如，某班级进行期末测试，但缺席2人，这时由于不清楚这2人的具体分数，因此不能采用平均数作为此班级集中趋势的度量代表，而只能采用中数或其他集中量数如众数表示。

（3）此外，在应用平均数来描述一组数据的性质时，还应注意不同质的数据不能计算平均数。如人们过去常将学生的各门成绩相加来作为判定学生综合能力的标准，事实上，这种做法是不够科学的，因为不同学科在性质和知识难度上是有区别的，属于不同性质的数据，因此不能简单地将它们相加起来，而要将它们转化为标准分数以后才能相加。否则，计算出来的均数没有意义。因此，应特别注意均数的使用条件。

（二）中位数

1. 中位数的概念

中位数（$Median$），又称中点数，中数；用符号 Md 或 Mdn 来表示，它是指位于按大小顺序排列的一组数据中间位置的那个数值。中位数也是集中量数的一种，能描述一组数据的典型情况，在数据不十分多且数值是由大到小或由小到大有序排列时，采用中位数作为集中量数的优越性较强，反之则较差。

2. 中位数的求法

在求中位数之前，首先要将各数值按大小顺序排列，然后找出位于中间位置的那个数，就是中数。这里有几种情况：

（1）单列数据

第十二章 学前教育统计分析研究

所谓单列数据是指一组数据中没有相同的数据,这时取处于序列中间位置的那个数为中数。如果数据个数为奇数,则取序列为第 $(N+1)/2$ 位的那个数据为中数。如果数据个数为偶数,则取序列为第 $N/2$ 与第 $N/2+1$ 两个序列数据的均数为中数,也可利用 $(N+1)/2$ 来计算中间位置。

例1:求下列资料:7,5,2,3,9,10,12 的中位数。

首先,将上述资料按大小顺序进行排列:2,3,5,7,9,10,12($N=7$);

其次,确定中间位置:因 $N=7$ 为奇数,其中间位置为 $(N+1)/2=(7+1)/2=4$,即第4个位置为中位;

第三,确定该组数据资料的中位数为 $Md=7$。

例2:求下列资料:3,5,7,8,2,19,15,10 的中位数。

首先,将上述资料按大小顺序进行排列:2,3,5,7,8,10,15,19($N=8$);

其次,确定中间位置:因 $N=8$ 为偶数,其中间位置为 $(N+1)/2=(8+1)/2=4.5$,即第四位与第五位之间的那个位置为中位;

第三,计算两个序列位数所在数值的均数,即为该组数据资料的中位数。$Md=(7+8)/2=7.5$。

从上述两例可见,求中位数不受极大值与极小值的影响,而决定中位数的关键在于居中的那几个数据数值的大小。

(2)重复数目求中位数

所谓重复数目是指一组数据中有数值相同的数。这时计算中数的方法基本同单列数目,但当位于中间的那几个数是重复数目时,求中数的方法就比较复杂了。具体作法如下:

例3:求数列:2,3,5,5,7,7,7,12,15($N=9$)的中位数。

本例题中,中间位置是 $(N+1)/2=(9+1)/2=5$,居中的数是第一个7,但7是重复数,有3个7同时排列在一个位置上,这样就不能用第一个数值7作为中数。这里可以假定在一段距离内有

n 个相同的数均匀排列，7 可视为连续变量，范围在 6.5~7.5 之间，其中三个 7 各占三分之一的位置，即依次分别在 6.50~6.83，6.83~7.16，7.16~7.50 之间。而中间位置是在第一个 7 上，也就是落在 6.50~6.83 的区间，这一区间的中点是 $(6.50+6.83)/2 = 6.67$，即 6.67 为这一组数据的中位数。如果数列中增加一个数 16，则中间位置变为 $(10+1)/2 = 5.5$，即中位数位于第一个 7 与第二个 7 之间，则中数就是这两个 7 之间的界限值，$Md = 6.83$。

如果重复数目较多而数据个数不多的情况下，应注意考虑用其他集中量可能更合适。

3. 中位数的意义与应用

从中位数的计算中可以看出，中位数是根据观测数据计算而来，不能凭主观臆定。计算简单，容易理解，中位数的概念简单明白，这是它的优点。但它也有不足之处，如：它反应不够灵敏，两极端数目变化，对中位数不产生影响；计算中位数时，不是每个数据都加入计算，受抽样的影响较大，不如均数那样稳定；中位数不能作进一步的代数运算等等。因此，在一般情况下，中位数不被普遍应用。但在一些特殊情况下，则需考虑它的应用。如（1）当一组观测结果中出现极端数目时，而又不能确定这些极端数目是否由错误观测所造成，因而不能随意舍去，在这种情况下，只能用中位数作为该组数据的代表值。（2）当一组数据中的个别数据不清楚时，只能取中位数作为集中趋势的代表值。在学前教育研究实验中，经常会出现个别被试流失的现象，或有时只知道个别被试的观测结果可能在分布的哪一端，但具体数值不清楚，这种情况下就只能取中位数，而不能计算平均数。（3）当需要快速估计一组数据的代表值时，也常用中位数。

(三) 众数

1. 众数的概念

众数（$Mode$）又称范数，密集数等，常用符号 Mo 表示，它是指

第十二章　学前教育统计分析研究

在一列数据中出现次数最多的那个数的数值。它也是常用的一种集中量数,可用来代表一组数据的集中趋势。

2. 众数的求法

（1）对于未归组的资料可用直接观察法,找出数据中出现次数最多的量数即为众数;

（2）对于已归组列入次数分布表的资料,众数是次数最多的那一组的组中值;

（3）如果出现两个相邻的量数的次数相同且最多,众数就是这两个量数的平均数;如果出现多个不相邻的量数次数相等,最好不采用众数作为集中量。

3. 众数的意义与应用

众数的概念简单明了,容易理解,但它不稳定,易受分组和样本变动的影响;众数计算时不需每一个数据都加入,因而较少受极端数目的影响,反应不够灵敏。此外,众数不能作进一步的代数运算。由于这些特点,众数应用的范围并不广泛。只有当众数的次数很高时,众数才有较高的代表性。数据较少时,要依具体情况慎重使用。

下面是 ABC 三组数据的均数、中数和众数的区别及其代表性对照:

	A 组	B 组	C 组
	75	78	99
	75	77	99
	75	76	75
	75	72	56
	75	72	46
总和	375	375	375
均数	75	75	75
中数	75	76	75
众数	75	72	99

（四）加权平均数

有些测量中所得数据,其单位权重并不相等。这时若要计算平均数,就不能用算术平均数,而应该使用加权平均数(Weighted Mean,符号 Mw)。加权平均数的计算公式如下：

$$M_w = \frac{\sum W_i X_i}{\sum W_i} = \frac{W_1 X_1 + W_2 X_2 + \cdots\cdots + W_n X_n}{W_1 + W_2 + \cdots\cdots + W_n}$$

式中 W_i 为数据的权数(权重),所谓权数(权重)是指各变量在构成总体中的相对比重。每个变量权数的大小,由数据构成而定。X_i 为数据值。在各样本 n 不相等时,或各样本在总体平均数之中所占的比重不同时,需计算加权平均数。

在教育研究工作中,我们时常会遇到对测量数据进行加权的情况。例如,已知多个班级或小组的平均数,要计算总平均数的时候,由于各班的人数不相等,就会用到加权平均数。这里,可以把每个班级或小组的人数(n_i)视为权数 W_i,而把每个班级或小组的平均数($\overline{X}$)视为该小组的数据值(X_i)。公式为：

$$\overline{X}_T = \frac{\sum n_i \overline{X}_i}{\sum n_i}$$

式中各小组的平均数记为 $\overline{X}_i$,各小组的人数记为 n_i,总平均数记为 $\overline{X}_T$。

第十二章　学前教育统计分析研究

例如,某年级各班的期末考试成绩如下,现要求计算这个年级的总平均分数是多少?

班次	人数 n_i	平均成绩分数 $\overline{X}_i$
1	53	91.06
2	47	91.06
3	49	89.00
4	51	85.80
5	50	85.80
6	50	84.69
7	52	86.52
8	48	87.13
总数	400	

$$M_w = \frac{\sum n_i \overline{X}_i}{\sum n_i} = \frac{53 \times 91.06 + 47 \times 91.06 + 49 \times 89 + \cdots\cdots + 48 \times 87.13}{53 + 47 + 49 + \cdots\cdots + 48}$$

$= 87.62$

在描述数据集中趋势时,除了上述的主要集中量外,还有几何平均数、调和平均数等,这里就不加以介绍了,详细内容可参见有关的教育与心理统计学的部分章节。

二、差异量数

差异量数是反映一组数据差异状况或离散程度的统计量。有时几组数据的分布,其集中趋势相同而离散趋势不同,或者离散趋势相同而集中趋势不同。所以,只有将集中量数与差异量数结合起来考察,才能比较准确地了解数据特征的全貌。差异量数还可以反映集中量数所具有的代表性,即差异量数越大,集中量数的代表性越差;差异量数越小,集中量数的代表性越好;差异量为 0 时,集中量数即该数值本身。例如,下列四组数据:

$a: 100,100,100,100,100,100,100,(n=7, \overline{X}a = 100)$

$b: 80,90,90,100,110,110,120,(n=7, \overline{X}b = 100)$

c：50，60，80，100，120，140，150，($n=7$，$\overline{X}c=100$）
d：10，20，50，100，150，180，190，($n=7$，$\overline{X}d=100$）

从上述四组数据来看,四组数据的平均数相同,即四组数据的集中量数($\overline{X}$)相同。但我们也可以看到,四组数据的整齐程度、差异程度并不相同,a组数据完全一致,其差异量为0,均数100对每个分数具有绝对的代表性；b组数据的差异程度较小,c组数据差异程度居中,d组数据差异程度最大,那么,均数100对数据的代表性最差。可见,考察差异量数有助于我们更好地理解和说明集中量数。二者只有结合起来,才能反映数据的全貌。常见的差异量数有：两极差、标准差、方差、平均差等,这里只重点介绍几种常用的、有效的差异量。

（一）方差和标准差

1. 方差和标准差的概念和定义公式

方差(Variance)也称变异数、均方,它是一列数据与该组数据的平均数之差(即离差)的平方和的平均数。作为样本统计量,常用符号S^2表示,当作总体参数时,常用符号σ^2表示。方差的定义公式为：

$$S^2 = \frac{\sum(X-\overline{X})^2}{n}$$

式中：S^2是方差,X为观测值,$\overline{X}$是平均数,n为总次数。

标准差(Standard deviation)即方差的平方根,是指一列数据与该组数据平均数的差(离差)的平方和的平均数的平方根。常用符号S或SD表示。定义公式为：

$$S = \sqrt{\frac{\sum(X-\overline{X})^2}{n}}$$

方差和标准差都是度量数据分散程度最好和最有效的统计指标。其数值越大,说明离散程度越大；其数值越小,说明数据比较集中。它们是统计描述和统计分析中最常应用的差异量数。

第十二章 学前教育统计分析研究

2. 方差和标准差的计算

（1）定义公式计算

例　有一组数据分别为：6,5,7,4,6,8（$n=6$），计算这一组数据的方差和标准差。

X_i	$x = X_i - \bar{X}$	$x^2 = (X_i - \bar{X})^2$	X_i^2
6	0	0	36
5	−1	1	25
7	1	1	49
4	−2	4	16
6	0	0	36
8	2	4	64
$n=6$　$\Sigma X_i = 36$ $\bar{X} = 36/6 = 6$	$\Sigma x = 0$	$\Sigma x^2 = 10$	$\Sigma X_i^2 = 226$

$S^2 = \Sigma x^2 / n = 10/6 \approx 1.67$

$S = \sqrt{\dfrac{\Sigma x^2}{n}} = \sqrt{\dfrac{10}{6}} = \sqrt{1.67} \approx 1.29$

（2）用原始数据求方差和标准差

上述求方差和标准差的公式，都要首先求出平均数，然后再求出离差，如若平均数不是一个整数或是不能除尽的数，那么在计算过程中就要引入计算误差，有时也会使计算冗繁，遇到这种情况，常用原始分数直接计算方差与标准差。其公式如下：

$$S^2 = \dfrac{\Sigma X_i^2}{n} - \left(\dfrac{\Sigma X_i}{n}\right)^2$$

$$S = \sqrt{\dfrac{\Sigma X_i^2}{n} - \left(\dfrac{\Sigma X_i}{n}\right)^2}$$

式中：ΣX_i^2 为原数据的平方和

$(\Sigma X_i)^2$ 为原数据总和的平方

n 为数据个数

下面我们仍利用上面例题的数据表,用原始数据来计算方差和标准差:

$$S^2 = \frac{\sum X_i^2}{n} - (\frac{\sum X_i}{n})^2 = \frac{226}{6} - (\frac{36}{6})^2 = 1.67$$

$$S = \sqrt{S^2} = \sqrt{1.67} = 1.29$$

可见,用原始数据计算方差和标准差与定义公式计算的结果相同。

3. 方差与标准差的意义

方差与标准差是统计描述和统计分析中最常用的差异量数,是代表一组数据离散程度的最好指标。它们具备一个良好的差异量数应具备的条件:①反应灵敏,每一个数据取值发生变化,方差或标准差也都随之变化;②有计算公式严格确定;③容易计算;④适合代数运算;⑤受抽样变动的影响小,即不同样本的标准差或方差比较稳定;⑥此外,方差还具有可加性特点,它是对一组数据中造成各种变异的总和的测量,利用其可加性的特点,可分解并确定属于不同来源的变异量,从而进一步说明每一种差异对于总结果的相对影响,相对于其他差异量数它具有数学上的优越性。

(二) 差异系数

1. 差异系数的定义及公式

方差和标准差的单位与原始数据的单位相同,因而有时也称它们为绝对差异量。通常,在观测样本水平比较接近,而且是对同一个特质使用同一种测量工具测量所得的数据进行比较时,可直接采用方差或标准差作为离散程度的统计指标。但在有些情况下,是不能直接采用方差与标准差进行离散程度的比较,例如,当两个或多个样本所测量的特质不同,即所使用的观测工具不同(如身高和体重之间的离散度的比较);或者即使使用同一种观测工具,但样本的水平相差较大时(如不同年龄之间的数据资料),就需要引入另一个新的差异量,即相对差异量来进行比较。最常

第十二章 学前教育统计分析研究

用的相对差异量就是差异系数(Coefficient of Variation)。

差异系数,又称变异系数、相对标准差等,通常用符号 CV 表示,是各组数据的标准差除以各自的平均数所得的比率。公式如下:

$$CV = \frac{S}{\overline{X}} \times 100\%$$

从公式可以看出,相对标准差是以均数为单位来衡量差异的程度,差异系数大,表明数据离散程度大,差异系数小,表明离散程度小。另外,由于差异系数的比值消除了单位,因此,不同测验数据间的差异量可以通过差异系数来进行相互比较。

2. 差异系数的应用和计算

在学前教育研究中,差异系数常用于下面两种情况:(1)同一团体不同观测值离散程度的比较;(2)对于水平相差较大,但进行的是同一种观测的各种团体,进行观测值离散程度的比较。

例 已知 10 岁男童 302 人,测得其平均身高为 132.51 厘米,标准差为 5.84 厘米,其平均体重为 26.62 公斤,标准差为 3.51 公斤。试比较身高与体重哪个变量的差异程度更大?

这个例题中很显然,身高和体重两组数据的标准差的单位是不同的,不能直接用各自的标准差来进行比较,需要计算相对差异量(差异系数)才能比较。即

$$CV_{身高} = \frac{S}{\overline{X}} \times 100\% = \frac{5.84}{132.51} \times 100\% = 4.4\%$$

$$CV_{体重} = \frac{S}{\overline{X}} \times 100\% = \frac{3.51}{26.62} \times 100\% = 13.2\%$$

通过比较差异系数可知,体重的离散程度(差异程度)比身高的离散程度要大(13.2% > 4.4%),差异系数的数值越大,表明其数据分散的情况也就越大。

例 进行某一测验,一年级儿童的平均分数为 60 分,标准差

为 4.02 分;五年级儿童的平均分数为 80 分,标准差为 6.04 分,试问这两个年级的测验分数哪一个分散程度要大些?

从本题中可以看出,尽管是同一个测验,两组测量数据的单位是相同的(都是分数),但由于两组数据出自两个不同水平的年级,其相差的距离较大,因此,也不能简单地直接用标准差进行比较,仍需考虑采用相对差异量来比较。

$$CV_{一年级} = \frac{4.02}{60} \times 100\% = 6.7\%$$

$$CV_{五年级} = \frac{6.04}{80} \times 100\% = 7.55\%$$

可见,五年级测验分数的分散程度更大一些。

三、地位量数

前面讲解的集中量数和差异量数都是从整体上概括地描述数据的特征,而地位量则是描述或确定某一个观测值在全体数据中所处的位置的量数。地位量也是很重要的一个统计量,一般来说,单独的一个观测数值,其意义并不十分明确,比如,某个学生的某科测验成绩为 90 分,事实上这 90 分的含义并不十分明确,可以说是一个比较高的分数,也可以说是一个不太高的分数。要明确它的真正意义,就必须将它同评分标准和群体加以比较,一是看它离标准多远;一是看它在群体中排在第几的位置上。如果说满分是 150 分,那 90 分距离满分还有 60 分的差距;或者我们知道他在 40 人的班级中排在倒数第 10 名的位置上时,我们才能真正了解到这 90 分的意义。可以说任何一个量数都有它相对的一个地位量数,只有明确了它的地位量数,才能深入了解它的意义,不同的量数之间也才可以进行比较。

常用的地位量有:次第量、等级量、百分等级和标准分数。次第量和等级量分别是我们日常生活中所熟悉的标志名次和等级的量数,它们同样可以描述和反映一个数据在整体中所处的位置,而

第十二章 学前教育统计分析研究

且二者都简明易懂,因此就不更多的加以介绍了,这里重点介绍百分等级和标准分数。

(一)百分等级

1. 百分等级的概念和意义

百分等级(R_X)是指一个数据在一列变量中位于的百分等级数。比如说一个量数80,在数据中处在90%的等级位置上,那么它的百分等级R_X就等于90,其意义是,该数据中90%的数值小于80,只有10%的数值大于80。

2. 百分等级的计算

对于一列变量,欲求出其中的某一个数值的百分等级,必须将数据按数值大小排列好顺序,然后才能计算百分等级。百分等级的计算公式如下:

$$R_X = \frac{100R - 50}{N}$$

式中:R_X—— 某个数据的百分等级;

R —— 某一数据在数列中的排次数;

N—— 数据总数。

例 某班幼儿22人,在一项测验中的分数如下:

原始数据(已按大小顺序排列):43,45,46,50,58,62,68,69,70,73,74,76,77,78,80,82,84,85,88,89,92,95。

求69分和80分分别所在的百分等级。

解:第一步:先将22个数据按由小到大的顺序排列起来;

第二步:分别确定出69分和80分在22个数据中的排序次数(分别为8和15);

第三步:将上述数值带入公式计算,得出结果。

$$R_{69} = \frac{100R - 50}{N} = \frac{100 \times 8 - 50}{22} = 34.09$$

$$R_{80} = \frac{100R - 50}{N} = \frac{100 \times 15 - 50}{22} = 65.91$$

解释：$R_{69} = 34.09$，即 69 分在该数列中的百分等级为 34.09。也就是说在 69 分以下（小于 69 分）的有 34.09 % 的分数；而在 69 分以上的（大于 69 分）的有 65.91 % 的分数。同样道理，我们可以用百分等级来解释 80 分在这一班级中所在的位置，进而明确它的真实含义。

在使用这一百分等级的计算公式时，应该注意一点：此公式是适用于数据由小到大的排列顺序，若将排列顺序颠倒过来，则不能使用此公式，而要用：

$$R_X = 100 - \frac{100R - 50}{N}$$

（二）标准分数

标准分数（standard score）是一种相对位置量数，日常生活中很少使用，比不上次第量、等级量和百分等级为人们所熟悉，但它却是统计学中重要的、用途很广的统计量。

1. 标准分数的定义和公式

标准分数又称基分数或 Z 分数，是以标准差为单位表示一个分数在团体中所处位置的相对地位量数。其数学定义是：标准分数是一个分数离开平均数以标准差为单位的距离。公式为：

$$Z = \frac{X - \overline{X}}{S} = \frac{x}{S}$$

式中：Z 即标准分数，或直呼 Z 分数；X 代表原始数据；$\overline{X}$ 为均数；x 为离差，是一个分数离开均数的差数；S 表示标准差。

2. 标准分数的性质

（1）标准分数是离差与标准差的比值，故无实际单位。但可以表示为几个标准差（S），或称以标准差为单位几个比值。

（2）由于 X（数据分数）有的比均值大，有的比均值小，所以，Z 分数有正值和负值，正值表明某分数在均数以上（大于均数）几个标准差；负值表示某分数在均数以下（小于均数）几个标准差。当

第十二章 学前教育统计分析研究

变量与均数相等时，$Z=0$。

（3）Z 分数的绝对值越大，说明某分数离开均数的位置越远。

3. 标准分数的计算和应用

（1）明确各个分数在总体中的位置

例 某班平均成绩为 90 分，标准差为 3 分，甲生得 94.2 分，乙生得 89.1 分，求甲乙二学生的 Z 分数各是多少？

解：

$$Z_{甲} = \frac{X_{甲} - \bar{X}}{S} = \frac{94.2 - 90}{3} = 1.4$$

$$Z_{乙} = \frac{X_{乙} - \bar{X}}{S} = \frac{89.1 - 90}{3} = -0.3$$

Z 分数表示其原分数在以标准差为单位，距离平均数的相对位置，这比使用原始分数表达了更多的信息。从本例题中可知，甲分数比乙分数具有较高的价值，它是在均数以上 1.4 个标准差的位置，而乙分数则处在均数以下的位置。

（2）比较不同单位的分数

Z 分数可用于比较分数性质不同的观测值在各自数据分布中相对位置的高低。因为 Z 分数表示的是各原数目在该组数据分布中的相对位置，无实际单位，因此，不同的观测值才可以进行比较。

例 某 5 岁儿童的身高为 116 cm，体重为 25 kg，而这一年龄儿童的身高和体重的总体平均值分别为 108.6 cm 和 17.39 kg，身高和体重的标准差分别为 4.5cm 和 2.05 kg，试问这一儿童的身高和体重哪一个在各自的分布中位于较高的位置？

解：因为身高和体重分属两种不同性质的数据，因此，不能直接进行比较，需将原始分数转化为 Z 分数才能比较。

$$Z_{身高} = \frac{116 - 108.6}{4.5} = 1.64$$

$$Z_{体重} = \frac{25 - 17.39}{2.05} = 3.71$$

从计算结果可知,该儿童的身高和体重都高于平均分的水平,而体重离平均数的距离要比身高离平均数的距离要远,也就是说,体重要比身高在各自分布中的位置要高。

(3) Z 分数是判断特殊个体的依据

根据标准分数的性质,当 Z 分数的绝对值越大时,表明数据离开平均数的距离也就越大,说明这个个体也就越特殊。当某一个体数据与均数的差距达到一定程度时,超出了正常范围或合格标准时,就成为特殊的个体。在工业领域,产品的质量测查就是根据这一道理。人体正常的生理指标的界定也是根据 Z 分数来确定的。如幼儿园对幼儿发育有达标率的控制,其规定儿童生长发育在 ±2 标准差之内为符合标准,超出 ±2 即为发育异常。

例 某 4 岁男孩测查结果,身高 109 cm,体重为 19.6 kg,问这名儿童的发育是否符合标准?根据 1985 年《中国九城市 0~7 岁儿童体格发育衡量数字》表中 4 岁男孩标准身高平均数 μ = 102.1 cm,标准差 σ = 4.2 cm,平均体重 μ = 15.61 kg,标准差 σ = 1.75 kg。

解:该儿童身高和体重的标准分数分别为:

身高 $\quad Z_{109} = \dfrac{109 - 102.1}{4.2} = 1.64$

体重 $\quad Z_{19.6} = \dfrac{19.6 - 15.61}{1.75} = 2.28$

该儿童的体重超出了正常范围(在 ±2 标准差之外),身高符合正常范围标准(在 ±2 标准差之内)。

四、相关量数

前面所讲的集中量、差异量和地位量都是描述一列变量的特征,相关量数则是描述两种或两种以上变量间相互关系的统计量,

第十二章 学前教育统计分析研究

如身高与体重的关系、儿童气质与延迟满足能力之间的关系、幼儿智力水平与语言能力、家长的教养方式与儿童的自我控制行为等都属于相关问题研究的范畴。下面将具体讲述相关量及其统计运算方法。

（一）相关概述

1. 相关的概念

宇宙间的事物,千态万类、异常繁杂,每每相互发生关系。当一事物发生变动时,其他事物也发生变动,这种变动关系反映在数量上就是变量关系。在教育与心理统计学中,研究两个变量之间的相互变化关系,称为相关。描述两列变量之间相互变化一致性的量数称为相关量数。

在理解相关概念时,有两点需要说明:（1）相关至少应存在于成对的两列变量之间,成对的概念是指两列变量的数据必须是一一对应的关系。如幼儿身高与体重的相关,只能是甲幼儿的身高与体重,而不能是甲幼儿的身高与乙幼儿的体重之间的数据关系。（2）有关相关的性质问题。相关只是对相关程度给以量的指标,至于变量间相互关系的性质,要做具体分析,一是因果关系,如幼儿的营养与其发育水平之间;一是共变关系,如手和脚的长度关系,手和脚的长度可能呈现一致性的变化关系,但二者不是互为因果关系,而是属于共变关系。

2. 相关的种类

相关有简单相关和复相关。只有两列变量的相关称为简单相关;多列变量的相关称为复相关。本章只介绍简单相关。

相关又可分为直线相关和曲线相关。直线相关是指两列变量中一列变量在增加,另一列变量或随之增加,或随之减少,存在一种直线关系,可用直线方程表示。如果两列变量相伴随变化,呈曲线关系,用曲线方程表示的相关称为曲线相关。

在直线相关中,存在正相关、负相关和零相关三种情况。正相关是指二列变量的变动方向是一致的,如一列变量由小到大或由大到小变动时,另一列变量也由小到大或由大到小变动。如身高与体重,智力与学业成绩的相关,都可视为正相关。负相关是指二列变量的变动方向相反,如一列变量由大到小变动,另一列变量却由小到大变动,如健康状况与发病率之间的关系。零相关也称无相关,即一列变量变动,而另一列变量不变动,或无规则地变动。如身高和学业成绩的关系。

3. 相关系数的性质

判断两列变量相关方向和程度的统计指标称为相关系数。相关系数用 r 表示。相关系数的取值范围在 -1.00 至 $+1.00$ 之间,常用小数形式表示。$r = -1.00$ 时,表示完全负相关,$r = +1.00$ 时,表示完全的正相关,$r = 0.00$ 时,表示零相关,从 -1.00 到 $+1.00$ 之间,不同的 r 值,表示不同程度的相关。对于相关系数:(1)正负号只表示相关方向;(2)相关系数的绝对值表示相关程度,绝对值越大,相关程度越高,绝对值越小,相关程度越低;(3)相关系数是指描述二列变量变化一致性的终极量,不能作加减乘除运算。

(二) 相关系数的计算

1. 积差相关

积差相关系数是由英国统计学家皮尔逊(K. Pearson)提出的,因此又称皮尔逊相关。采用积差相关进行计算时应注意其适用条件:(1)两列变量均为连续变量;(2)两列变量之间的关系应是直线性的;(3)两列变量各自总体的分布都是正态的,即正态双变量;而且两列变量应有足够多的数目(一一对应的对数),一般要求在 30 对以上。对于不符合上述条件的数据,则不能使用积差相关来计算相关。为简便讲解,下面例题中的样本数目是随意选取的,因而数目较少。积差相关的计算公式为:

第十二章 学前教育统计分析研究

$$r_{XY} = \frac{\sum xy}{NS_X S_Y} = \frac{\sum Z_X Z_Y}{N}$$

式中：r_{XY}——变量 X 和 Y 的相关系数；
x——变量 X 的离差，$x = X - \overline{X}$；
y——变量 Y 的离差，$y = Y - \overline{Y}$；
S_X——变量 X 的标准差；
S_Y——变量 Y 的标准差；
N——成对变量的数目，样本容量；
Z_X——变量 X 的标准分数；
Z_Y——变量 Y 的标准分数。

如果用两变量的原始数据进行相关系数的计算的话，则计算公式如下：

$$r = \frac{\sum XY - \frac{\sum X \sum Y}{N}}{\left(\sqrt{\sum X^2 - \frac{(\sum X)^2}{N}} \cdot \sqrt{\sum Y^2 - \frac{(\sum Y)^2}{N}}\right)} = \frac{N\sum XY - \sum X \sum Y}{\left(\sqrt{N\sum X^2 - (\sum X)^2} \cdot \sqrt{N\sum Y^2 - (\sum Y)^2}\right)}$$

例 下表是 10 名幼儿身高和体重的数据资料，求身高和体重的相关系数。

学生	身高 (X)	体重 (Y)	X^2	Y^2	XY
1	116	25	13456	625	2900
2	106	20	11236	400	2120
3	112	23	12544	529	2576
4	108	20	11664	400	22160
5	102	18	10404	324	1836
6	103	17	10609	289	1751
7	120	21	14400	441	2520
8	100	19	10000	361	1900
9	106	19	11236	361	2014
10	110	21	12100	441	2310
$N = 10$	$\sum X = 1083$	$\sum Y = 203$	$\sum X^2 = 117649$	$\sum Y^2 = 4171$	$\sum XY = 22087$

$$r = \frac{22087 - \frac{1083 \times 203}{10}}{(\sqrt{117649 - \frac{1083^2}{10}} \cdot (\sqrt{4171 - \frac{203^2}{10}}} = 0.76$$

2. 等级相关

在有些情况下,研究资料只有顺序数值,即等级,而不是等距数值或等比数值,应用这类资料求相关系数时,则可求其等级相关。此外,等级相关不涉及变量的分布形式是否正态和样本容量的大小,因此应用范围较广。

等级相关的计算公式为:

$$r_R = 1 - \frac{6\sum D^2}{N(N^2 - 1)}$$

式中:r_R——等级相关系数;

D——配对等级间的差数;

N——配对等级的对数。

例 两位幼儿教师对10名幼儿所排列的等级如下表,求它们的等级相关系数。

幼儿编号	教师甲排序	教师乙排序	D	D^2
1	1	4	-3	9
2	2	2	0	0
3	3	3	0	0
4	4	8	-4	16
5	5	5.5	-.5	.25
6	6	1	5	25
7	7	7	0	0
8	8	10	-2	4
9	9	9	0	0
10	10	5.5	4.5	20.25

第十二章 学前教育统计分析研究

$$\sum D^2 = 74.5$$

$$r_R = 1 - \frac{6\sum D^2}{N(N^2-1)} = 1 - \frac{6\times 74.5}{10\times(10^2-1)} = 1 - 0.45 = 0.55$$

本例题说明这两位幼儿教师对幼儿等级顺序排列的一致性程度是较高的。

学前教育科学研究中影响教育现象的因素很多,变量与变量间的相关也很复杂,有多种计算相关的方法,这里我们只简要地介绍了积差相关和等级相关,其他相关方法可参见有关的统计学方面的书籍,在运用相关进行运算时,应注意每一种相关方法所适用的条件。

第三节 学前教育推论统计研究

在学前教育科学研究中,一般不可能对所要研究的对象的全体逐一进行观测或考察,而是从总体中抽取一定的样本进行研究,在研究设计中又常将被试按一定的要求分为不同的组,以便于研究的进行和统计的处理。这样就产生了由样本估计和推测总体等问题。这些问题可用推论统计加以解决。

推论统计就是用概率数字来决定某两组(若干组)数字之间存在某种关系的可能性,并由样本特征来推断总体特征的统计方法。推论统计主要包括两个方面的内容:

(1)总体参数的估计。主要解决通过样本指标推论总体指标的问题。

(2)假设检验。假设检验是推论统计中最重要的内容。在这里研究者主要关心的是如何对两个样本统计值的差异做出结论性的判断,以推断其所代表的两个总体的差异性质。它包括连续变量的假设检验方法(称参数检验)和计数数据的假设检验方法(称非参数检验)。

一、总体参数的估计

如果欲考察5岁儿童的身高发育状况,从某一个幼儿园5岁儿童中随机抽取了一部分儿童作为样本,经观测获得了样本的数据资料之后,如何由样本统计量对未知的总体参数(5岁儿童的身高情况)进行推断,这就是总体参数估计的内容。

总体参数的估计可分为点估计和区间估计两类:

(一)点估计

点估计就是在总体参数未知时,用一个特定的样本统计量估计总体。如人们常用某一样本的平均数$\bar{X}$来估计总体的平均数μ;用样本的方差S^2来估计总体的方差σ^2。

点估计表示估计量的单一数值为数轴上的一个点。这种估计方法虽然简单可行但有失武断,存在着一定的偏差,而且还不能确切地知道误差的程度。在统计学中还有另一种方法可以比较好地进行参数估计,那就是区间估计。这种方法是用数轴上的一段距离表示未知参数可能落入的范围,并指出落入此范围或区间的概率的大小。

(二)区间估计

区间估计是指用一个置信区间估计总体参数。这个置信区间是在一定的置信度(显著性水平)下建立的,总体参数落在这个区间内可能犯错误的概率等于置信度。区间估计以样本分布理论为基础,依据样本分布做出估计正确概率的解释,依据标准误的大小确定区间的长度。标准误越小,置信区间越短,估计正确概率也较高。

1. 区间估计的基本思想

区间估计的种类,主要有总体均数的区间估计,总体百分数的区间估计,标准差和方差的区间估计,相关系数的区间估计等。其基本计算思想是相同的,都必须先根据置信度来计算出标准误,其基本公式为:

第十二章 学前教育统计分析研究

$$A \pm B_\alpha SE$$

式中:A 为样本统计量,如 $\bar{X}, S$ 等等;

B_α 为分布形式,如 Z, t, x^2 等分布;

SE 为样本统计量的标准误。

现以总体均数的区间估计为例来说明参数估计的计算步骤。其他参数(百分数、相关系数、标准差)的估计请参阅有关的统计书籍。

2. 总体均数的区间估计

首先,根据实得样本的数据,计算出样本的平均数与标准差,然后计算出样本平均数的标准误,以 $SE_{\bar{X}}$ 表示。标准误是指样本分布的标准差。凡是由一个样本的统计量推出总体参数的估计值时,都需要计算标准误。如平均数的标准误计算公式为:

$$SE_{\bar{X}} = \frac{\sigma}{\sqrt{n}}(\sigma\text{ 已知}); SE_{\bar{X}} = \frac{\sigma}{\sqrt{n-1}}(\sigma\text{ 未知})$$

其次,在对总体平均数 μ 进行估计之前,需要确定置信度或显著性水平。统计学上一般规定显著性水平为 0.05,其置信水平为 0.95,即 $\alpha = 1 - p = 1 - 0.95 = 0.05$;或显著性水平为 0.01,其置信水平为 0.99,即 $\alpha = 1 - 0.99 = 0.01$。因为 0.05 或 0.01 的概率事件属于小概率事件。因此,样本的平均数对总体参数 μ 进行估计犯错误的可能性很小(不超过 5% 或 1% 的概率)。

第三,确定临界值。一般当总体方差已知时,查正态分布表(见附表 1),当总体方差未知时,查 t 值表(见附表 2)。若样本容量为大样本时,也可近似地查正态分布表。一般情况下显著性水平 α 确定为 0.05 或 0.01,因此,其 Z 值为 1.96 或 2.58。这两个数值较为常用,最好熟记下来,这样可省去查正态表这一步骤。

第四,确定并计算置信区间。置信区间是指在某一置信度时,总体参数落入具有相应置信水平的区域范围,或称区域长度。

$$\bar{X} - Z \cdot SE_{\bar{X}} < \mu < \bar{X} + Z \cdot SE_{\bar{X}}$$

$$\overline{X} - t(0.05, df) \cdot SE_{\overline{X}} < \mu < \overline{X} + t(0.05, df) \cdot SE_{\overline{X}} (\alpha = 0.05)$$
$$\overline{X} - t(0.01, df) \cdot SE_{\overline{X}} < \mu < \overline{X} + t(0.05, df) \cdot SE_{\overline{X}} (\alpha = 0.01)$$

例 在某市随机抽取100名5岁幼儿,测得其平均身高为104.3厘米,标准差6厘米,试问该市5岁幼儿的平均身高约在多少之间。

解:① 先求出样本均数分布的标准误

因总体 σ^2 未知,但 $n = 100 > 30$,接近正态分布,故

$$SE_{\overline{X}} = \frac{S}{\sqrt{n}} = \frac{6}{\sqrt{100}} = 0.6$$

② 确立显著性水平和临界值

$\alpha = 1 - 0.95 = 0.05$,根据正态分布查表,$Z = 1.96$

$\alpha = 1 - 0.99 = 0.01, Z = 2.58$

③ 作出区间估计

$$\overline{X} - 1.96 SE_{\overline{X}} < \mu < \overline{X} + 1.96 SE_{\overline{X}}$$
$$104.3 - 1.96 \times 0.6 < \mu < 104.3 + 1.96 \times 0.6$$
$$103.12 < \mu < 105.48$$

同理,当置信水平在99%时的总体均数的估计值,即 $\alpha = 0.01, Z = 2.58$ 时,

$\overline{X} - 2.58 SE_{\overline{X}} < \mu < \overline{X} + 2.58 SE_{\overline{X}}$,可计算出 $102.75 < \mu < 105.85$。

④ 结论:以样本均数 $\overline{X} = 104.3$ 厘米估计该市5岁幼儿的总体身高 μ 在 103.12 ~ 105.48 厘米之间,此估计有95%的可信度(隐含5%的失误可能);总体身高在 102.75 ~ 105.85 厘米之间的正确估计率为99%(有1%推断失误的可能)。

二、假设检验

假设检验是推论统计中最为重要的统计方法,在学前教育科学的实际研究中得到了广泛的应用。当讨论一个总体参数与另一个总体参数的差异问题,亦即考察两个观测统计量(如两个样本

第十二章 学前教育统计分析研究

平均数之间的差异)是否说明其相应的两个总体参数有所差异的情况,便要涉及统计推断中的假设检验方面的内容。比如,要推断在运用某种教学训练方法时,儿童的某项技能平均水平与运用另一种教学方法时的平均技能水平之间是否存在差异,就可在一定的显著性水平(如 0.05 水平)上,检验儿童在两种教学方法下该项技能水平的平均成绩之间是否存在差异,利用推论统计的假设检验来作出推断。

(一)假设检验的基本思想

在学前教育科学研究中,根据已有的理论和经验或对样本总体的初步了解而对研究结果作出的预期设想叫做研究假设 H_1(也称备择假设),而与之相对应的统计假设称为虚无假设 H_0(也称无差假设、零假设)。研究者通过对 H_0 进行检验,从而接受或拒绝 H_1 的过程即为假设检验。假设检验是建立在概率理论原理(小概率事件在一次抽样中不可能发生)基础上的。通常把概率小于 0.05 或 0.01 的事件称为"小概率"事件,这个概率也称显著性水平,用 α 表示。

(二)假设检验的基本步骤

1. 建立虚无假设 H_0;

2. 确定检验类型,常见的检验类型有 Z 检验,t 检验和 F 检验;并根据样本数据计算统计检验值;

3. 选择适当的显著性水平 α,并根据检验的类型查出临界值;

4. 比较临界值与统计检验值;确定差异显著性;

根据比较结果进行统计决断。一般地,在显著性水平 α 下,临界值大于统计值,则接受 H_0,拒绝 H_1;临界值小于统计值,则拒绝 H_0,接受 H_1。

5. 做出推断性结论。

三、单侧检验和双侧检验

对差异的显著性检验分单侧与双侧检验两种。如果研究者无法预知两种处理所得的平均数孰大孰小时,就只能注意这两个平均数 μ_1 与 μ_2 之间所出现的任何绝对的差别,而不管差别的方向。这时,虚无假设为 $\mu_1 = \mu_2$,研究假设为 $\mu_1 \neq \mu_2$。如果在 0.05 水平上接受研究假设(即拒绝虚无假设),便意味着有 95% 的可能性不是 $\mu_1 > \mu_2$,就是 $\mu_2 > \mu_1$。这种只强调差异而不强调差异方向的检验称为双侧检验。双侧检验的拒绝区域在两端各 $\alpha/2$ 概率区域(见图 12-1)。

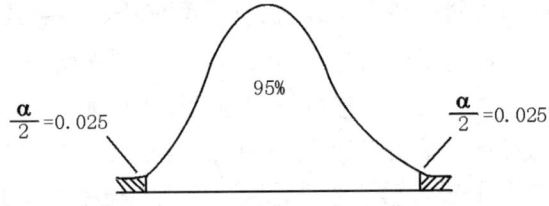

图 12-1 双侧检验示意图

如果在研究之前,根据理论或经验可以预测某一平均数将大于另一平均数,如某一方法将优于另一方法,此时可用单侧检验。在单侧检验中,虚无假设应是 $\mu_1 = \mu_2$,研究假设为 $\mu_1 > \mu_2$,或 $\mu_1 < \mu_2$。这时,如果在 0.05 水平上否定虚无假设,也就意味着 $\mu_1 > \mu_2$,或 $\mu_1 < \mu_2$ 的可能性有 95%。单侧检验的拒绝区域在一端 α 概率区域(见图 12-2)。关于单侧与双侧检验的原理,可参见后面的有关例题。

四、常用的检验方法

在学前教育科学研究中,经常会遇到平均数差异的检验,方差的差异检验以及方差分析,次数差异的 x^2 检验等问题,现将这些常用的检验方法介绍如下:

第十二章 学前教育统计分析研究

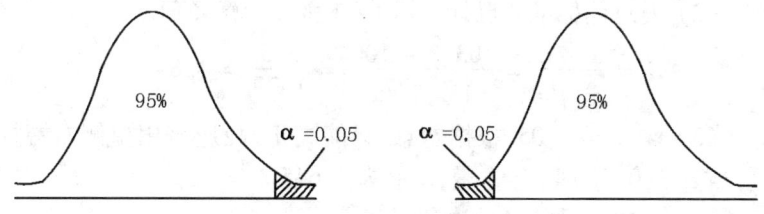

图 12-2 单侧检验示意图

（一）平均数的 Z 检验

在学前教育科学研究中，对总体正态分布、方差已知或独立大样本的平均数的显著性和差异的显著性进行检验，也就是说，总体方差已知，两个样本的均数是由全然无关的组别随机抽取的样本计算得来的，而且 $n>30$，此时的显著性检验用 Z 检验。

1. 平均数显著性 Z 检验（单总体 Z 检验）

平均数的显著性检验是对样本均数与总体均数的差异进行的显著性检验。

当总体方差已知时，可采用 Z 检验。公式为：

$$Z = \frac{\overline{X} - \mu}{\sigma / \sqrt{n}}$$

式中，μ 为总体均数；σ 为总体标准差；n 为样本容量。

例 1　有人调查早期教育对儿童智商发展的影响，从受过良好早期教育的儿童中随机抽取 70 人进行了韦氏儿童智力测验，结果这 70 人的平均智商 IQ 为 103.3 分，能否认为受过良好早期教育的儿童智力水平高于韦氏测验的一般标准水平？（韦氏智力测验标准 IQ 为 100 分，标准差为 15 分）

解　已知：总体 $\mu = 100$ 分，$\sigma = 15$ 分，样本 $n = 70$ 人，$\overline{X} = 103.3$ 分。

（1）建立假设 $H_0: \overline{X} = \mu$，即假设该 70 名儿童的智力水平等于韦氏一般标准水平。

(2) 因总体标准差已知,故用 Z 检验,计算 Z 值

$$Z = \frac{\bar{X} - \mu}{\sigma/\sqrt{n}} = \frac{103.3 - 100}{15/\sqrt{70}} = \frac{3.3}{1.79} = 1.84$$

(3) 取 $\alpha = 0.05$,根据题意,只能高于,故应该用单侧右端检验,当 $\alpha = 0.05$ 时,查 Z 表,Z 值为 1.645。

(4) 比较并进行统计决断:

∵ $1.84 > Z_{0.05} = 1.645$,∴ $P < 0.05$,差异显著,拒绝虚无假设 H_0。

(5) 结论:根据检验可确认该 70 名受过早期教育的儿童智力水平高于韦氏测验一般标准水平。此结论有 95% 的可靠性,并有 5% 失误的可能。

当总体方差未知,样本为大样本($n > 30$)时,接近正态分布也可用 Z 检验,公式为:

$$Z = \frac{\bar{X} - \mu}{S/\sqrt{n}}$$

例 2 某区去年高考的平均分数为 310 分,今年在该区的考生中随机抽取 169 个考分,算得其平均成绩为 350 分,标准差 130 分,试以 $\alpha = 0.05$ 的水平检验今年考分是否有真实提高?

解 已知:总体 $\mu = 310$ 分,总体 σ 未知,样本 $n = 169$ 人,样本 $\bar{X} = 350$ 分,$S = 130$ 分。

(1) 建立假设:$H_0: \bar{X} = \mu$,即今年考分与去年相比没有真实差别。

(2) 因总体 σ 未知,$n = 169 > 30$,近似正态分布,可用 Z 检验

$$Z = \frac{\bar{X} - \mu}{S/\sqrt{n}} = \frac{350 - 310}{130/\sqrt{169}} = \frac{40}{10} = 4$$

(3) 取 $\alpha = 0.05$,双侧检验,查 Z 表,$Z = 1.96$

(4) 比较并统计决断:

∵ $4 > 1.96 = Z_{0.05}$,∴ $P < 0.05$,差异显著,拒绝虚无假设 H_0。

第十二章 学前教育统计分析研究

（5）结论：今年的考分与去年的考分相比有显著的差异，此结论有 95% 的可靠性。

2. 平均数差异的显著性 Z 检验（双总体 Z 检验）

样本与样本间的差异（$\overline{X}_1 - \overline{X}_2 = D$）检验也称差异的显著性检验或双总体差异检验，是统计检验中常见而重要的内容。在学前教育科学研究中，实验组和控制组之间，或两种实验结果之间的差异的比较分析，都属于样本差异显著性的检验问题。现以平均数为例，介绍平均数差异的显著性 Z 检验，其基本计算公式为：

$$Z = \frac{D_{\overline{X}}}{SE_{\overline{D}}} = \frac{\overline{X}_1 - \overline{X}_2}{SE_{\overline{D}}}$$

式中，$D_{\overline{X}}$ 是两个平均数之差，$SE_{\overline{D}}$ 是两个平均数之差的标准误，其估计公式为：

$$SE_{\overline{D}} = \sqrt{SE_1^2 + SE_2^2 - 2rSE_1 SE_2}$$

在进行平均数差异的显著性检验时，需要考虑的条件较为复杂，不但需考虑总体分布和总体方差是否已知，还要注意两个总体方差是否一致，两个样本是否相关等一系列条件，不同情况下使用的公式也不同，应特别注意。

当两个样本相互独立（$r=0$）时，样本均数的差异显著性检验。如已知两个样本均数 $\overline{X}_1$ 和 $\overline{X}_2$，和总体 σ_1^2 和 σ_2^2，要检验两个样本所来自的总体 μ_1 和 μ_2 是否相等时，用 Z 检验方法进行。

$$Z = \frac{D_{\overline{X}}}{SE_{\overline{D}}} = \frac{\overline{X}_1 - \overline{X}_2}{SE_{\overline{D}}}$$

$$SE_{\overline{D}} = \sqrt{SE_1^2 + SE_2^2} = \sqrt{\frac{\sigma_1^2}{n_1} + \frac{\sigma_2^2}{n_2}}$$

当总体方差未知，独立大样本时，也可用 S_1^2 和 S_2^2 直接代替 σ_1^2 和 σ_2^2，使用 Z 检验，则

$$Z = \frac{D_{\bar{X}}}{SE_{\bar{D}}} = \frac{\bar{X}_1 - \bar{X}_2}{SE_{\bar{D}}} = \frac{\bar{X}_1 - \bar{X}_2}{\sqrt{\frac{S_1^2}{n_1} + \frac{S_2^2}{n_2}}}$$

例3 对7岁儿童身高调查结果如下,能否说明在身高方面表现有显著的性别差异?

7岁儿童身高测量结果

性别	人数(n)	平均身高(cm)	标准差 S(cm)
男	384	118.64	4.53
女	377	117.86	4.86

解 已知:$n_1 = 384$　$\bar{X}_1 = 118.64$　$S_1 = 4.53$

　　　　　$n_2 = 377$　$\bar{X}_2 = 117.86$　$S_2 = 4.86$

(1)建立假设 $H_0: \mu_1 = \mu_2$(即男、女身高无差异)

(2)计算 Z 值。

两总体方差未知,但两样本为独立大样本,故可用 Z 检验。

$$Z = \frac{\bar{X}_1 - \bar{X}_2}{\sqrt{\frac{S_1^2}{n_1} + \frac{S_2^2}{n_2}}} = \frac{118.64 - 117.86}{\sqrt{\frac{4.53^2}{384} + \frac{4.86^2}{377}}} = \frac{0.78}{\sqrt{0.11609}} = 2.29$$

(3)取 $\alpha = 0.05$　$Z_{0.05} = 1.96$

(4)比较并统计决断

∵ $Z = 2.29 > Z_{0.05} = 1.96$　∴ $P < 0.05$,差异显著,拒绝虚无假设 H_0。

(5)结论:在身高方面存在着性别的差异,此结论有95%的可靠性并有5%失误的可能。

(二)平均数的 t 检验

t 检验就是将抽样分布中的 t 分布的数理范型在统计检验中的应用。即当总体方差未知时的平均数的显著性检验。t 检验分

第十二章 学前教育统计分析研究

为单总体 t 检验和双总体 t 检验。双总体 t 检验又分为两个相关样本的双总体 t 检验和两个独立样本的双总体 t 检验。

1. 单总体 t 检验

单总体 t 检验是当总体方差未知时,对某一个观测样本是否来自于已给定的总体,或是另一个总体的一种检验。单总体的 t 检验公式为:

$$t = \frac{\overline{X} - \mu}{S/\sqrt{n-1}}$$

$$df = n - 1$$

式中:df 为自由度。

例4 正常儿童6岁的身高标准为116.2厘米,现在某市一所幼儿园检查了25名6岁幼儿的身高,测得其平均身高为118.4厘米,标准差为4.25厘米,试问此25名儿童的身高与标准身高有无差异?

解 已知:$\mu = 116.2$ 厘米 $\overline{X} = 118.4$ 厘米 $S = 4.25$ 厘米 $n = 25$

(1)建立假设:$H_0: \overline{X} = \mu$,即假设此25名儿童的身高与标准身高无差异。

(2)因总体方差未知,样本为小样本,因此用单总体的 t 检验,并计算 t 值。

$$t = \frac{\overline{X} - \mu}{S/\sqrt{n-1}} = \frac{118.4 - 116.2}{4.25/\sqrt{24}} = \frac{2.2}{0.8675} = 2.54$$

$$df = n - 1 = 24$$

(3)确定临界值,并进行比较。

当 $\alpha = 0.05, df = 25 - 1 = 24$ 时,查 t 分布表得:$t_{(24,0.05)} = 2.064$。

$\because t = 2.54 > 2.064 = t_{(24,0.05)}$ $\therefore P < 0.05$,差异显著,拒绝虚无假设 H_0。

(4)结论:此25名儿童的身高与标准身高相比存在显著差异,此结论有95%的可靠性,也存在5%推论失误的可能。

2. 双总体 t 检验

双总体 t 检验包括独立样本的均数差异的 t 检验和相关样本均数差异的 t 检验。

当总体方差未知,且两个样本为相互独立的样本时,检验平均数差异的显著性用双总体 t 检验。公式为:

$$t = \frac{\overline{X}_1 - \overline{X}_2}{SE_D}$$

$$SE_D = \sqrt{\frac{n_1 S_1^2 + n_2 S_2^2}{n_1 + n_2 - 2} \times \frac{n_1 + n_2}{n_1 n_2}}$$

$$df = n_1 + n_2 - 2$$

例5 在一项有关幼儿口头语的测验中,17名男孩得分分别为 87,92,96,87,85,95,100,90,100,89,92,74,90,70,80,81,93;12名女孩得分分别是:81,66,85,84,89,82,74,73,100,86,98,79。问性别在这个测验中是否造成差异?

解:总体方差未知,且两个样本都少于30人,为小样本,因此,应用独立样本双总体 t 检验来检验其平均数差数的显著性,具体步骤如下:

(1)分别求男女两个样本的均数 $\overline{X}_1$ 和 $\overline{X}_2$

$$\overline{X}_1 = \frac{\sum X_1}{n_1} = \frac{1501}{17} = 88.29$$

$$\overline{X}_2 = \frac{\sum X_2}{n_2} = \frac{997}{12} = 83.08$$

(2)求两个样本的方差 S_1^2 和 S_2^2

$$S_1^2 = \frac{\sum (X_1 - \overline{X}_1)^2}{n_1} = 65.27$$

第十二章 学前教育统计分析研究

$$S_2^2 = \frac{\sum(X_2 - \overline{X}_2)^2}{n_2} = 87.91$$

(3)建立虚无假设:$H_0:\mu_1 = \mu_2$,即假设男女性别在此项测验中没有表现出差异。

(4)计算 t 值

$$t = \frac{\overline{X}_1 - \overline{X}_2}{SE_D} = \frac{\overline{X}_1 - \overline{X}_2}{\sqrt{\frac{n_1 S_1^2 + n_2 S_2^2}{n_1 + n_2 - 2} \times \frac{n_1 + n_2}{n_1 n_2}}}$$

$$= \frac{88.29 - 83.08}{\sqrt{\frac{17 \times 65.27 + 12 \times 87.91}{17 + 12 - 2} \times \frac{17 + 12}{17 \times 12}}} = 1.54$$

(5)计算 df 值

$$df = n_1 + n_2 - 2 = 17 + 12 - 2 = 27$$

(6)查 t 值表,确定差异显著性水平。

当 $df = 27$,$\alpha = 0.01$ 时,查 t 分布表得:$t_{(27,0.01)} = 2.771$。

$\alpha = 0.05$ 时,查 t 分布表得:$t_{(27,0.05)} = 2.052$。

$\because t = 1.54 < 2.052 = t_{(27,0.05)}$ $\therefore P > 0.05$,差异不显著,接受虚无假设 H_0。

(7)结论:男女性别在此项测验上并不存在显著差异,此差异可能是由抽样误差带来的。此结论有 95% 的可靠性,也存在 5% 推论失误的可能。

当两个样本的平均数并非独立而是成对的,或存在相互关联的关系时,例如,同一组幼儿在实验前和实验后的某种测验分数,由于每一个幼儿都有两个分数,故该两组数据是成对的,此时需要用相关样本双总体 t 检验。计算公式为:

$$t = \frac{\overline{X}_1 - \overline{X}_2}{SE_D} = \frac{\overline{X}_1 - \overline{X}_2}{\sqrt{\frac{\sum D^2 - (\sum D)^2/n}{n(n-1)}}}$$

式中：D 表示相关样本的每一对测量值的差数

n 表示成对的观测数值数目

例6 在某幼儿园学前班儿童中随机抽取 8 名儿童,分别在学期初和学期末进行了两次推理能力测验,其成绩如下,问这两次测验成绩是否有显著差异?

8 名幼儿两次测验成绩表

编号	第一次测验	第二次测验	D	D^2
1	11	15	-4	16
2	14	14	0	0
3	12	15	-3	9
4	10	14	-4	16
5	13	15	-2	4
6	12	13	-1	1
7	15	14	1	1
8	14	16	-2	4

$n=8 \quad \overline{X}_1=12.625 \quad \overline{X}_2=14.5 \quad \Sigma D=-15 \quad \Sigma D^2=51$

解：(1)建立假设 $H_0:\mu_1=\mu_2$,即两次测验成绩没有显著差异。

(2)两总体方差未知,且为相关小样本,因此用双总体 t 检验。计算 t 值为：

$$t=\frac{\overline{X}_1-\overline{X}_2}{SE_D}=\frac{\overline{X}_1-\overline{X}_2}{\sqrt{\frac{\Sigma D^2-(\Sigma D)^2/n}{n(n-1)}}}=\frac{12.625-14.5}{\sqrt{\frac{51-(-15)^2/8}{8\times 7}}}=-2.934$$

(3)确定显著性水平和统计临界值。

当 $df=n-1=7,\alpha=0.05$ 时,查 t 分布表得：$t_{(7,0.05)}=2.365$。

(4)比较并统计判断：

∵ $|t|=2.934>2.365=t_{(7,0.05)}$ ∴ $P<0.05$,差异显著,拒绝虚无假设 H_0。

(5)结论：这两次测验在 0.05 水平上差异显著,此结论有

第十二章 学前教育统计分析研究

95%的可靠性,也存在5%失误的可能。

当两个相关样本的相关系数已知时,双总体 t 检验可使用如下的计算公式:

$$t = \frac{\overline{X}_1 - \overline{X}_2}{SE_D} = \frac{\overline{X}_1 - \overline{X}_2}{\sqrt{\dfrac{S_1^2 + S_2^2 - 2rS_1S_2}{n-1}}}$$

$$df = n - 1$$

式中:$\overline{X}_1$、$\overline{X}_2$分别为两样本的均数,r为两样本的相关系数,n分别为两样本的容量。

例7 某幼儿园大班23名儿童测得其平均身高为114.17厘米,标准差为4.10厘米,一个月后再测得平均身高为114.78厘米,标准差为4.09厘米,两次测试相关系数$r = 0.80$,试比较两次测量值有无显著差异(取$\alpha = 0.05$)?

解:(1)建立假设:$H_0: \mu_1 = \mu_2$,即两次测量值没有显著差异。

(2)因两总体方差未知,两样本为相关小样本,且相关系数r已知,可用上述公式计算t值:

$$SE_D = \sqrt{\frac{S_1^2 + S_2^2 - 2rS_1S_2}{n-1}} = 0.55$$

$$t = \frac{\overline{X}_1 - \overline{X}_2}{SE_D} = \frac{114.17 - 114.78}{0.55} = -1.11$$

(3)确定显著性水平和统计临界值。

当$df = n - 1 = 22$,$\alpha = 0.05$时,查t分布表得:$t_{(22,0.05)} = 2.074$。

(4)比较并统计判断:

$\because |t| = 1.11 < 2.074 = t_{(22,0.05)}$ $\therefore P > 0.05$,差异不显著,接受虚无假设H_0。

(5)结论:这两次测验在0.05水平上没有差异性显著。此结论有95%的可靠性,并存在5%推断失误的可能。

(三) x^2（卡方）检验

1. x^2 检验概述

x^2 是检验次数、比例和概率等形式的实得次数分配与理论次数分配之间差异程度的指标，用于非连续性（如类型变量）数据资料，且可同时比较多个项目，是对计数资料进行统计检验最适合的常用方法之一。

x^2 检验有两个特点：第一，它能够同时检验一个因素或两个因素多项分类的实际次数与某种理论次数分布的差异显著性。并且，x^2 值具有可加性，因此，x^2 检验是用来检验实得次数分布与理论次数分布之间差异显著性的最有效方法（不受项目数的限制）。第二，x^2 检验适用于计数数据，在学前教育领域，有许多涉及按品质分类的问题，如气质可分为多血质、胆汁质、粘液质和抑郁质四种类型，情绪反应可分为强、中、弱三类等，这些以类别归属的数据一般都是计数资料，属于离散变量，x^2 检验是对计数资料进行检验最适用的方法之一。

x^2 检验常用于以下情况：

（1）非连续变量的正态性检验。例如，假设教师的工作能力是呈正态分布的，某幼儿园42名教师分别被评为优秀、满意、不合格教师的人数为14人、22人和6人，就可用 x^2 检验该分布是否符合于正态分布。

（2）连续变量的正态性检验。例如，将某市一个区300名幼儿的智力测验分数整理为组距为10的次数分布表，可用 x^2 检验这个连续变量的分布是否与正态分布的假设相符合。

（3）独立性检验。例如，检验父母职业类型与幼儿社会能力（高、中、低）这两个变量之间是否互为独立，还是具有某种相互影响的关系。

（4）计数资料的差异检验。例如，假设幼儿喜爱娃娃家、积木游戏和汽车游戏的人数无显著差异（即他们对玩何种游戏并不在

第十二章　学前教育统计分析研究

乎)。经实际测定,最喜爱娃娃家的幼儿有 24 人,最喜爱积木的有 16 人,最喜爱汽车游戏的有 10 人。问幼儿喜爱游戏的人次分布是否与期望次数(平均次数)存在显著差异。这样的问题就可用 x^2 检验来解决。

2. x^2 检验的基本公式及应用

x^2 检验的基本公式为:

$$x^2 = \sum \frac{(f_o - f_e)^2}{f_e}$$

式中:f_o 为实得次数,

f_e 为理论次数(期望次数),

x^2 的自由度 $df = k - 1$(k 指的是原始数据的组数)。

这个公式可以解释为 x^2 值就是把观测到的几组实际次数与理论次数的差平方后除以理论次数得到的各组比值的总和。

例 8　在一项有关幼儿社会化行为的观察中,研究者通过随机取样,发现 60 名幼儿中,属于典型的攻击型的幼儿 13 名,退缩型的幼儿 14 名,其他 33 人属于中间型。问幼儿在这三类社会行为上是否存在差异(即中间型的幼儿比其他两种类型的幼儿是否显著地多)?

解:本题属于分类资料,适宜于用 x^2 检验。基本步骤如下:

(1) 建立假设:幼儿的社会行为类型间不存在显著差异。

(2) 计算理论次数

本题中,理论期望的各种类型的幼儿人数是相等的,因此,$f_e = N/k = 60/3 = 20$,也就是说,理论假定各类幼儿人数应是 20 人。

(3) 计算 x^2 值

根据公式:

$$x^2 = \sum \frac{(f_o - f_e)^2}{f_e} = \frac{(13-20)^2}{20} + \frac{(14-20)^2}{20} + \frac{(33-20)^2}{20} = 12.7$$

(4)求 df 值

$df = k - 1 = 3 - 1 = 2$

(5)确定显著性水平及临界值

当 $df = 2$,$\alpha = 0.01$ 时,查 x^2 分布表(见附表3)得界限值:$x^2 =$ 9.21。

(6)比较并统计判断:

$\because x^2 = 12.7 > 9.21 = x^2_{(2,0.01)}$ $\therefore P < 0.01$,差异显著,拒绝虚无假设。

(7)结论:幼儿的社会性行为类型有显著差异,中间型幼儿明显多于其他两种类型幼儿。

(四)F 检验与方差分析

1. F 检验概述

在研究中,除了检验两组数据集中趋势的差异(如两个样本平均数差异的显著性检验)以外,常常还关心两组数据离散程度是否有显著不同,这是需要对两组数据的方差进行差异检验。也就是说,通过样本方差 S_1^2 和 S_2^2 的差异对其各自的总体方差 σ_1^2 和 σ_2^2 有否差异进行推断。比如,在前面介绍双总体差异检验时,当两个样本之差经过检验,结论为差异显著时,可以判断为实验结果有意义。但是并不能完全归因于总体均数间的差异,也可能归因于两样本属于不同型的两个总体,即两总体的方差不同($\sigma_1^2 \neq \sigma_2^2$),也就是说差异可能来自 σ_1^2 与 σ_2^2 的差别。研究者在做实验时,确定实验组与对照组,二者不仅平均水平要一致($\mu_1 = \mu_2$),还要求两组的组内分散程度也要一致($\sigma_1 = \sigma_2$),那么,怎样判断两组总体标准差的差异呢?统计学家费舍(R. A. Fisher)给出了一个很简便的方法。他对变差(S^2)比率作出抽样分布,称为 F 分布,并已计算出 F 值表(见附录4)。F 比值公式为:

$$F = \frac{S_{大}^2}{S_{小}^2}$$

第十二章 学前教育统计分析研究

$$df_大 = n_大 - 1 \quad df_小 = n_小 - 1$$

式中：$S_大^2$ 和 $S_小^2$ 分别为两样本的方差，

$df_大$ 和 $df_小$ 分别为两样本的自由度。

在对两组样本的离散指标方差进行差异检验时，首先应假设两个样本的方差来自的总体应没有差异，即虚无假设 $H_0: \sigma_1^2 = \sigma_2^2$，则 $\sigma_1^2/\sigma_2^2 = 1$。当 σ_1^2、σ_2^2 未知时，以各自的无偏估计值 S_1^2 和 S_2^2 代替，那么 S_1^2/S_2^2 应该在 1 的附近波动。如果这个比值过大或过小（即进入了小概率区），则意味着两样本的方差差异显著，应推翻假设，即承认两个总体方差不等。应当注意的是 F 检验是双侧检验，只有当 $F < F_{(1-\alpha)}$ 或 $F > F_{(\alpha/2)}$ 时，两样本方差的差异才达到显著。

例9 在一项关于反馈对知觉判断影响的研究中，将被试随机分成两组，其中一组 60 人作为实验组（每一次判断后将结果告诉被试），实验的平均结果 $\overline{X}_1 = 80$，标准差 $S_1 = 18$；另一组 52 人作为控制组（实验过程中每一次判断后不让被试知道结果），实验的平均结果 $\overline{X}_2 = 73$，$S_2 = 15$。试对实验组和控制组的方差齐性进行检验。

解：已知 $S_1 = 18, n_1 = 60$；$S_2 = 15, n_2 = 52$

假设 $H_0: \sigma_1^2 = \sigma_2^2$

$$F = \frac{S_大^2}{S_小^2} = \frac{18^2}{15^2} = 1.44$$

则：分子的自由度 $df_1 = n_1 - 1 = 60 - 1 = 59$；分母的自由度 $df_2 = n_2 - 1 = 52 - 1 = 51$

查 F 值表，$F_{(59,51)0.05} \approx 1.73$（表中没列出 $df = 51$ 一行，用内插法近似求得，即 1.73 在 1.80 与 1.67 之间）

$\because 1.44 < 1.73, \quad \therefore F < F_{(59,51)0.05} \quad P > 0.05$

因此，得出结论两个方差的差异不显著。接受 $\sigma_1^2 = \sigma_2^2$ 的前提假设，可以进一步进行两个平均数差异的 t 检验。

2. F 检验与方差分析

由于 F 检验常用于样本方差的差异显著性检验,因此它在方差分析(即变异数分析)中得到广泛的应用。方差分析主要是用于学前教育科学研究中分析数据中不同来源的变异对总变异的影响大小,从而确定自变量是否对因变量有重要影响。由于方差具有可分解性和可加性的特点,在方差分析结果中,总方差是由组间方差和组内方差所构成的。组间变异是由实验组之间的差异决定的,组内变异是由实验组内的个体差异造成的。实验的目的是对各实验组进行处理,使各组间的差异加大。而实验并不对组内个体进行不同处理,不会加大组内方差,实验前后,组内变差是稳定的,在总体内,组内方差是稳定的,组间方差是变化的,那么组间方差与组内方差之比,如果大到一定程度就可以判断组间方差的变异是否为显著性差异。上述介绍的 F 检验正好可以解决这个问题。即

$$F = \frac{MSB}{MSW}$$

$$dfB = k - 1 \quad dfW = \sum(n - 1) \quad dfT = N - 1$$

式中:MSB、MSW 分别为组间和组内均方(方差);dfB、dfW、dfT 分别为组间、组内和总体的自由度。

利用 F 分布表,将 F 值与 F 分布表中的 F 临界值相比较,当 F 值(即 MSB 大于 MSW 的倍数值)大于 F 临界值时,就可判断 MSB 与 MSW 的差异的显著性。

F 检验在这里虽然检验的是组间方差的显著性,但已知组间方差的变大是由组间均数的差异变大所致,所以,组间方差的变异显著性实际上反映的是组间均数差异的显著性。通过方差分析并计算 F 值,便可达到对多组均数的差异进行检验。由于方差分析可同时比较多个平均数的差异,故它比仅适用于比较两个均数之差异的 t 检验更加适用于实际的学前教育科学研究中。

第十二章　学前教育统计分析研究

在学前教育研究中,经常会遇到这样的问题,如比较大、中、小班儿童某一心理能力的发展水平,或者比较不同年龄儿童在多个实验处理中某一心理能力的发展水平,这是都将涉及到同时比较多个均数的问题,就需要运用到方差分析和 F 检验。

例如,韩进之、杨丽珠等在研究 3～6 岁幼儿自我意识发展的总趋势时,研究者分别测了四个年龄段幼儿在自我评价、自我情感体验和自我控制三个方面的分数,并以三个方面的分数之和作为自我意识的总分数。具体研究思路如下:通过比较不同年龄阶段儿童自我意识的水平,可以了解幼儿自我意识发展的总体状况和特点。(即考察四组年龄儿童的自我意识是否存在显著差异?)

幼儿自我意识发展的总趋势(总平均数)

	3—3.5 岁	4—4.5 岁	5—5.5 岁	6—6.5 岁
n	190	190	190	190
$\overline{X}$	1.44	1.74	2.26	2.45
S	0.30	0.37	0.29	0.32

解:此题是对多个均数差异进行显著性检验,因此需用方差分析和 F 检验。

(一) 先求出各组均数的总均数

$$\overline{X}_T = \frac{n_1 \times \overline{X}_1 + n_2 \times \overline{X}_2 + n_3 \times \overline{X}_3 + n_4 \times \overline{X}_4}{n_1 + n_2 + n_3 + n_4}$$

$$= \frac{190 \times 1.44 + 190 \times 1.74 + 190 \times 2.26 + 190 \times 2.45}{190 \times 4} = 1.97$$

(二) 求出组间、组内平方和及其均方和自由度

$$SSB = n_1(\overline{X}_1 - \overline{X}_T)^2 + n_2(\overline{X}_2 - \overline{X}_T)^2 + n_3(\overline{X}_3 - \overline{X}_T)^2 + n_4(\overline{X}_4 - \overline{X}_T)^2$$

$$= 190 \times (1.44 - 1.97)^2 + 190 \times (1.74 - 1.97)^2 + 190 \times (2.26 - 1.97)^2 + 190 \times (2.45 - 1.97)^2 = 123.18$$

$SSW = n_1 S_1^2 + n_2 S_2^2 + n_3 S_3^2 + n_4 S_4^2$
$= 190 \times 0.30^2 + 190 \times 0.37^2 + 190 \times 0.29^2 + 190 \times 0.32^2 = 78.55$

$SST = SSB + SSW = 123.18 + 78.55 = 201.73$

$dfB = k - 1 = 4 - 1 = 3$

$dfW = \sum(n - 1) = (190 - 1) + (190 - 1) + (190 - 1) + (190 - 1) = 756$

$dfT = N - 1 = 190 \times 4 - 1 = 759$

$MSB = SSB/dfB = 123.18/3 = 41.06$

$MSW = SSW/dfW = 78.55/756 = 0.10$

$F = \dfrac{MSB}{MSW} = 41.06/0.10 = 410.6$

$dfB = 3 \quad dfW = 756$

查 F 表 $F_{(3,756)0.01} \approx 4.28$

$\because 410.6 > 4.28 \quad \therefore P < 0.01$ 差异显著,记作 $F = 410.6^{**}$

(三)将各项列入方差分析表中

变异来源	SS	df	MS	F	P
组间(SSB)	123.18	3	41.06	410.6**	$P < 0.01$
组内(SSW)	78.55	756	0.10		
总体(SST)	201.73	759			

(四)结论:经方差分析和 F 检验,各年龄儿童在自我意识的发展水平上存在显著性差异,此结论有99%的可靠性。

在对多个均数进行方差分析和 F 检验后,如果 F 值显著,只说明群体的差异显著,而并不意味着每一对均数之间必然存在显著区别。F 通盘检验中的差异显著只能说明至少其中一对均数之间必然存在显著差异,但究竟是哪一(几)对均数差异显著则还需要进一步对每两个均数进行 t 检验。如果 F 值不显著,则说明总体的差异不显著,一般不必再对各组均数进行逐对检验。有关多

第十二章 学前教育统计分析研究

因素方差分析的内容,这里就不加以介绍了,详细内容请参阅有关的统计学著作。

第四节 学前教育多元统计分析

前面我们所介绍的有关数据统计分析的方法大多是一元的,是针对只有一个因变量的单因素实验设计而言的。而现实的教育活动或教育研究,涉及的因素是多种多样的,传统的研究方法通常总要控制所研究的某一因素以外的其他因素,以考察该因素的作用,并在统计处理上采用单因素的分析方法。因此,单因素分析方法在现实的教育研究中不仅会遇到严重的挑战,而且也会妨碍研究结果的正确性和科学性。首先,影响学前儿童教育、心理的因素不可能像物理实验那样靠仪器或其他实验手段较好地控制。有些变量(如年龄、知识经验、动机、教学水平等)甚至不可能控制。其次,从系统论整体观的角度看,有时变量的控制是无意义的,或产生某些错误。因为制约教育的因素很多,这些因素之间是相互作用、相互影响的,是一个完整的系统。只有将各因素同时放到整个系统中加以考虑,才能揭示出各因素之间的内在联系。单因素的统计分析难以或不可能做到这一点。再者,影响教育或心理发展的各种因素的不同组合,也可能会使某一影响因素产生不同的作用。孤立地考察某一因素的影响作用,有时是欠缺生态效度的。

因此,多因素的实验设计可能比单因素的设计更符合实际情况。多因素的统计分析方法很多。本节只简要地介绍多元方差分析和因素分析的统计思想,详细的内容请查阅相关统计学专著。

一、多元方差分析

上节简述过的方差分析,只能在仅有一个因变量时使用。近年来随着社会科学,包括教育与心理科学领域研究的深入,以及电子计算机技术的普及和开发,一种更为复杂的,可处理多个自变量与多个因变量错综交叉地相互关联的资料统计技术——多元方差分析(Multivariate Analysis of Variance;MANOVA)技术,已得到越来越广泛的重视和运用。多元方差分析的主要用途是同时分析和检验不同类别在多个间距测度等级变量上是否存在显著差异。如考察儿童自我控制水平的发展,就可以应用多元方差分析的方法来进行。即对自我控制的反应变量进行多重的考察,如从冲动抑制、抵制诱惑、延迟满足等三个方面考虑,就存在三个可供测试的反应变量(因变量);在自变量方面也可从多因素的角度来进行,如选取不同的年龄变量和性别变量,这样从多元变量、多因素的统计分析角度(MANOVA)就可以综合地考察儿童自我控制的发展水平和特点。

要对多元方差分析形成一个较明确的整体概念,首先应追溯一元方差分析的形成。而一元方差分析又是为了简化多个 t 检验而建立的综合性更强的分析方法。无论是 t 检验,还是方差分析(单因素或多因素),它们的一个共同点是它们只涉及一个因变量(或称反应变量)。不管它们的自变量有多少,换句话说,就是其分组有多复杂,最后是通过一个指标上的观测值来反映其所产生的差异和变化的。它们以数学形式的一般模型(指略去权数的模型)为:

$$y = x_1 + x_2 + x_3 + \cdots + x_k$$

其中,y 是因变量,而且必须是间距测度等级的变量;x 是表示分组(或称分类)的名义变量(在方差分析中又称为因素,factor);k 是分组变量的序号。除了分类变量以外,模型中还可能有其他间距测度等级的自变量(在方差分析中又称为协变量,covariate),这时模型就成为了协方差分析(Analysis of Covariate,简称为ANCOVA)。

而多元方差分析(MANOVA)的因变量已经不再是一个,而是多个。它的一般模型如下:

第十二章 学前教育统计分析研究

$$y_1 + y_2 + \cdots y_i = x_1 + x_2 + x_3 \cdots + x_k$$

其中,自变量 x 的定义同方差分析模型一样也是分组变量,k 为分组变量数;而因变量 y 有多个,并且必须都是间距测度等级的变量,不可以采用虚拟变量或效应变量;下标 i 表示最后一个因变量。因此,i 既表示因变量的数目,也可以理解为指标(index)。

多元方差分析所要解决的问题与一般的方差分析并无二致。它的用途仍然是检验不同分组是否存在显著差异。所不同的是,它的检验是建立在同时考察多个反应变量观测值上,而不是仅仅考察一个反应变量。因此,多元方差分析的统计检验假设需要用向量形式来表达,其无差异假设为:

$$H_0: \begin{bmatrix} \overline{Y}_{11} \\ \overline{Y}_{21} \\ \cdots \\ \overline{Y}_{i1} \end{bmatrix} = \begin{bmatrix} \overline{Y}_{12} \\ \overline{Y}_{22} \\ \cdots \\ \overline{Y}_{i2} \end{bmatrix} = \cdots\cdots = \begin{bmatrix} \overline{Y}_{1g} \\ \overline{Y}_{2g} \\ \cdots \\ \overline{Y}_{ig} \end{bmatrix}$$

其中,下标 g 代表分组数,i 代表因变量数。$\overline{Y}_{ig}$ 代表第 g 组在第 i 个指标上观测值的平均值。上述假设是,总体按各个因素进行分组后,各分组子总体在每一项反应指标的平均值上均无差异。

由于多元方差分析涉及了大量的矩阵计算,也正因为如此,限制了它的普遍应用。近年来得益于计算机和统计软件的迅速发展,现已无需劳神这些繁杂的矩阵计算,只需将分析数据输入进去,统计软件就可迅速地给出多元方差分析的最终结果。限于本教材的情况,有关 MANOVA 的具体操作及原理这里就不加以介绍了,相关内容可参阅高级统计方面的书籍。

二、因素分析

因素分析也是学前教育和心理研究中常用的统计分析方法。作为一种统计分析技术,其目的是从为数众多的可观测的"变量"中概括和推论出少数的"因素",用最少的"因素"来概括揭示最大量的观测事实,从而建立其最简洁、最基本的概念系统,揭示出事物之间最本质的联系。如著名的《卡特尔16种个性因素量表》中由卡特尔提出的个性整体中包括的16种个性因素就是通过因素分析的方法确定的。

因素分析是考虑到多种变量的观测分析,其结果包含了观测变量中几乎全部的信息,较全面地反映了所研究对象的各个侧面,有助于发现心理、教育现象的规律,可从众多变量的交互相关中找出起决定作用的基本因素,有助于建立和发展理论。

如刘文、杨丽珠利用因素分析的方法,对从幼儿个性教师评定问卷中获得的大量数据资料进行因素分析,从而建构了我国幼儿个性的五大结构:智能特征、自我意识、意志特征、情绪情感、亲社会性和活动性,为探索我国幼儿个性结构的研究奠定了基础。

因素分析可分为探索性因素分析和验证性因素分析。前者旨在通过变量组合而总结数据,往往用于研究初期提出假设阶段;而验证性因素分析则用于检验有关潜在结构的假设,常在研究的后期运用,其重要前提是符合实际的理论假设和严格的测量数据,它尤其适合于纵向研究的数据,是学前心理和教育科学理论发展方面的重要工具。

因素分析的基本步骤如下:

(1)收集数据,形成关联性测量矩阵。即求取所有观察变量中任意两个变量之间的积差相关系数,列出"相关矩阵";

(2)抽取因素,求得初始因素解。通过一系列数学处理,把构成这些交互相关的基本公共因素分解出来,也就是从这个相关矩阵中推导出一个"因素矩阵",即因素负荷表。所谓因素负荷,简单地说,就是某一因素对某一有关变量所作贡献大小的指标,某一因素的负荷量的平方,就是该因素在这一变量的单位方差中所做出的贡献。更通俗地讲,求出因素矩阵,就是寻找彼此交互关联性最大的因素组成变量群,从而以较少的因素来概括原先大量的变

第十二章 学前教育统计分析研究

量,而不失其原来的代表性;

(3)将初始的因素矩阵进行因素旋转求得最终因素解。旋转变换的方法主要有正交旋转(包括最大方差旋转、最大四次方旋转)、斜交旋转等;

(4)对因素结构的意义进行解释。对旋转后的因素结构要运用专业的知识进行解释。因素的解释应以研究的理论假设和实际的因素负荷为基础,从最大负荷的变量中得出因素的主要含义,这一步是因素分析的关键环节。因素解释的合理与否有赖于研究者的专业理论素养。

因素分析的计算复杂繁琐,一般需借助电子计算机才能完成。目前已开发的含有因素分析的统计软件包(如 SPSS、SAS 等)已广泛地运用于学前心理与教育研究,非常方便快捷,显示出因素分析强大的生命力和发展前景。然而,我们也应指出的是,因素分析方法远未发展完善,仍有它的局限性,也受到过一些质疑,如结果缺乏客观性;结果常常是先定的;根据负荷矩阵对因素进行解释时,带有很大的随意性等等。

思考练习题

1. 什么是学前教育统计分析研究?
2. 统计分析包括哪些基本内容?
3. 描述统计有哪些种类?各自的意义是什么?
4. 正态分布的特征是什么?
5. 推论统计有哪几种类型?
6. 假设检验的基本思想。
7. 单侧检验和双侧检验的含义。
8. 什么是小概率原理?
9. 春苗幼儿园在大班进行韦氏智力测验,两个组的测验结果如下(IQ):

　　A 组:105,110,97,102,99,111,103
　　B 组:111,89,96,101,98,99,107

试作:(1)选择其中一组,试检验该组智力水平是否符合 IQ =100 的标准水平?已知韦氏智力测验平均智商为100,标准差为15。(取 α=0.05)

　　(2)对 A、B 两组智力水平的差异作 t 检验。

10. 已知4岁儿童身高、体重标准为:男孩,平均身高为102厘米,标准差为4.2厘米;平均体重为15.6公斤,标准差为1.75公斤。女孩,平均身高为101厘米,标准差为4.1厘米;平均体重为15公斤,标准差为1.74公斤。今测量四名4岁儿童的身高、体重结果如下:

小军(男)身高113厘米,体重19公斤;小强(男)身高108厘米,体重17公斤;小红(女)身高106厘米,体重15.8公斤;小英(女)身高98厘米,体重18.9公斤。试评价该四名儿童的身高和体重是否符合标准?(控制在 ±2 标准差之内为合格)回答谁是双达标(双项均符合标准),谁是单项达标,谁是双项均不合标准?

第十二章 学前教育统计分析研究

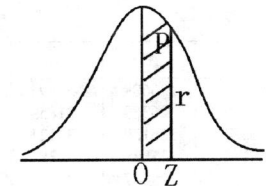

附表1 正态分布表
（曲线下的面积与纵高）

Z	Y	P	Z	Y	P	Z	Y	P
.00	.39894	.00000	.30	.38139	.11791	.60	.33322	.22575
.01	.39892	.00399	.31	.38023	.12172	.61	.33121	.22907
.02	.39886	.00798	.32	.37903	.12552	.62	.32918	.23237
.03	.39876	.01197	.33	.37780	.12930	.63	.32713	.23565
.04	.39862	.10595	.34	.37654	.13307	.64	.32506	.23981
.05	.39844	.01994	.35	.37524	.13683	.65	.32297	.24215
.06	.39822	.02392	.36	.37391	.14058	.66	.32086	.24537
.07	.39797	.02790	.37	.37255	.14431	.67	.31874	.24857
.08	.39767	.03188	.38	.37115	.14803	.68	.31569	.25175
.09	.39733	.03586	.39	.36973	.15173	.69	.31443	.25490
.10	.39695	.03983	.40	.36827	.15542	.70	.31225	.25804
.11	.39654	.04380	.41	.36678	.15910]	.71	.31006	.26115
.12	.39608	.04776	.42	.36526	.16276	.72	.30785	.26424
.13	.39559	.05172	.43	.36371	.16640	.73	.30563	.26730
.14	.39505	.05567	.44	.36213	.17003	.74	.30339	.27035
.15	.39448	.05962	.45	.36053	.17364	.75	.30114	.27337
.16	.39387	.06356	.46	.35889	.17724	.76	.29887	.27637
.17	.39322	.06749]	.47	.35723	.18082	.77	.29659	.27935
.18	.39253	.07142	.48	.35553	.18439	.78	.29431	.28230
.19	.39181	.07535	.49	.35381	.18793	.79	.29200	.28524
.20	.39104	.07926	.50	.35207	.19146	.80	.28969	.28814
.21	.39024	.08317	.51	.35029	.19497	.81	.28737	.29103
.22	.38940	.08706	.52	.34849	.19847	.82	.28504	.29389
.23	.38853	.09095	.53	.34667	.20194	.83	.28209	.29673
.24	.38762	.09483	.54	.34482	.20540	.84	.28034	.29955
.25	.38667	.09871	.55	.34294	.20884	.85	.27798	.30234
.26	.38568	.10258	.56	.34105	.21225	.86	.27562	.30511
.27	.38466	.10642	.57	.33912	.21566	.87	.27324	.30785
.28	.38361	.11026	.58	.33718	.21904	.88	.27986	.31057
.29	.38251	.11409	.59	.33521	.22240	.89	.28848	.31327

附表1 续

Z	Y	P	Z	Y	P	Z	Y	P
.90	.26609	.31594	1.30	.17137	.40320	1.70	.09405	.45543
.91	.26369	.31859	1.31	.16915	.40490	1.71	.09246	.45637
.92	.26129	.32121	1.32	.16694	.40658	1.72	.09089	.45728
.93	.25888	.32381	1.33	.16474	.40824	.173	.08933	.45818
.94	.25647	.32639	1.34	.16256	.40988	1.74	.08780	.45907
.95	.25406	.32894	1.35	.16038	.41149	1.75	.08628	.45994
.96	.25164	.31147	1.36	.15822	.41309	1.75	.08478	.46080
.97	.24923	.33398	1.37	.15608	.41466	1.77	.08329	.46164
.98	.24681	.33646	1.38	.15395	.41621	1.78	.08183	.46246
.99	.24439	.33891	1.39	.15183	.41774	1.79	.08038	.46327
1.00	.24197	.34134	1.40	.14973	.41924	1.80	.07895	.46407
1.01	.23955	.34375	1.41	.14764	.42073	1.81	.07754	.46485
1.02	.23713	.34614	1.42	.14556	.42220	1.82	.07614	.46562
1.03	.23471	.34850	1.43	.14350	.42364	1.83	.07477	.46638
1.04	.23230	.35083	1.44	.14146	.42507	1.84	.07341	.46712
1.05	.22988	.35314	1.45	.13943	.42647	1.85	.07206	.46784
1.06	.22747	.35543	1.46	.13742	.42786	1.86	.07074	.46856
1.07	.22506	.35769	1.47	.13542	.42922	1.87	.06943	.48926
1.08	.22265	.35993	1.48	.13344	.43056	1.88	.06814	.46995
1.09	.22025	.36214	1.49	.13147	.43189	1.89	.06687	.47062
1.10	.21785	.36433	1.50	.12952	.43319	1.90	.06562	.47128
1.11	.21546	.36650	1.51	.12758	.43448	1.91	.06439	.47193
1.12	.21307	.36864	1.52	.12566	.43574	1.92	.06316	.47257
1.13	.21069	.37076	1.53	.12376	.43699	1.93	.06195	.47320
1.14	.20831	.37286	1.54	.12188	.43822	.1.94	.06077	.47381
1.15	.20594	.37493	1.55	.12001	.43943	1.95	.05959	.47441
1.16	.20357	.37698	1.56	.11816	.44062	1.96	.05844	.47500
1.17	.20121	.37900	1.57	.11632	.44179	1.97	.05730	.47558
1.18	.19886	.38100	1.58	.11450	.44295	1.98	.05618	.47615
1.19	.19625	.38298	1.59	.11270	.44408	1.99	.05508	.47670
1.20	.19419	.39493	1.60	.11092	.44520	2.00	.05399	.47725
1.21	.19186	.38686	1.61	.10915	.44630	2.01	.02592	.47778
1.22	.18954	.38877	1.62	.10741	.44738	2.02	.05186	.47831
1.23	.18724	.39065	1.63	.10567	.44845	2.03	.05082	.47882
1.24	.18494	.39251	1.64	.10396	.44950	2.04	.04980	.47982
1.25	.18265	.39435	1.65	.10226	.45053	2.05	.04879	.47982
1.26	.18037	.39617	1.66	.10059	.45154	2.06	.04780	.48030
1.27	.17801	.39796	1.67	.09893	.45254	2.07	.04682	.48077
1.28	.17585	.39973	1.68	.09728	.45352	2.08	.04586	.48124
1.29	.17360	.40147	1.69	.09566	.45449	2.09	.04491	.48169

第十二章 学前教育统计分析研究

附表1 续

Z	Y	P	Z	Y	P	Z	Y	P
2.10	.04398	.48214	2.50	.01753	.49379	2.90	.00525	.49813
2.11	.04307	.48257	2.51	.01709P	.49396	2.91	.00578	.49819
2.12	.04217	.48300	2.52	.01667	.49413	2.92	.00562	.49825
2.13	.04128	.48341	2.53	.01625	.49430	2.93	.00545	.49831
2.14	.04041	.48382	2.54	.01582	.49446	2.94	.00530	.49836
2.15	.03955	.48422	2.55	.01545	.49461	2.95	.00514	.49841
2.16	.03871	.48461	2.56	.01506	.49477	2.96	.00499	.49846
2.17	.03788	.48500	2.57	.01468	.49492	2.97	.00485	.49851
2.18	.03706	.48537	2.58	.01431	.49506	2.98	.00471	.49856
2.19	.03626	.48574	2.59	.01394	.49520	2.99	.00457	.49861
2.20	.03547	.48610	2.60	.01358	.49534	3.00	.00443	.49865
2.21	.03470	.48645	2.61	.01323	.49547	3.01	.00430	.49869
2.22	.03394	.48679	2.62	0.1289	.49560	3.02	.00417	.49874
2.23	.03319	.48713	2.63	.01256	.49573	3.03	.00405	.49878
2.24	.03246	.48745	2.64	.01223	.49585	3.04	.00393	.49882
2.25	.03174	.48778	2.65	.01191	.49598	3.05	.00381	.49886
2.26	.03103	.48809	2.66	.01160	.49609	3.06	.00370	.49889
2.27	.03034	.48840	2.67	.01130	.49621	3.07	.00358	.49893
2.28	.02965	.48870	2.68	.01100	.49632	3.08	.00348	.49897
2.29	0.2898	.48899	2.69	.01071	.49643	3.09	.00337	.49900
2.30	.02833	.48928	2.70	.01042	.49653	3.10	.00327	.49903
2.31	.02768	.48956	2.71	.01014	.49664	3.11	.00317	.49906
2.32	.02705	.48983	2.72	.00987	.49674	3.12	.00307	.49910
2.33	.02643	.49010	2.73	.00961	.49683	3.13	.00298	.49913
2.34	.02582	.49036	2.74	.00935	.49693	3.14	.00288	.49916
2.35	.02522	.49061	2.75	.00909	.49702	3.15	.00279	.49918
2.36	.02463	.49086	2.76	.00885	.49711	3.16	.00271	.49921
2.37	.02406	.49111	2.77	.00861	.49720	3.17	.00262	.49924
2.38	.02349	.49134	2.78	.00837	.49728	3.18	.00254	.49926
2.39	.02294	.49158	2.79	.00814	.49736	3.19	.00246	.49929
2.40	.02239	.49180	2.80	.00792	.49744	3.20	.00238	.49931
2.41	.02186	.49202	2.81	.00770	.49752	3.21	.00231	.49934
2.42	.02134	.49224	3.82	.00748	.49760	3.22	.00224	.49936
2.43	.02083	.49245	2.83	.00727	.49767	3.23	.00216	.49938
2.44	.02033	.49266	2.84	.00707	.49774	3.24	.00210	.49940
2.45	.01984	.49286	2.85	.00687	.49781	3.25	.00203	.49942
2.46	.01936	.49305	2.86	.00668	.49788	3.26	.00196	.49944
2.47	.01889	.49324	2.87	.00679	.49795	3.27	.00190	.49946
2.48	.01842	.49343	2.88	.00631	.49801	3.28	.00184	.49948
2.49	0.1797	.49361	2.89	.00613	.49807	3.29	.00178	.49950

附表1 续

Z	Y	P	Z	Y	P	Z	Y	P
3.30	.00172	.49952	3.55	.0073	.49981	3.80	.00029	.49993
3.31	.00167	.49953	3.56	.00071	.49981	3.81	.00028	.49993
3.32	.00161	.49955	3.57	.00068	.49982	3.82	.00027	.49993
3.33	.00156	.49957	3.58	.00066	.49983	3.83	.00026	.49994
3.34	.00151	.49958	3.59	.00063	.49983	3.84	.00025	.49994
3.35	.00146	.49960	3.60	.00061	.49984	3.85	.00024	.49994
3.36	.00141	.49961	3.61	.00059	.49986	3.86	.00023	.49994
3.37	.00136	.49962	3.62	.00057	.49985	3.87	.00022	.49995
3.38	.00132	.49964	3.63	.00055	.49986	3.88	.00021	.49995
3.39	.00127	.49965	3.64	.00053	.49986	3.89	.00021	.49995
3.40	.00123	.49966	3.65	.00051	.49987	3.90	.00020	.49995
3.41	.00119	.49968	3.66	.00049	.49987	3.91	.00019	.49995
3.42	.00115	.49969	3.67	.00047	.49988	3.92	.00018	.49996
4.43	.00111	.49970	3.68	.00046	.49988	3.93	.00018	.49996
4.44	.00107	.49971	3.69	.00044	.49989	3.94	.00017	.49996
3.45	.00104	.49972	3.70	.00042	.49989	3.95	.00016	.49996
3.46	.00100	.49973	3.71	.00041	.49990	3.96	.00016	.49996
3.47	.00097	.49974	3.72	.00039	.49990	3.97	.00015	.49996
3.48	.00094	.49975	3.73	.00038	.49990	3.98	.00014	.49997
3.49	.00090	.49976	3.74	.00037	.49991	3.99	.00014	.49997
3.50	.00087	.49977	3.75	.00035	.49991			
3.51	.00084	.49978	3.76	.00034	.49992			
3.52	.00081	.49978	3.77	.00033	.49992			
3.53	.00079	.49979	3.78	.00031	.49992			
3.54	.00076	.49980	3.79	.00030	.49992			

第十二章 学前教育统计分析研究

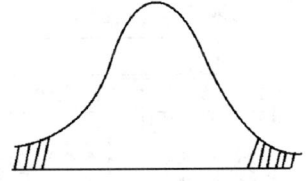

附表2 t值表

df	最大t值的概率（双侧界限）								
	0.5	0.4	0.3	0.2	0.1	0.05	0.02	0.01	0.001
1	1.000	1.376	1.963	3.078	6.314	2.706	31.821	63.657	636.619
2	.816	1.061	1.386	1.886	2.920	4.303	6.965	9.925	31.598
3	.765	.978	1.250	1.638	2.353	3.182	4.541	5.841	12.941
4	.741	.941	1.190	1.533	2.132	2.776	3.747	4.604	8.610
5	.727	.920	1.156	1.476	2.015	2.571	3.365	4.032	6.859
6	.718	.906	1.134	1.440	1.943	2.447	3.143	3.707	5.959
7	.711	.896	1.119	1.415	1.896	2.365	2.998	3.499	5.405
8	.706	.889	1.108	1.397	1.860	2.306	2.896	3.355	5.041
9	.703	.883	1.100	1.383	1.833	2.262	2.821	3.250	4.781
10	.700	.897	1.093	1.372	1.812	2.228	2.764	3.164	4.587
11	.697	.876	1.088	1.363	1.796	2.201	2.718	3.106	4.437
12	.695	.873	1.083	1.356	1.782	2.179	2.681	3.055	4.318
13	.694	.870	1.076	1.350	1.771	2.160	2.650	3.012	4.221
14	.692	.868	1.076	1.345	1.761	2.145	2.624	2.977	4.140
15	.691	.866	1.074	1.341	1.753	2.131	2.602	2.947	4.073
16	.690	.865	1.071	1.337	1.746	2.120	2.583	2.921	4.015
17	.689	.863	1.069	1.333	1.740	2.110	2.567	2.898	3.965
18	.688	.862	1.067	1.330	1.734	2.101	2.552	2.878	3.922
19	.688	.861	1.066	1.328	1.729	2.093	2.539	2.861	2.883
20	.687	.860	1.064	1.325	1.725	2.086	2.528	2.845	3.850
21	.686	.859	1.063	1.323	1.721	2.080	2.518	2.831	3.819
22	.686	.858	1.061	1.321	1.717	2.074	2.508	2.819	3.792
23	.685	.858	1.060	1.319	1.714	2.069	2.500	2.807	3.767
24	.685	.857	1.059	1.318	1.711	2.064	2.492	2.797	3.745
25	.684	.856	1.058	1.316	1.708	2.060	2.485	2.787	3.725

附表2 t 值表

df	最大 t 值的概率（双侧界限）								
	0.5	0.4	0.3	0.2	0.1	0.05	0.02	0.01	0.001
26	.684	.856	1.058	1.315	1.706	2.056	2.479	2.779	3.707
27	.684	.855	1.057	1.314	1.703	2.052	2.473	2.771	3.690
28	.683	.855	1.056	1.313	1.701	2.048	2.467	2.763	3.674
29	.683	.854	1.055	1.311	1.699	2.045	2.462	2.756	3.659
30	.683	.854	1.055	1.310	1.697	2.042	2.457	2.750	3.646
40	.681	.851	1.050	1.303	1.684	2.021	2.423	2.704	3.551
60	.679	.848	1.046	1.296	1.671	2.000	2.390	2.660	3.460
120	.677	.845	1.041	1.289	1.658	1.980	2.358	2.617	3.373
∞	.674	.842	1.036	1.282	1.645	1.960	2.326	2.576	3.291
df	0.25	0.2	0.15	0.1	0.05	0.025	0.01	0.005	0.0005
	最大 t 值的概率（单侧界限）								

第十二章 学前教育统计分析研究

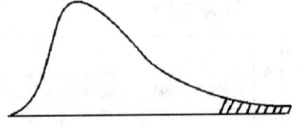

附表3　x^2分布数值表

df	\multicolumn{12}{c}{x^2 大于表内所列 x^2 值的概率}
	0.995	0.990	0.975	0.950	0.900	0.750	0.500	0.250	0.100	0.050	0.025	0.010	0.005
1	0.00004	0.00016	0.00098	0.0039	0.0158	0.102	0.455	1.32	2.71	3.84	5.02	6.63	7.88
2	0.100	0.0201	0.0506	0.103	0.211	0.575	1.39	2.77	4.61	5.99	7.38	9.21	10.6
3	0.0717	0.115	0.216	0.352	0.584	1.21	2.37	4.11	6.25	7.81	9.35]	11.3	12.8
4	0.267	0.297	0.484	0.711	1.06	1.92	3.36	5.39	7.78	9.49	11.1	13.3	14.9
5	0.412	0.554	0.831	1.15	1.61	2.67	4.35	6.63	9.24	11.1	12.8	15.1	16.7
6	0.676	0.872	1.24	1.64	2.20	3.45	5.35	7.84	10.06	12.6	14.4	16.8	18.5
7	0.989	1.24	1.69	2.17	2.83	4.25	6.36	9.04	12.0	14.1	16.0	18.5	20.3
8	1.34	1.65	2.18	2.73	3.49	5.07	7.34	10.2	13.4	15.5	17.5	20.1	22.0
9	1.73	2.09	2.70	3.33	4.17	5.90	8.34	11.4	14.7	16.9	19.0	21.7	23.6
10	2.16	2.56	3.25	3.94	4.87	6.74	9.34	12.5	16.0	18.3	20.5	23.2	25.2
11	2.60	3.05	3.82	4.57	5.58	7.58	10.3	13.7	17.3	19.7	21.9	24.7	26.8
12	3.07	3.57	4.40	5.23	6.30	8.44	11.4	14.8	18.5	21.0	23.3	26.2	28.3
13	3.57	4.11	5.01	5.89	7.04	9.30	12.3	16.0	19.8	22.4	24.7	27.7	29.8
14	4.07	4.66	5.63	6.57	7.79	10.2	13.3	17.1	21.1	23.7	26.1	29.1	31.3
15	4.60	5.23	6.26	7.26	8.55	11.0	14.3	18.2	22.3	25.0	27.5	30.6	32.8
16	5.14	5.81	6.91	7.96	9.31	11.9	15.3	19.4	23.5	26.3	28.8	32.0	34.3
17	5.70	6.41	7.56	8.67	10.1	12.8	16.3	20.5	24.8	27.6	30.2	33.4	35.7
18	6.26	7.01	8.23	9.39	10.9	13.7	17.3	21.6	26.0	28.9	31.5	34.8	37.2
19	6.84	7.63	8.91	10.1	11.7	14.6	18.3	22.7	27.2	30.1	32.9	36.2	38.6
20	7.43	8.29	9.59	10.9	12.4	15.5	19.3	23.8	28.4	31.4	34.2	37.6	40.0

附表3 续

df	\multicolumn{11}{c}{x^2 大于表内所列 x^2 值的概率}
	0.995	0.990	0.975	0.950	0.900	0.750	0.500	0.250	0.100	0.050	0.025	0.010	0.005
21	8.03	8.90	10.3	11.6	13.2	16.3	20.3	24.9	29.6	32.7	35.5	38.9	41.1
22	8.64	9.54	11.0	12.3	14.0	17.2	21.3	26.0	30.8	33.9	36.8	40.3	42.8
23	9.26	10.2	11.7	13.1	14.8	18.1	22.3	27.1	32.0	35.2	38.1	41.6	44.2
24	9.89	10.9	12.4	13.8	15.7	19.0	23.3	28.2	33.2	36.4	39.4	43.0	46.9
25	10.5	11.5	13.1	14.6	16.5	19.9	24.3	29.3	34.4	37.7	40.6	44.3	46.9
26	11.2	12.2	13.8	15.4	17.3	20.8	25.3	30.4	35.6	38.9	41.9	45.6	48.3
27	11.8	12.9	14.6	16.2	18.1	21.7	26.3	31.5	36.7	40.1	43.2	47.0	49.6
28	12.5	13.6	15.3	16.9	18.9	22.7	27.3	32.6	37.9	41.3	44.5	48.3	51.0
29	13.1	14.3	16.0	17.7	19.8	23.6	28.3	33.7	39.1	42.6	45.7	49.6	52.3
30	13.8	15.0	16.8	18.5	20.6	24.5	29.3	34.8	40.3	43.8	47.0	50.9	53.7
40	20.7	22.2	24.4	26.5	29.1	33.6	39.3	45.6	51.8	55.8	59.3	63.7	66.3
50	28.0	29.7	32.4	34.8	37.7	42.9	49.3	56.3	63.2	67.5	71.4	86.2	79.5
60	35.5	37.5	40.5	43.2	46.5	52.3	59.3	67.0	74.4	79.1	83.3	88.4	92.10

第十二章 学前教育统计分析研究

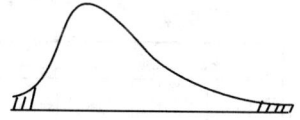

附表4 F 值表(双侧检验)

分母 df	α	分子自由度 df								
		1	2	3	4	5	6	7	8	9
1	0.05	647.8	799.5	864.2	899.6	921.8	937.1	948.2	956.7	963.3
	0.01	16211.0	20000.0	21615.0	22500.0	23056.0	23437.0	23715.0	23925.0	24091.0
2	0.05	38.51	39.00	39.17	39.25	39.30	39.33	39.36	39.37	39.39
	0.01	199.5	199.0	199.2	199.2	199.3	199.3	199.4	199.4	199.4
3	0.05	17.44	16.04	15.44	15.10	14.88	14.73	14.62	14.54	14.47
	0.01	55.55	49.80	47.47	46.19	45.39	44.84	44.43	44.13	43.88
4	0.05	12.22	10.65	9.98	9.60	9.36	9.20	9.07	8.98	8.90
	0.01	31.33	26.28	24.26	23.15	22.46	21.97	21.62	21.35	21.14
5	0.05	10.01	8.48	7.76	7.39	7.15	6.98	6.85	6.76	6.68
	0.01	22.78	18.31	16.53	15.56	14.94	14.51	14.20	13.96	13.77
6	0.05	8.81	7.26	6.60	6.23	5.99	5.82	5.70	5.60	5.52
	0.01	18.63	14.54	12.92	12.03	11.46	11.07	10.79	10.57	10.39
7	0.05	8.07	6.54	5.89	5.52	5.29	5.12	4.99	4.90	4.82
	0.01	16.24	12.40	10.88	10.05	9.52	9.16	8.89	8.68	8.51
8	0.05	7.57	6.06	5.42	5.05	4.82	4.65	4.53	4.43	4.36
	0.01	14.69	11.04	9.60	8.81	8.30	7.95	7.69	7.50	7.34
9	0.05	7.21	5.71	5.08	4.72	4.48	4.32	4.20	4.10	4.03
	0.01	13.61	10.11	8.72	7.96	7.47	7.13	6.88	6.59	6.54

附表4 续

分子自由度 df									
10	12	15	20	24	30	40	60	120	∞
968.6	976.7	984.9	993.1	997.2	1001.0	1006.0	1010.0	1014.0	1018.0
24224	24226.0	24630.0	24836.0	24940.0	25044.0	25148.0	25253.0	25359.0	2546.5
39.40	39.41	39.43	39.45	39.46	39.46	39.47	39.48	39.49	39.50
199.4	199.4	199.4	199.4	199.5	199.5	199.5	199.5	199.5	199.5
14.42	14.34	14.25	14.17	14.12	14.08	14.04	13.99	13.95	13.90
43.69	43.39	43.08	42.78	42.62	42.47	2.31	42.15	41.99	41.83
8.84	8.75	8.66	8.56	8.51	8.46	8.41	8.36	8.31	8.26
20.97	20.70	20.44	20.17	20.03	19.89	19.75	19.61	19.47	19.32
6.62	6.52	6.43	6.33	6.28	6.23	6.18	6.12	6.07	6.02
13.62	13.38	13.15	12.90	12.78	12.66	12.53	12.40	12.27	12.14
5.46	5.37	5.27	5.17	5.12	5.07	5.01	4.96	4.90	4.85
10.25	10.03	9,81	9.59	9.47	9.36	9.24	9.12	9.00	8.88
4.76	4.67	4.57	4.47	4.42	4.36	4.31	4.25	4.20	4.14
8.38	8.18	7.97	7.75	7.65	7.53	7.42	7.31	7.19	7.08
4.30	4.20	4.10	4.00	3.95	3.89	3.84	3.78	3.73	3.67
7.21	7.01	6.81	6.61	6.50	6.40	6.29	6.18	6.06	5.95
3.96	3.87	3.77	3.67	3.61	3.56	3.51	3.45	3.39	3.33
6.42	6.23	6.03	5.83	5.83	5.62	5.52	5.41	5.30	5.19

第十二章 学前教育统计分析研究

附表4 续

分母 df	α	分子自由度 df								
		1	2	3	4	5	6	7	8	9
10	0.05	6.94	5.46	4.83	4.47	4.24	4.07	3.95	3.85	5.73
	0.01	12.83	9.43	8.08	7.34	6.87	6.54	6.30	6.12	5.97
12	0.05	6.55	5.10	4.47	4.12	3.89	3.73	3.61	3.51	3.44
	0.01	11.75	8.51	7.23	6.52	6.07	5.76	5.52	5.35	5.20
15	0.05	6.20	4.77	4.15	3.80	3.58	3.41	3.29	3.20	3.12
	0.01	10.80	7.70	6.48	5.80	5.37	5.07	4.85	4.67	4.54
20	0.05	5.87	4.46	3.86	3.51	3.29	3.13	3.01	2.91	2.84
	0.01	9.94	6.99	5.82	5.17	4.76	4.47	4.26	4.09	3.96
24	0.05	5.72	4.32	3.72	3.38	3.15	2.99	2.87	2.78	2.70
	0.01	9.55	6.66	5.52	4.89	4.49	4.20	3.99	3.83	3.69
30	0.05	5.57	4.18	3.59	3.25	3.03	2.87	2.75	2.65	2.57
	0.01	9.18	6.35	5.24	4.62	4.23	3.95	3.74	3.58	3.45
40	0.05	5.42	4.05	3.46	3.13	2.90	2.74	2.62	2.53	2.45
	0.01	8.83	6.07	4.98	4.37	3.99	3.91	3.51	3.35	3.22
60	0.05	5.29	3.93	3.34	3.01	2.79	2.63	2.51	2.41	2.33
	0.01	8.49	5.79	4.73	4.14	3.76	3.49	3.29	3.13	3.01
120	0.05	5.15	3.80	3.23	2.89	2.67	2.52	2.39	2.30	2.22
	0.01	8.18	5.54	4.50	3.92	3.55	3.28	3.09	2.93	2.81
∞	0.05	5.02	3.69	3.12	2.79	2.57	2.41	2.29	2.19	2.11
	0.01	7.88	5.30	4.28	3.72	3.35	3.09	2.90	2.74	2.62

附表4 续

分子自由度 df										
10	12	15	20	24	30	40	60	120	∞
3.72	3.62	3.52	3.42	3.37	3.31	3.26	3.20	3.14	3.08
5.85	5.66	5.47	5.27	5.17	5.07	4.97	4.86	4.75	4.64
3.37	3.28	3.18	3.07	3.02	2.96	2.91	2.85	2.79	2.72
5.09	4.91	4.72	4.53	4.43	4.33	4.23	4.12	4.01	3.90
3.06	2.96	2.86	2.76	2.70	2.64	2.59	2.52	2.46	2.40
4.42	4.25	4.07	3.88	3.79	3.69	3.58	3.48	3.37	3.26
2.77	2.68	2.57	2.46	2.41	2.35	2.29	2.22	2.16	2.09
3.85	3.68	3.50	3.32	3.22	3.12	3.02	2.92	2.81	2.69
2.64	2.54	2.44	2.33	2.27	2.21	2.15	2.08	2.01	1.94
3.59	3.42	3.25	3.06	2.97	2.87	2.77	2.66	2.55	2.43
2.51	2.41	2.31	2.20	2.14	2.07	2.01	1.94	1.87	1.79
3.34	3.18	3.01	2.82	2.73	2.63	2.52	2.42	2.30	2.18
2.39	2.29	2.18	2.07	2.01	1.94	1.88	1.80	1.72	1.64
3.12	2.95	2.78	2.60	2.50	2.40	2.30	2.18	2.06	1.93
2.27	2.17	2.06	1.94	1.88	1.82	1.74	1.67	1.58	1.48
2.90	2.74	2.57	2.39	2.29	2.19	2.08	1.96	1.83	1.69
2.16	2.05	1.94	1.82	1.76	1.69	1.61	1.53	1.43	1.31
2.71	2.54	2.37	2.19	2.09	1.98	1.87	1.75	1.61	1.43
2.05	1.94	1.83	1.71	1.64	1.57	1.48	1.39	1.27	1.00
2.52	2.36	2.19	2.00	1.90	1.79	1.67	1.53	1.36	1.00

第十二章　学前教育统计分析研究

参考文献

一

1. 陈向明著:《质的研究方法与社会科学研究》,教育科学出版社,2000年。
2. 郭志刚主编:《社会统计分析方法——SPSS软件应用》,中国人民法学出版社,1999年。
3. 叶澜:《教育研究方法论初探》,上海教育出版社,1999年6月。
4. 陈会昌编译:《心理学研究方法》(内部资料),1999年。
5. 张燕、邢利娅编著:《学前教育科学研究方法》,北京师范大学出版社,1999年。
6. [美]威廉·维尔斯曼著,袁振国主译:《教育研究方法导论》,教育科学出版社,1997年7月。
7. 魏华忠、周仁来、马健生主编:《教育评价与技术》,辽宁师范大学出版社,1997年。
8. 杨丽珠主编:《教育科学研究方法》,辽宁师范大学出版社,1995年5月。
9. 刘修春、郭卫主编:《社会调查方法与实践》,大连理工大学出版社,1995年。
10. 魏华忠主编:《教育评价与技术》,辽宁师范大学出版社,1995年。
11. 周谦主编:《心理科学方法学》,中国科学技术出版社,1994年

12 月。
12. 裴娣娜:《教育研究方法导论》,安徽教育出版社,1994 年。
13. 刘文霞:《教育科学研究方法》,内蒙古大学出版社,1993 年。
14. 董奇:《心理与教育研究方法》,广东教育出版社,1992 年。
15. 吴定初:《教育科学研究概论》,四川教育出版社,1992 年。
16. 朱智贤、林崇德等:《发展心理学研究方法》,北京师范大学出版社,1991 年。
17. 王坚红著:《学前儿童发展与教育科学研究方法》,人民教育出版社,1991 年。
18. 范小韵主编:《中小学教育科研方法指导》,北京教育出版社,1990 年。
19. 郝德元、周谦编译:《教育科学研究法》,教育科学出版社,1990 年。
20. 王重鸣:《心理学研究方法》,人民教育出版社,1990 年。
21. 叶澜:《教育研究及其方法》,中国科学技术出版社,1990 年。
22. 查子秀:《儿童心理研究方法》,团结出版社,1989 年。
23. 张厚粲主编:《心理与教育统计学》,北京师范大学出版社,1986 年。
24. 杨国枢等:《社会及行为科学研究法》,东华书局印行,1986 年 7 月第 9 版。
25. 李秉德主编:《教育科学研究方法》,人民教育出版社,1986 年。
26. B·H·齐斯克著,沈明明译:《政治学研究方法举隅》,中国社会科学出版社,1985 年。
27. J·D·尼斯比特著,张渭城译:《教育研究法》,教育科学出版社,1981 年。
28. Sukhia S. P. et al, Elements of Educational Research, New Delhi, 1981.

第十二章 学前教育统计分析研究

29. Verma G. K. and Beard R. M. , What is Educational Research? Gower Publishing Company Limited,1981.
30. 陈震东:《教育科学研究方法》,人民教育出版社,1980年。
31. Cohen L. and Manion L. , Research Methods in Education, London,1980.
32. W·I·贝弗里奇著,陈捷译:《科学研究的艺术》,科学出版社,1979年。

二

1. 史慧中:《关于适应我国国情,提高幼儿素质》的调查研究,教育科学出版社,1991年。
2. 陈帼眉:《学前心理学》,人民教育出版社,1989年。
3. 屠美如主编:《儿童美术欣赏教育研究》,教育科学出版社,2001年。
4. 刘焱:《幼儿园游戏教学论》,中国社会出版社,2000年5月。
5. 郑希付:《论班杜拉的观察学习个性观》,《心理学探新》,1986年2期。
6. 李文馥:《儿童自主性绘画之心理发展与教育研究十五年》,第九届全国心理学学术会议文摘选集》,2001年11月,第64页。
7. 杨丽珠:《幼儿需要倾向性发展研究》,辽宁师范大学学报,1992年6期。
8. 刘云艳:《幼儿园美育实现德育同时目标的研究》,中国学前教育研究会编:《迈向21世纪的中国学前教育研究优秀论文集》,南京师范大学出版社,1999年10月。
9. 杨丽珠、吴文菊主编:《幼儿社会性发展与教育》,辽宁师范大学出版社,2000年,第63~65页。
10. 申继亮、李虹等:《当代儿童青少年心理学的进展》,浙江教育出版社,1993年,第88页。
11. 朱智贤主编:《中国儿童青少年心理发展与教育》,中国卓越出版公司,1990年。
12. 朱慕菊主编:《'幼儿园与小学衔接的研究'研究报告》,中国少年儿童出版社,1995年。

第十二章 学前教育统计分析研究

13. 万明钢:《论跨文化心理学研究的几个理论问题》,《心理科学通讯》1989年6期。
14. Malpass R. S & Poortinga Y. H. ,Strategies for Design And Analysis. In Lonner W. J. & Berry J. W. (Eds.) , Field Methods in Crosscultural Research. Bevery Hills ,California: Sage, 1986.
15. 齐茨(keats D. M.)、方富熹:《跨文化发展心理学的研究方法和新趋势》,《心理学报》1991年2期。
16. 刘文、杨丽珠:《3~6岁幼儿个性结构研究》,心理科学,1999年5期。
17. 姜勇、庞丽娟:《幼儿责任心维度构成的探索性与验证性因子分析》,《心理科学》2000年4期。
18. 马谋超、陈毅文:《心理量模糊理论、方法及其应用》,中国科学院心理研究所1994年年报。
19. 朱智贤、林崇德:《儿童心理学史》,北京师范大学出版社,1988年,第107~122页。
20. 杨丽珠主编:《幼儿个性发展与教育》,世界图书出版公司,1993年,第24~44页。
21. 杨丽珠、袁茵:《幼儿需要倾向性发展研究》,中国人民大学报刊复印资料,《幼儿教育》1992年12月。
22. 陈会昌:《儿童社会性发展的特点、影响因素及其测量——<中国3~9岁儿童的社会性发展>课题总报告》,《心理发展与教育》1994年4期。
23. 幼儿自我意识发展研究协作组:《我国学前儿童自我意识发展初探》,《心理发展与教育》1986年3期。
24. 杨丽珠主编:《儿童个性发展与培养的实验研究》,吉林人民出版社,2001年1月。
25. 楼必生、屠美如著:《学前儿童艺术综合教育研究》,北京师范大学出版社,1997 年 10 月。

26. 李伯黍等:《国内 18 个地区 5～11 岁儿童道德判断发展调查》,《心理科学通讯》1982 年 1 期。
27. 史慧中:《谈幼儿的素质教育》,科学出版社,1994 年。
28. 冯晓霞:《再谈与确定幼儿园教育目标有关的几个问题》,《学前教育研究》1995 年 3 期。
29. 徐书芳:《建立有效管理体制,保障学前教育事业发展》,见中国学前教育研究会编:《迈向 21 世纪的中国学前教育研究优秀论文集》,南京师范大学出版社,1999 年,第 328～332 页。
30. 刘晶波:《师幼互动行为研究》,南京师范大学出版社,1999 年。
31. 杨丽珠、杨春卿:《幼儿气质与母亲教养方式的选择》,《心理科学》1998 年 1 期。
32. 刘范主编:《发展心理学——儿童心理发展》,团结出版社,1989 年。
33. 刘静和:《儿童在数及数学上对部分与整体关系认识的发展》,《心理学报》1982 年 3 期。
34. 杨丽珠:《对幼儿自控能力培养的实验研究》,见中国学前教育研究会编《全国幼儿教育第五届学术研讨会文选》中册,北京师范大学出版社,1995 年。
35. 杨丽珠:《培养幼儿自我控制能力的实验研究》,《早期教育》2001 年 9 月。
36. 陈会昌、Ann. San Son:《中国和澳大利亚父母报告的儿童社会性发展》,《心理科学》1997 年 6 期。
37. 北京市教育科学研究所编:《陈鹤琴教育文集》上卷,北京出版社,1983 年。
38. 张仁俊、朱曼殊:《婴儿的语音发展——一例个案的分析》,《心理科学通讯》1987 年 5 期。

第十二章 学前教育统计分析研究

39. 李惠相、李世棣：《三岁前儿童动作发展》，《教育研究》1979年3期。
40. Bergen D., Play as medium for Learning and Development. Heineman Portsmouth, New Hampshire, 1997, 169~180.
41. Sponseller D. B. Social and Cognitive Complexity in Young children's Play: A longitudinal Analysis. Presented at American Educational Research Annual Meeting. San Francisco, April 1979.
42. 杨丽珠、邹晓燕等：《学前儿童在游戏中的社交和认知类型发展研究——中美跨文化比较》，《心理学报》1995年1期。
43. 李文馥：《幼儿自主性活动与认知发展研究》，见《中国心理学会全国第七届心理学学术会议文摘选集》，1993年10月。
44. 刘阳美、杨丽珠：《大连市幼儿教师素质现状分析及其教育对策》，《教育科学》2001年1期。
45. 张增慧：《儿童、中青年和老年人敲击动作速度的比较实验》，见《中国心理学会全国第七届心理学学术会议文摘选集》，1993年10月。
46. Parten M. B. Social Participation among Preschool Children. Journal of Abnormal and Social Psychology, 1932, 33.
47. 杨丽珠、刘文：《幼儿气质发展初探》，《心理科学》1994年6期。
48. 吴放、邹泓：《儿童依恋行为分类卡片中文版的修订》，《心理发展与教育》1994年2期。
49. 韩进之：《关于儿童再现表象过程发展的研究》，见朱智贤主编《儿童心理学史论丛》，北京师范大学出版社，1982年。
50. 宁征、韩金霞：《幼儿自信心的发展与培养》，见杨丽珠主编：《儿童个性发展与培养的实验研究》，第423~432页。
51. 彭聃龄、杨旻等：《情境线索与面部线索在表情判断中的作用》，《心理科学通讯》1985年2期。

52. 王娥蕊:《大班幼儿自信心培养的实验研究》,辽宁师范大学硕士学位论文,1999年。

53. 陈宝铠:《试谈皮亚杰的临床方法与其理论建构的关系》,《心理科学通讯》1986年2期。

54. 宋辉、杨丽珠:《幼儿自我控制能力发展的研究》,见杨丽珠主编《儿童个性发展与培养的实验研究》,第109~136页。

55. 普汶著,郑慧玲译,杨国枢校:《人格心理学》,台湾桂冠图书股份有限公司出版,1981年,第413~423页。

56. 卢濬:《皮亚杰的研究方法》,《心理科学通讯》1983年2期。

57. 曹传泳:《皮亚杰关于儿童智慧发展的年龄阶段理论及其有关的方法学问题》,见朱智贤主编《儿童心理学史论丛》,北京师范大学出版社,1982年。

58. 李丹主编:《儿童发展心理学》,华东师范大学出版社,1987年,第278~282页。

59. 吴天敏、许政援:《初生到三岁儿童言语发展记录的初步分析》,《心理学报》1979年2期。

60. 王敏旭等译,林惠雅校阅:《儿童行为观察法》,心理出版社有限公司(台湾),1990年第80~89页。

61. 高月梅等:《4~6岁离异家庭儿童心理特点研究》,《心理科学通讯》1990年3期。

62. 岑国桢、顾海根、李伯黍主编:《品德心理研究新进展》,学林出版社,1999年,第119~135页。

63. 张雨青:《中国儿童人格结构及其发展的研究:基于父母知觉的描述》,北京大学博士学位论文,1997年。

64. 余强、马跃等:《学龄初期再造想象发展特点的初步研究》,刊于《中国心理学会第三次会员代表大会及建会60周年学术会议文摘选集》(上),1981年。

65. 朱卫华、张梅玲:《小学生空间数学能力发展的实验研究》,见

第十二章 学前教育统计分析研究

《全国第七届心理学学术会议文摘选集》,1993 年 10 月。

66. 桑标、缪小春等:《幼儿对心理状态的认识》,《心理科学》1994 年 6 期。
67. 贺宗鼎等:《低年级学生自觉纪律性形成过程的初步探讨》,《心理学报》1962 年 1 期。
68. 中国科学院心理研究所教育心理组:《六岁儿童入学问题的心理研究》,《心理学报》1959 年 6 期。
69. 姚树桥、龚耀先修订:《儿童适应行为评定量表》(城市版)。
70. 吴兴莉:《让幼儿'学会学习'》,《早期教育》2001 年 2 月。
71. 罗静、彭云:《浅谈活动延伸》,《早期教育》2001 年 5 月。
72. 金辉:《关于进一步提高经验总结科学化水平的讨论》,《上海教育科研》1994 年 6 期。
73. 张奇、韩进之:《谈谈教育经验总结法》,《教育研究》1992 年 6 期。
74. 杨丽珠:《学前教育经验总结法》,《山东教育》(幼教版)2001 年 1、2 月。
75. 饶从满、王春光:《反思型教师与教师教育运动初探》,《东北师范大学学报》2000 年 5 期。
76. 郑金洲:《行动研究:一种日益受到关注的研究方法》,《上海高教研究》1997 年 1 期。
77. 林铭:《行动研究及其对教育的影响》,《桂林市教育学院学报》2000 年 2 期。
78. 宋秋前:《行动研究:教育理论与实践相结合的实践性中介》,《教育研究》2000 年 7 期。
79. 梁燕玲:《论行动研究对教学质量评估的借鉴意义》,《教育测量与评价研究》2000 年 5 期。
80. 吴义昌:《行动研究法的历史演变及其对我国中小学教育研究的启示》,《徐州师范大学学报》2000 年 2 期。

81. 洪明:《西方教育研究的方法论和转向——行动研究探略》,《国外社会科学》1999年1期。
82. 宋秋前:《开展行动研究,提高教学实践水平》,《中国教育学刊》1999年1期。
83. 袁桂林、孙彩平:《行动研究法及其在教育科研中的应用》,《现代中小学教育》1997年2期。
84. 张民选:《对'行动研究'的研究》,《华东师范大学学报》(教科版)1992年1期。
85. 陈向明:《什么是'行动研究'》,《教育研究与实验》1999年2期。
86. 张应强:《教育中介论——关于教育理论、教育实践及其关系的认识》,《教育理论与实验》1999年2期。
87. 高慎英:《教师成为研究者:'教师专业化'问题探讨》,《教育理论与实践》1998年3期。
88. 李苜亭、邹芳:《行动研究法与教育》,《上海师范大学学报》1995年1期。
89. 冯建军:《跨越教育理论研究者与教师间的鸿沟》,《教育理论与实践》1997年2期。
90. 李家成、饶从满:《美国教育中的行动研究:发展历程与时代主题》,《中小学教师培训》(小学)1999年4期。
91. 宋秋前:《教育行动研究述评》,《杭州大学学报》1997年1期。
92. 闻忠:《走出行动研究的误区》,《教育科学研究》1997年3期。
93. 程江平:《教育实验研究与行动研究的比较》,《教育研究》1996年6期。

后　记

　　《学前教育科学研究与论文写作》自学考试教材是根据全国高等教育自学考试学前教育专业（独立本科段）的考试计划的要求编写的。2002年1月全国考委教育类专业委员会召开审稿会议，对本教材进行了讨论评审，修改后，经复审定稿。

　　本教材由辽宁师范大学杨丽珠教授主持编写，于松梅副教授任副主编。本书第一、二、三、四、五、七章由杨丽珠教授撰稿，第六、八、九、十、十二章由于松梅撰稿，第十一章由李灵撰稿。本教材由北京师范大学陈帼眉教授主审，北京师范大学裴娣娜教授参与审稿，提出修改意见。

　　本书最后由全国高等教育自学考试指导委员会审定。

全国高等教育自学考试指导委员会
教育类专业委员会
2002年3月

学前教育科学研究方法与论文写作自学考试大纲
（含考核目标）

《自学考试大纲》出版前言

为了适应社会主义现代化建设事业对培养人才的需要,我国在20世纪80年代初建立了高等教育自学考试制度,经过近20年的发展,高等教育自学考试已成为我国高等教育基本制度之一。高等教育自学考试是个人自学、社会助学和国家考试相结合的一种新的高等教育形式,是我国高等教育体系的一个组成部分。实行高等教育自学考试制度,是落实宪法规定的"鼓励自学成才"的重要措施,是提高中华民族思想道德和科学文化素质的需要,也是造就和选拔人才的一种途径。应考者通过规定的考试课程并经思想品德鉴定达到毕业要求的,可以获得毕业证书,国家承认学历并按照规定享有与普通高等学校毕业生同等的有关待遇。

从80年代初期开始,各省、自治区、直辖市先后成立了高等教育自学考试委员会,开展了高等教育自学考试工作,为国家培养造就了大批专门人才。为了科学、合理地制定高等教育自学考试标准,提高教育质量,全国高等教育自学考试指导委员会(以下简称全国考委)组织各方面专家对高等教育自学考试的专业设置进行了调整,统一了专业设置标准,全国考委陆续制定了几十个专业考试计划。在此基础上,各专业委员会按照专业考试计划的要求,从造就和选拔人才的需要出发,编写了相应专业的课程自学考试大纲,进一步规定了课程学习和考试的内容与范围,有利于社会助学,使自学要求明确,考试标准规范化、具体化。

学前教育科学研究方法与论文写作

全国考委根据国务院发布的《高等教育自学考试暂行条例》,参照教育部拟定的普通高等学校有关课程的教学大纲,结合自学考试的特点,组织制定了《学前教育科学研究方法与论文写作》,现经教育部批准,颁发试行。

《学前教育科学研究方法与论文写作》是编写该课程教材和自学辅导书的依据,也是个人自学、社会助学和国家考试(课程命题)的依据,各地应认真贯彻执行。

全国高等教育自学考试指导委员会
2002 年 3 月

自学考试大纲

I 课程的性质与设置目的

一、课程性质和特点

"学前教育科学研究方法与论文写作"是高等教育自学考试学前教育专业(独立本科段)的必修专业课。

通过本课程的学习,使考生较系统地掌握从事学前教育科学研究的基本理论、原则、一项学前教育研究的基本过程及主要的研究方法;培养考生从事学前教育科学研究的初步能力;使考生了解当前学前教育改革的成果与学前教育科学研究的发展趋势;激发考生进行教育科学研究的热情,培养考生研究意识,勇于探索和创新,自觉地进行教育改革;使考生养成严谨、认真的科学研究的态度,为广大学前教育工作者从事学前教育科学研究、学前教育改革打下坚实基础。使教师队伍由经验型的教书匠向具有一定教育理论修养和丰富教学经验、热心教育改革的学者型教师队伍转化,从而促进学前教育质量的提高。

二、本课程学习的基本要求

1. 要以马克思主义的唯物辩证法为指导思想,依据科学的教育观、心理观,认真阅读、思考、理解和初步掌握学前教育科学研究方法的基本理论和基本规律。通晓设计研究方案,实施研究方案,整理资料、分析结果、撰写论文的学前教育科学研究的全过程,学会使用各种研究方法。

2. 要认真学习《"学前教育科学研究方法与论文写作"自学辅导》,按时、认真完成《"学前教育科学研究方法与论文写作"同步练习》作业,掌握研究的基本方法和进行科学研究的基本技能。

3. 理论联系实际,结合学前教育改革实践培养研究意识,提高科学研究的自觉性,自觉进行教育改革和科学研究。提高初步科学研究的能力,使之具备一定的分析问题、解决实际问题的能力。

三、本课程基本内容及与之相关课程的关系

本课程内容共十二章,第一章是学前教育科学研究总论。包括研究的意义、基本理论、原则和发展的趋势。第二、三、四章是学前教育科学研究的基本过程。主要介绍如何设计研究方案、执行研究方案、整理资料、分析结果、撰写论文。第五、六、七、八、九、十、十一、十二章主要介绍八种学前教育科学研究,诸如学前教育观察研究、访谈研究、实验研究、评定研究、文献研究、经验总结研究、行动研究以及统计分析研究。本课程的重点是第一章总论、第二章设计研究方案、第四章撰写论文、第五章学前教育观察研究、第七章学前教育实验研究。难点是第二章设计研究方案、第七章学前教育实验研究、第十二章学前教育统计分析研究。

这门课内容多、难度大、要求高。考生不仅要掌握学前教育科学研究的基本概念、原理和理论,还要掌握学前教育科学研究的基本过程;不仅要掌握一般的收集资料的研究方法,还要掌握整理资料、分析结果的统计分析方法。为使考生较好地掌握本课程内容,我们将运用大量的学前教育科研实例加以说明,以方便自学考试考生所用。

学习学前教育科学研究方法,必须要了解学前教育科学的基本理论。即了解学前教育原理、学前教学论、课程论、学前儿童心理学、教育心理学、测量学等基本理论和研究的前沿领域。它能够培养考生从宏观的理论框架和微观的具体研究领域,从众多复杂的学前教育现象,准确地找到研究的切入点,制定切实可行的研究方案,使研究具有科学性、创新性、前沿性和应用价值,它能够培养考生以科学的教育观、心理观指导研究,树立科学的方法论。

Ⅱ 课程的内容与考核目标

第一章 总 论

一、学习目的与要求

明确学前教育科学研究的重要意义,掌握学前教育科学研究的基本理论。

本章学习的重点

1.学前教育科学研究在对深化学前教育改革、发展学前教育理论、提高幼儿教师素质、促进幼儿综合素质全面发展中的重要作用。

2.学前教育科学研究方法的基本概念和特点。

3.学前教育科学研究的基本原则。

本章学习的难点

学前教育科学研究方法的特点

二、课程内容

第一节 学前教育科学研究概述

(一)学前教育科学研究的意义

1.开展学前教育科研,为深化学前教育改革提供科学依据

2.探索学前教育规律,为学前教育实践提供理论指导

3.丰富学前教育研究成果,促进学前教育科学发展

4. 转变教师观念,提高教师科研能力
(二)学前教育科学研究的基本概念
1. 科学研究的概念与特点
2. 学前教育科学研究的概念与特点

第二节　学前教育科学研究方法的发展趋势

(一)学前教育科学研究的生态化、现场化与跨文化性
(二)学前教育科学研究的综合化、现代化与数学化

第三节　学前教育科学研究的方法论

(一)学前教育科学研究的方法论涵义
(二)学前教育科学研究的哲学方法论
(三)学前教育科学研究的一般科学方法论
(四)学前教育科学研究的基本原则
1. 客观性原则
2. 发展性原则
3. 教育性原则
4. 系统性原则
5. 理论与实际相结合的原则

三、考核知识点

(一)学前教育科学研究概述
1. 学前教育科学研究的意义
2. 学前教育科学研究的基本概念
(1)科学研究的概念
(2)科学研究的特点

(3)学前教育科学研究的概念
(4)学前教育科学研究的特点
(二)学前教育科学研究方法的发展趋势
1. 生态化、现场化与跨文化的涵义
2. 综合化、现代化与数学化的涵义
(三)学前教育科学研究的方法论
学前教育科学研究的基本原则

四、考核要求
(一)学前教育科学研究的意义
领会:学前教育科学研究的意义
(二)学前教育科学研究的基本概念
1. 识记:科学研究的概念
　　　 学前教育科学研究的概念
2. 领会:科学研究的特点
　　　 学前教育科学研究的特点
(三)学前教育科学研究方法的发展趋势
领会:简述学前教育科学研究方法的发展趋势
(四)学前教育科学研究的基本原则
简单应用:举例说明学前教育科学研究的基本原则。

第二章　设计研究方案

一、学习目的与要求

学会如何选题、提出研究假设、查阅文献资料、如何设计技术路线、制定研究方案。

本章学习的重点

1. 课题选择的原则
2. 学前教育科学假设的概念与特点
3. 查阅文献资料的目的与方法
4. 纵向研究和横向研究
5. 抽取样本的原则和方法
6. 研究材料标准化的原则
7. 变量的类别与变量的控制
8. 研究方案的模式

本章学习的难点

课题的论证、科学假设与研究材料的标准化。

二、课程内容

第一节　确定研究课题

（一）课题选择的原则
（二）课题选择的程序
（三）课题的来源

第二节　提出研究假设

(一)学前教育科学假设的概念
(二)学前教育科学假设的特点
(三)学前教育科学假设的作用

第三节　查阅文献资料

(一)查阅文献资料的目的
(二)文献资料的来源
(三)查阅文献资料的方法

第四节　设计技术路线

(一)选择研究的类型
1. 纵向研究与横向研究
2. 个案研究与成组研究
3. 常规研究与采取现代化手段研究
(二)科学的抽取样本
1. 抽取样本的概念
2. 抽取样本的原则
3. 抽取样本的方法
(三)确定具体的研究方法
1. 确定具体研究方法的原则
2. 具体研究方法的类型
(四)研究材料的标准化
1. 研究材料标准化的原则

2. 如何编制标准化的研究材料
3. 如何计分
(五) 变量的控制
1. 变量的类别
2. 变量的控制
(六) 统计处理
(七) 研究方案的模式

三、考核知识点
(一) 确定研究课题
课题选择的原则
(1) 进取性原则
(2) 需要性原则
(3) 意义性原则
(4) 创造性原则
(5) 前沿性原则
(6) 可行性原则
(二) 提出研究假设
学前教育科学假设的概念
(三) 查阅文献资料
1. 查阅文献资料的目的
2. 查阅文献资料的方法
(四) 设计技术路线
1. 选择研究的类型
2. 科学的抽取样本
(1) 科学抽取样本的原则
(2) 科学抽取样本的方法
3. 确定具体研究方法的原则

4. 研究材料的标准化
研究材料标准化的原则
5. 变量的控制
(1) 变量的分类及概念
(2) 变量的控制

四、考核要求

(一) 确定研究课题
1. 识记:选题的需要性原则、创造性原则
2. 领会:课题选择的原则
(二) 提出研究假设
识记:科学假设的概念
(三) 查阅文献资料
1. 识记:文献综述的概念
2. 领会:查阅文献资料的目的
　　　　查阅文献资料的方法
　　　　如何写文献综述
(四) 设计技术路线
1. 识记:纵向研究、横向研究、个案研究、简单随机取样、等距随机取样、自变量、因变量、无关变量的概念
2. 领会:科学抽取样本的原则
　　　　确定具体研究方法的原则
　　　　研究材料标准化的原则
3. 简单应用:举例说明如何控制自变量和无关变量
　　　　　　等距随机取样的计算方法
4. 综合应用:自选一个课题,为该课题设计研究方案

第三章 执行研究方案

一、学习目的与要求

了解执行研究方案的任务和可能碰到的困难以及如何执行研究方案和如何解决碰到的困难,以严谨的科研态度对待学前教育科学研究。

本章学习的重点

1. 执行研究方案的任务
2. 执行研究方案的要求

本章学习的难点

执行研究方案可能碰到的困难与解决的方法

二、课程内容

第一节 执行研究方案的任务与要求

(一)执行研究方案的任务
(二)执行研究方案的要求

第二节 执行研究方案可能碰到的困难与解决的方法

(一)不合作
(二)社会系统误差
(三)被试流失
(四)环境干扰

三、考核知识点

(一)执行研究方案的任务与要求

1. 执行研究方案的任务

2. 执行研究方案的要求

(1)严格按要求选被试

(2)严格执行指导语

(3)严格遵守操作规程

(4)严格有目的的记录

(5)严格依据评分标准记分

(二)执行研究方案可能碰到的困难与解决的方法

1. 碰到不合作的困难与解决的方法

2. 可能出现社会系统误差与解决的方法

3. 可能出现被试流失现象与解决的方法

4. 可能出现环境干扰与解决的方法

四、考核要求

(一)执行研究方案的任务与要求

1. 识记:执行研究方案的任务

2. 领会:执行研究方案的要求

(二)执行研究方案可能碰到的困难与解决的方法

1. 识记:社会系统误差、被试流失现象

2. 领会:在执行研究方案中可能碰到哪些困难,如何解决

第四章 撰写论文

一、学习目的与要求

学会如何整理资料,如何分析结果,如何撰写论文。

本章学习的重点

1. 整理资料的步骤
2. 定量统计分析的步骤
3. 定性分析的步骤
4. 撰写论文的一般格式
5. 学前教育调查研究论文写作的格式

本章学习的难点

定量统计分析的步骤

二、课程内容

第一节 整理资料

(一)整理资料的目的

(二)整理资料的步骤

第二节 分析结果

(一)定量统计分析

(二)定性分析

第三节 撰写论文

(一)撰写论文的意义

(二)撰写论文的程序

(三)撰写论文的格式

(四)撰写论文应注意的问题

三、考核知识点

(一)整理资料

整理资料的步骤

(1)资料审核

(2)资料评定

(3)资料分类、汇总、列表按类登记

(二)分析结果

1. 定量统计分析

定量统计分析的步骤

2. 定性分析

定性分析的步骤

(三)撰写论文

1. 撰写论文的意义

2. 撰写论文的程序

3. 撰写论文的格式

4. 撰写论文应注意的问题

四、考核要求

(一)整理资料

1. 识记:资料审核、计量审核、逻辑审核的概念

　　　　资料评定的概念

2. 简单应用:整理资料的步骤

(二)分析结果

1. 领会:定性分析的步骤

2. 简单应用:定量统计分析的步骤
(三)撰写论文
1. 识记:讨论的含义
2. 领会:撰写论文的意义
　　　　讨论的功能
　　　　撰写论文应注意的问题
3. 综合运用:举一课题说明论文写作的格式

第五章 学前教育观察研究

一、学习目的与要求

了解学前教育观察研究的概念、种类与作用,进行学前教育观察研究应注意哪些问题。

本章学习的重点
1. 学前教育观察研究的概念
2. 观察应注意哪些问题
3. 学前教育观察研究的种类

本章学习的难点
时间取样观察法和事件取样观察法

二、课程内容

第一节 学前教育观察研究概述

(一)学前教育观察研究的概念
(二)学前教育观察研究的作用
(三)观察应注意的问题

第二节 学前教育观察研究的种类

(一)描述记叙法
(二)取样观察法
(三)等级评定法
(四)间接观察法

三、考核知识点

（一）学前教育观察研究概述

1. 什么是学前教育观察研究
2. 观察应注意的问题

（二）学前教育观察研究的种类

1. 描述记叙法
   （1）日记描述法
   （2）系统记录法
   （3）轶事记录法
   （4）持续记录法
2. 取样观察法
   （1）时间取样观察法
   （2）事件取样观察法
3. 等级评定法
   （1）数字量表法
   （2）图示量表法
   （3）累计评定法
4. 间接观察法
   （1）谈话法
   （2）活动产品分析法
   （3）创设情境法

四、考核要求

（一）学前教育观察研究概述

1. 识记：学前教育观察研究概念
2. 领会：观察应注意的问题

（二）学前教育观察研究的种类

1. 识记：日记描述法、系列记录法、轶事记录法、持续记录法

时间取样观察法、事件取样观察法
　　　等级评定法、数字量表法、图示量表法、累计评定法
　　　谈活法、活动产品分析法、创设情境法
2. 领会:学前教育观察研究有哪些种类
　　　采用时间取样观察法有哪些要求
　　　使用等级评定法应注意哪些问题
3. 简单应用:举例说明如何设计时间取样编码记录表

第六章 学前教育访谈研究

一、学习目的与要求

明确学前教育访谈研究的概念、特点、种类及与日常一般谈话之区别,了解访谈研究的设计程序与实施技巧。

本章学习的重点
1. 学前访谈研究的概念
2. 学前教育访谈研究的种类
3. 学前教育访谈研究的设计程序与实施技巧

本章学习的难点
1. 学前教育访谈研究的种类
2. 学前教育访谈研究的设计程序与实施技巧

二、课程内容

第一节 学前教育访谈研究概述

(一)学前教育访谈研究的概念和特点
(二)访谈与日常一般谈话的区别

第二节 学前教育访谈研究的种类

(一)按访谈结构划分的种类
(二)按其它标准划分的种类

第三节 访谈研究的设计程序与实施技巧

(一)访谈研究的设计程序

（二）访谈研究的实施过程与技巧

第四节 学前教育访谈研究的评价

（一）访谈研究的优点
（二）访谈研究的局限

三、考核知识点

（一）学前教育访谈研究概述
学前教育访谈研究的概念
（二）学前教育访谈研究的种类
1. 按访谈结构划分的种类
2. 按其它标准划分的种类
（三）访谈研究的设计程序与实施技巧
1. 访谈研究的设计程序
2. 访谈研究的实施过程与技巧

四、考核要求

（一）学前教育访谈研究的概述
1. 识记：学前教育访谈研究的概念
2. 领会：学前教育访谈研究的特点
　　　　　访谈与日常一般谈话的区别
（二）学前教育访谈研究的种类
识记：结构性访谈、非结构性访谈、半结构性访谈
　　　正式访谈与非正式访谈、直接访谈与间接访谈、
（三）访谈研究的设计程序与实施技巧
领会：访谈研究的设计程序及其注意事项
　　　访谈研究的实施过程及其实施技巧

第七章 学前教育实验研究

一、学习目的与要求

明确学前教育实验研究的概念、特点、原则,了解学前教育实验研究的种类,了解多因素实验设计含义,掌握单因素实验设计模式。

本章学习的重点
1. 学前教育实验研究的概念
2. 学前教育实验研究的原则
3. 单因素实验设计模式
4. 实验室实验与现场实验的概念

本章学习的难点
单因素实验设计四种模式

二、课程内容

第一节 学前教育实验研究概述

(一)学前教育实验研究的概念
(二)学前教育实验研究的特点
1. 有目的地控制变量
2. 能够揭示变量之间的因果关系
3. 能够致物以变
4. 有明确的实验设计和确定的实验程序
(三)学前教育实验研究的原则
1. 确定变量关系
2. 取样和分组原则
3. 分组种类

第二节　学前教育实验研究设计模式

(一)单因素实验设计
1. 单因素实验设计的内容
2. 单因素实验设计模式
(二)多因素实验设计

第三节　学前教育实验研究的种类

(一)实验室实验与现场实验
(二)前实验、准实验与真实验

三、考核知识点
(一)学前教育实验研究概述
1. 学前教育实验研究的概念
2. 学前教育实验研究分组原则
3. 学前教育实验研究分组类别
(二)学前教育实验研究设计模式
1. 单因素实验设计的内容
2. 单组单因素 1 个层次实验程序设计
3. 单组单因素 2 个层次实验程序设计
4. 等组单因素 1 个层次实验程序设计
5. 等组单因素 2 个层次实验程序设计
(三)学前教育实验研究的种类
实验室实验与现场实验

四、考核要求

（一）学前教育实验研究概述

1. 识记：学前教育实验研究、单组、等组概念
2. 领会：学前教育实验研究分组原则
   　　　单组比较、等组比较各自优缺点

（二）实验设计模式

1. 领会：一项典型的单因素实验设计主要包括哪些内容
2. 简单应用：举例说明单组单因素 1 个层次实验程序设计
   　　　　　举例说明单组单因素 2 个层次实验程序设计
   　　　　　举例说明等组单因素 1 个层次实验程序设计
   　　　　　举例说明等组单因素 2 个层次实验程序设计

（三）学前教育实验研究的种类

1. 识记：实验室实验与现场实验的概念
2. 综合应用：自设课题，运用单因素实验设计四种模式的一种写出该课题的实验设计

第八章 学前教师、家长评定问卷研究

一、学习目的与要求

明确学前教师、家长评定问卷研究的概念和特点,学前教师、家长评定问卷研究的形式,掌握评定问卷研究评定问卷研究应注意的问题,了解问卷的一般结构,学会编制问卷的问题和回答方式。

本章学习的重点
1. 学前教师、家长评定问卷研究的特点
2. 学前教师、家长评定问卷的形式
3. 使用评定问卷研究应注意的问题
4. 问题的编制
5. 回答方式的编制

本章学习的难点

问题的编制

二、课程内容

第一节 学前教师、家长评定问卷研究概述

(一)学前教师、家长评定问卷研究的概念与特点
(二)学前教师、家长评定问卷的形式
1. 开放式评定问卷
2. 封闭式评定问卷
(三)使用评定问卷研究应注意的问题

第二节 学前教师、家长评定问卷的编制

(一)问卷的一般结构

1. 标题
2. 前言
3. 指导语
4. 问题及选择答案
5. 结束语

(二)问题的编制

1. 明确问题的变量——建立理论建构
2. 选择问题排列的方式

(三)回答方式的编制

1. 选择式
(1) 单项选择
(2) 多项选择
2. 排序式
3. 量表式
4. 是否式
5. 填空式
6. 自由回答式

三、考核知识点

(一) 学前教师、家长评定问卷研究的概念与特点
1. 学前教师、家长评定问卷研究的概念
2. 学前教师、家长评定问卷研究的特点
(1) 多因素测试
(2) 标准化程度较高

(3)收集资料时间短、样本大
3. 开放式问卷的概念
4. 开放式问卷的功能
5. 封闭式问卷的概念
6. 封闭式问卷的优缺点
7. 使用评定问卷研究应注意的问题
(二)问卷的编制
1. 问卷的一般结构
(1)标题
(2)前言
(3)指导语
(4)问题及选择答案
(5)结束语
2. 问题的编制
3. 回答方式的编制

四、考核要求
(一)学前教师、家长评定问卷研究的概念与特点
1. 识记:学前教师、家长评定问卷研究的概念
     开放式问卷、封闭式问卷的概念
2. 领会:学前教师、家长评定问卷研究的特点
     开放式问卷的功能
     封闭式问卷的优缺点
3. 简单应用:举例说明使用评定问卷研究应注意哪些问题
(二)问卷的编制
1. 识记:理论推导方式
     因素分析方式
     单项选择、多项选择、排序式、量表式、是否式、填空

式、
自由回答式
2. 领会:问卷的一般结构包括哪些内容
建立理论建构的方式
如何编制问卷的问题
3. 简单应用:举例说明编制问卷的回答方式有哪几种

第九章 学前教育文献研究

一、学习目的与要求

明确学前教育文献研究的概念、意义及优缺点,掌握学前教育文献研究的方法与操作,包括搜集文献的方法、鉴别文献的方法和文献的分析、综合与运用。

本章学习的重点
1. 学前教育文献研究概念
2. 学前教育文献研究的优缺点
3. 查阅文献的方法
4. 积累文献的方法
5. 鉴别文献的方法

本章学习的难点
1. 搜集文献的方法
2. 鉴别文献的方法

二、课程内容

第一节 学前教育文献研究概述

(一)学前教育文献研究的概念
(二)学前教育文献研究的意义
(三)学前教育文献研究的优缺点

第二节 学前教育文献研究的原则与方法

(一)学前教育文献研究的原则
(二)搜集学前教育文献的方法

1. 查阅文献
(1) 文献的种类及来源
(2) 查阅文献的流程
(3) 查阅文献的方法
2. 积累文献
(1) 积累文献应注意的问题
(2) 积累文献的方法
(三) 鉴别学前教育文献的方法
1. 外审
2. 内审
(四) 学前教育文献的分析、综合与运用

三、考核知识点

(一) 学前教育文献研究概述
1. 什么是学前教育文献研究
2. 学前教育文献研究的优缺点
(二) 学前教育文献研究的原则与方法
1. 学前教育文献研究的原则
2. 查阅文献的种类
3. 查阅文献的基本流程
4. 查阅文献的方法
(1) 检索工具查找法;
(2) 参考文献查找法;
(3) 综合查找法
5. 积累文献的注意事项
6. 积累文献的方法
(1) 抄录式;
(2) 标记与批语式;

(3)提要式；
(4)札记式；
(5)综述式
7. 鉴别文献的方法
(1)外审；
(2)内审

四、考核要求
1. 识记：学前教育文献研究的概念
   第一手文献、第二手文献的概念
   检索工具查找法、参考文献查找法、综合查找法的概念
   抄录式、标记式、提要式、札记式的概念
   外审、内审的概念
2. 领会：学前教育文献研究的优缺点
   简述搜集文献的方法
   简述文献鉴别中的内审的方法

第十章 学前教育经验总结研究

一、学习目的与要求

明确学前教育经验总结研究的概念,意义与作用,掌握学前教育经验总结研究的步骤与基本要求。

本章学习的重点

1. 学前教育经验总结研究的概念
2. 学前教育经验总结研究的步骤
3. 学前教育经验总结研究的基本要求

本章学习的难点

学前教育经验总结法的步骤

二、课程内容

第一节 学前教育经验总结研究概述

（一）学前教育经验总结研究的概念
（二）学前教育经验总结研究的意义与作用

第二节 学前教育经验总结研究的步骤与基本要求

（一）学前教育经验总结研究的步骤
1. 幼儿教育工作经验的积累和提出阶段
（1）幼教经验的产生
（2）幼教经验的记录
（3）幼教经验的分类
（4）幼教经验的初步归纳和提出
2. 幼儿教育工作经验的科学总结阶段

（1）筛选先进的幼教经验，确定研究的课题与对象
（2）幼教经验的核实与验证
（3）查阅有关的参考资料
（4）制定总结计划
（5）分析综合，将幼教经验理论化
（6）组织论证
（7）修改、定稿，形成书面总结报告
（8）推广先进经验
（二）学前教育经验总结研究的基本要求
1. 筛选先进的幼教经验，选择总结对象要有代表性，具有典型意义
2. 要依据客观事实，反映经验的本来面貌
3. 要全面考察，注意不可控因素的影响
4. 要正确区分现象与本质，得出规律性的结论
5. 要有创新精神，摆脱旧观念的束缚

三、考核知识点
（一）学前教育经验总结研究概述
学前教育经验总结研究的概念
（二）学前教育经验总结研究的步骤与基本要求
1. 学前教育经验总结研究的步骤
（1）幼儿教育工作经验的积累和提出阶段
（2）幼儿教育工作经验的科学总结阶段
2. 学前教育经验总结研究的基本要求
（1）筛选先进的幼教经验，选择总结对象要有代表性，具有典型意义
（2）要依据客观事实，反映经验的本来面貌
（3）要全面考察，注意不可控因素的影响

（4）要正确区分现象与本质,得出规律性的结论
（5）要有创新精神,摆脱旧观念的束缚

四、考核要求
1. 识记：学前教育经验总结研究的概念
2. 领会：学前教育经验总结研究的步骤
   学前教育经验总结研究的基本要求
3. 简单应用：结合实际阐述学前教育经验总结研究的步骤

第十一章 学前教育行动研究

一、学习的目的与要求

了解学前行动研究的涵义、类别、特征、意义及启示,实施学前教育行动研究应注意的问题,掌握实施学前教育行动研究的原则、基本步骤及具体方法的选择。

本章学习的重点

1. 学前教育行动研究的涵义与特征
2. 学前教育行动研究的类型和适用范围
3. 学前教育行动研究的意义及启示
4. 学前教育行动研究的基本步骤
5. 学前教育行动研究的实施原则及注意事项
6. 应用行动研究实际案例

本章学习的难点

实施学前教育行动研究的具体方法的选择与步骤

二、课程内容

第一节 学前教育行动研究概述

(一)学前教育行动研究的涵义与特征
(二)学前教育行动研究的类型与适用范围
(三)学前教育行动研究的优点与局限性
(四)学前教育行动研究的意义与启示

第二节 学前教育行动研究的实施

(一)学前教育行动研究的基本步骤

(二)学前教育行动研究的方法与技术
(三)学前教育行动研究的实施原则与注意事项
(四)学前教育行动研究的应用案例

三、考核知识点
(一)学前教育行动研究概述
1. 学前教育行动研究的涵义与特征
(1)学前教育行动研究的涵义
(2)学前教育行动研究的特征
2. 学前教育行动研究的类型与适用范围
(1)学前教育行动研究的类型
(2)学前教育行动研究的适用范围
3. 学前教育行动研究的意义与启示
(1)学前教育行动研究的意义
(2)学前教育行动研究的启示
(二)学前教育行动研究的实施
1. 学前教育行动研究的基本步骤
2. 学前教育行动研究的方法
3. 学前教育行动研究的实施原则与注意事项

四、考核要求
(一)学前教育行动研究概述
1. 识记:学前教育行动研究、学前教育行动研究的特点
    合作模式、支持模式、独立模式
2. 领会:学前教育行动研究的类型
    学前教育行动研究的意义
(二)学前教育行动研究的实施
1. 识记:观察陈述方法、非观察性调查、自我报告技术

情境分析与问题解决方法、批判反省与批评技术
2. 领会:学前教育行动研究的基本步骤
3. 简单应用:举例说明如何选择与运用行动研究的各种方法与技术
   学前教育行动研究实施时应坚持的原则与注意事项
4. 综合应用:自选一个课题运用行动研究,写出其研究方案

第十二章 学前教育统计分析研究

一、学习目的与要求

明确学前教育统计分析研究的概念、基本内容、统计分析的作用与局限。掌握集中量数、差异量数、地位量数、相关量数的含义与用法。初步理解推理统计,并会使用 z 检验和 t 检验,了解 F 检验、方差分析的原理和 x^2 检验的原理以及多元方差分析和因素分析的原理。

本章学习的重点

1. 掌握什么是统计分析
2. 了解统计分析的作用与局限
3. 掌握算术平均数,加权平均数
4. 掌握标准分数
5. 掌握方差、标准差
6. 掌握 z 检验
7. 掌握 t 检验

本章学习的难点

掌握标准分数、z 检验、t 检验

二、课程内容

第一节 学前教育统计分析研究概述

(一)学前教育统计分析的概念
(二)统计分析的基本内容
(三)统计分析的作用
(四)统计分析的局限

第二节 学前教育描述统计研究

(一)集中量数
1. 算术平均数
2. 中位数
3. 众数
4. 加权平均数

(二)差异量数
1. 方差和标准差
2. 差异系数

(三)地位量数
1. 百分等级
2. 标准分数

(四)相关量数
1. 相关概述
2. 相关系数的计算

第三节 学前教育推理统计研究

(一)总体参数的估计
(二)假设检验
(三)单侧检验和双侧检验
(四)常用的检验方法
1. 平均数的 z 检验
2. 平均数的 t 检验
3. x^2(卡方)检验
4. F 检验与方差分析

第四节 学前教育多元统计分析

(一)多元方差分析
(二)因素分析

三、考核知识点
(一)学前教育统计分析研究概述
1. 统计分析的概念
2. 统计分析的基本内容
3. 统计分析的作用
4. 统计分析的局限
(二)学前教育描述统计研究
1. 集中量数
(1)算术平均数
(2)加权平均数
2. 差异量数
(1)方差
(2)标准差
3. 地位量数
标准分数
4. 相关量数
积差相关
(三)学前教育推理统计研究
1. 总体参数的估计
2. 常用的检验方法
(1)平均数的 z 检验
(2)平均数的 t 检验

(3)x^2检验和 F 检验、方差分析的原理

四、考核要求

(一)学前教育统计分析研究概述

1. 识记:统计分析

　　　　描述统计

　　　　推理统计

2. 领会:统计分析在学前教育研究中的作用

　　　　统计分析在学前教育研究中的局限

(二)学前教育描述统计研究

1. 识记:集中量数、算术平均数、加权平均数

　　　　差异量数、方差、标准差

　　　　地位量数、标准分数

　　　　相关量数、积差相关

2. 简单应用:能够计算算术平均数、加权平均数、标准分数

(三)学前教育推理统计研究

简单应用:能进行平均数的 z 检验

　　　　　能进行平均数的 t 检验

自学考试大纲

III 有关说明与实施要求

为了使本大纲的规定在个人自学、社会助学和考试命题中得到贯彻和落实,对有关问题做如下说明,并进而提出具体实施要求。

一、自学考试大纲与教材的关系

自学考试大纲是考生学习、复习考试有关"学前教育科学研究方法与论文写作"的纲领性依据,内容结构与教材一致,旨在帮助考生理清知识要点与脉络,有益于复习。

教材是学习掌握本课程知识的基本内容和范围,是大纲所规定课程内容的具体化,鉴于"学前教育科学研究方法与论文写作"涉及面广、又有统计学知识,难度大,教材尽量多举具体实例加以说明。考生要依据考纲认真阅读、思考和理解教材,理论联系实际,从而掌握学前教育科学研究方法与论文写作的基本原理与方法。

二、关于考核目标的说明

本课程要求考生学习和掌握的知识点内容都作为考核的内容。本大纲对各章都规定了考核目标,包括考核知识点和考核要求。

本大纲在考核目标中,按照文科类专业课程自学考试的识记、领会、简单应用和综合应用四个层次规定其应达到的能力层次要求,各能力层次的含义是:

识记:要求考生能知道本课程中有关的名词、概念、原理、知识的含义,并能正确认识和表述。

领会：要求在识记的基础上，能全面把握本课程中的基本概念、基本原理、基本方法，能掌握有关概念、原理、方法的区别与联系。

简单应用：要求在领会的基础上，能运用本课程中的基本概念、基本原理、基本方法中的少量知识点分析和解决有关的理论问题和实际问题。

综合应用：要求考生在简单应用的基础上，能运用学过的本课程规定的多个知识点，综合分析和解决比较复杂的问题。

三、关于自学教材

《学前教育科学研究方法与论文写作》，全国高等教育自学考试指导委员会组编，杨丽珠主编，高等教育出版社出版。

推荐参考教材

《教育研究方法导论》，裴娣娜编著，安徽教育出版社，1994年版。

《教育研究及其方法》，叶澜著，中国科学技术出版社，1990年版。

《心理与教育研究方法》，董奇著，广东教育出版社，1992年版。

四、自学方法指导

1. 在全面系统学习基础上理解和掌握基本理论、基本知识和基本方法

本课程内容包括三大部分，第一部分主要阐述学前教育科学研究方法的基本概念、原理、原则（第一章）。第二部分主要阐述学前教育科学研究的全过程，也是基本过程，包括设计研究方案（第二章）、执行研究方案（第三章）和撰写论文（第四章）。第三部分主要介绍具体研究方法（第五章～第十二章），有定性研究、

有定量研究。考生在全面把握全书结构体系的基础上,理清各章的知识要点和脉络,认真阅读教材和自学辅导手册,结合幼教研究实例,理解知识的内涵,区分相近的概念和方法,比较各种方法的优缺点,进而融会贯通,加强记忆。

2. 及时复习、发现问题及时解决

学完每一章,考生都要对照大纲提出的考核目标自检,并做同步练习,发现问题及时解决,加深印象。

3. 理论联系实际、学以致用

考生要结合幼儿园教育实际,积极投入教育改革之中。善于从幼教实际中发现问题,运用所学理论和科研方法进行研究,提高科研能力,提高分析、解决实际问题的能力,同时也掌握了本课程的主要内容。

五、对社会助学的要求

1. 社会助学者应根据本大纲规定的考试内容和考核目标,认真钻研指定教材,明确本课程与其他课程不同的特点和学习要求,对自学应考者进行切实有效的辅导,引导他们防止自学中可能出现的各种偏向,把握社会助学的正确导向。

2. 正确处理基础知识和应用能力的关系,努力引导考生将识记、领会同应用联系起来,有条件的应适当组织考生开展教育改革和科研工作,学会把基础知识和理论转化为应用能力,在全面辅导的基础上,着重培养和提高考生提出问题、分析问题和解决实际问题的能力。

3. 要正确处理重点和一般的关系。课程内容有重点与一般之分,但考试内容是全面的,而且重点与一般是相互联系的,不能截然分开。社会助学者应指导考生全面系统地学习教材,掌握全部考试内容和考核知识点,在此基础上突出重点。总之,要把重点学习同兼顾一般结合起来,防止孤立地抓重点、把考生引向猜题和押题。

六、关于命题考试的若干要求

1. 本课程的命题考试,应根据本大纲所规定的考试内容和考试目标来确定考试范围和考核要求,不能任意扩大或缩小考试范围,提高或降低考核要求。考试命题要覆盖到各章,并适当突出重点章节,体现本课程的内容重点。

2. 本课程在试卷中对不同能力层次要求的分数比例大致为:识记占20%,领会占30%,简单应用占30%,综合应用占20%。

3. 要合理安排试题的难易程度,试题的难度可分为:易、较易、较难和难四个等级。每份试卷中不同难度试题的分数比例一般为:易占20%;较易占30%;较难占30%;难占20%。

这里要注意的是,试题的难易程度与能力层次不是一个概念。在各个能力层次中对于不同的考生都存在着不同难度的问题,切勿混淆。

4. 本课程考试试卷采用的题型,一般有:名词解释、填空题、选择题、简答题、计算题、论述题、材料分析题等。各种题型的具体形式可参见本大纲附录。

附录　题型举例

一、名词解释
1. 活动产品分析法
2. 现场实验

二、填空题
1. 研究儿童思维发展特点，不能运用时间取样观察法，这是因为_____。
2. 影响实验结果的变量，除了自变量之外，还有_____ _____。

三、选择题（从列出的四个答案中选出 1 个，将号码写在括号里）
1. 标记与批语式是（　　）的方式
①检索文献　②积累文献　③整理文献　④鉴别文献
2. 评定问卷研究是一种（　　）测试。
①单因素　②双因素　③多因素　④五因素

四、简答题
1. 简要说明课题选择的原则是什么。
2. 简述学前教育调查研究论文写作的格式。

五、计算题
1. 我们要从某幼儿大班 30 人抽取 10 名被试，问应间隔多少人取一个样本？
2. 实验后测试结果：实验班幼儿 70 人，自信心水平为 2.46

分,标准差为 0.44 分,对比班幼儿 70 人,自信心水平为 2.20 分,标准差为 0.47 分,问实验班幼儿与对比班幼儿自信心水平是否有差异?

六、论述题
1. 举例说明一项单因素实验设计的内容。
2. 综述学前教育科学研究的基本原则。

七、材料分析题
举例略。

自学考试大纲

《自学考试大纲》后记

　　《学前教育科学研究与论文写作自学考试大纲》是根据全国高等教育自学考试学前教育专业(独立本科段)的考试计划要求编写的。2001年5月全国考委教育类专业委员会召开审稿会议,对本大纲进行了讨论评审,修改后,经主审复审定稿。

　　本大纲由辽宁师范大学杨丽珠教授主持编写。于松梅、李灵参与编写。本大纲由北京师范大学陈帼眉教授、裴娣娜教授审稿,最后由全国高等教育自学考试指导委员会审定。

全国高等教育自学考试指导委员会
教育类专业委员会
2002年3月